警察刑事执法论丛

（第二辑） 新型金融犯罪防范与惩治

李汝川 主编

中国社会科学出版社

图书在版编目(CIP)数据

警察刑事执法论丛.第二辑,新型金融犯罪防范与惩治/李汝川主编.—北京:中国社会科学出版社,2021.12
ISBN 978-7-5203-9452-9

Ⅰ.①警⋯ Ⅱ.①李⋯ Ⅲ.①公安机关—刑事诉讼—研究—中国 Ⅳ.①D925.204

中国版本图书馆 CIP 数据核字(2021)第 269897 号

出 版 人	赵剑英
责任编辑	李凯凯　李　沫
责任校对	刘　健
责任印制	王　超

出　　版	中国社会科学出版社
社　　址	北京鼓楼西大街甲 158 号
邮　　编	100720
网　　址	http://www.csspw.cn
发 行 部	010-84083685
门 市 部	010-84029450
经　　销	新华书店及其他书店

印　　刷	北京明恒达印务有限公司
装　　订	廊坊市广阳区广增装订厂
版　　次	2021 年 12 月第 1 版
印　　次	2021 年 12 月第 1 次印刷

开　　本	710×1000　1/16
印　　张	17.25
字　　数	266 千字
定　　价	98.00 元

凡购买中国社会科学出版社图书,如有质量问题请与本社营销中心联系调换
电话:010-84083683
版权所有　侵权必究

《警察刑事执法论丛》
编辑委员会

主　任：高　岩　王　立
副主任：李汝川　李敏蓉
委　员：叶峻荣　邢　捷　孙媛媛　佟　晖
　　　　邱志勇　武　磊　宫　毅　蒋丽华

主　编：李汝川
副主编：李　晶　王　理
编　辑：（按姓氏笔画排序）
　　　　施红英　姚　林　姚永贤　谢　昀
　　　　魏溪泽

前　言

执法工作是公安工作的核心内容，规范公安执法工作对于实现全面依法治国意义重大。党的十八大以来，习近平总书记就政法机关严格执法、公正司法做出了一系列重要指示，明确要求公安机关把严格规范公正文明执法落到实处，不断提高执法司法公信力，努力让人民群众在每一起案件办理、每一件事情处理中都能感受到公平正义。中共中央办公厅、国务院办公厅印发《关于深化公安执法规范化建设的意见》，提出构建完备的执法制度体系、规范的执法办案体系、系统的执法管理体系、实战的执法培训体系、有力的执法保障体系，实现执法队伍专业化、执法行为标准化、执法管理系统化、执法流程信息化，保障执法质量和执法公信力不断提高，全面建设法治公安。

从执法权的属性来看，公安机关的执法活动主要分为警察刑事执法和警察行政执法两个方面。警察行政执法包括行政处罚、行政强制和行政执行等，警察刑事执法则包括刑事侦查、刑事强制和刑事执行等。警察刑事执法是公安机关执法活动的重中之重，原因在于：一方面，从过程来看，刑事执法规范与否，直接决定了公民人身权、财产权、隐私权等基本权利能否在刑事诉讼中得到有效保护；另一方面，从结果来看，刑事执法规范与否，直接影响着刑事案件的处理结果，决定着被追诉人的人身自由权甚至生命权。

为繁荣警察刑事执法理论和实务研究，中国法学会警察法学研究会自2016年起设立警察刑事执法专业委员会，秘书处设在北京警察学院。警察刑事执法专业委员会成立以来，以中国特色社会主义理论体系为指导，以警察刑事执法规范化建设为核心，围绕创新刑事执法理论、规范刑事执法实践、提供刑事执法咨询、强化执法人才培养和促进执法实务交流等方面开展了系列工作并取得实效，为全面落实依法治国方略、有力推进法治公安建设提供了理论支撑和对策支持。

为进一步固化研究成果，强化学术交流，在北京警察学院的大力支持下，警察刑事执法专业委员会经研究决定，定期公开出版《警察刑事执法论丛》，主要收录警察刑事执法领域相关的学术论文，以尽可能及时、准确、全面、深刻地介绍和探讨警察刑事执法的理论发展、实务创新、前景展望等热点难点问题。希望从事相关领域研究的专家学者、青年才俊不吝赐稿，共同促进警察刑事执法研究在新时代取得新发展、实现新跨越！

《警察刑事执法论丛》编写组

目 录

电信诈骗态势与反诈新思路研究 …………………………………（1）
电子商务平台金融法律风险防控研究 ……………………………（18）
办理非法集资犯罪案件面临的问题与对策 ………………………（34）
反思与重构：非法吸收公众存款罪中共犯之退缴退赔责任研究
　　——以是否存在共同侵权行为为界分点 ……………………（46）
互联网金融背景下非法集资犯罪治理对策研究 …………………（59）
基于区块链的网络金融犯罪惩治与个人信息保护研究 …………（70）
金融机构与公安机关"三位一体"惩治与防范金融犯罪
　　机制分析 ………………………………………………………（82）
买卖银行账户案件的打击与治理 …………………………………（98）
P2P网贷案件资产处置机制研究 …………………………………（113）
区块链虚拟币衍生的金融犯罪问题分析 …………………………（126）
擅自发行股票罪的实务认定研究 …………………………………（140）
涉众类经济犯罪中潜在被害人财产权救济研究 …………………（152）
涉众型经济犯罪的分析与对策思考
　　——以北京非法集资案件为视角 ……………………………（166）
市场操纵犯罪司法解释的理解与适用 ……………………………（178）
P2P网贷平台案件侦查难点与对策 ………………………………（206）
中国新型金融犯罪惩治与防范研究 ………………………………（217）
"校园贷"诈骗犯罪中侦查取证工作难点 …………………………（228）

信息型操纵证券市场犯罪行为的防范与治理 …………………（238）
"一带一路"倡议背景下区块链金融犯罪治理的区域警务
　　合作研究 ……………………………………………………（249）

电信诈骗态势与反诈新思路研究*

佟　晖　唐卫中　蔡家艳　武鸿浩　马寒军**

摘　要：随着电信诈骗手段日趋专业化、智能化，跨境犯罪趋于常态化，"黑灰产业"不断变化升级，电信诈骗、攻防对抗、精准诈骗问题突出。本文从分析电信诈骗态势入手，总结了电信诈骗的特点，梳理了移动黑色产业链的获利模式和主要传播渠道；并对近期最热门、受害用户最多且影响非常恶劣的四类诈骗手法进行解析。本文还提出了从互联网端、电信端、社交通信端、跨境通信端进行协同治理，构建"打""防""管""控"一体化的全方位反电信诈骗体系，多部门联合办案，监测、处置、打击、保护全链条推进的反诈新思路。

关键词：电信诈骗态势；反诈新思路；"打""防""管""控"一体化

一　引言

随着移动互联网技术与网络支付的普及，电信诈骗态势愈发严峻，受骗金额越来越大。诈骗分子频繁利用电信网和互联网对广大人民群众实施诈骗，电信诈骗逐步呈现智能化、职业化的特点。诈骗分

---

* 已发表于《北京警察学院学报》2020 年第 6 期。

** 作者简介：佟晖，北京警察学院网络安全保卫系教授；唐卫中，北京警察学院网络安全保卫系讲师；蔡家艳，北京警察学院网络安全保卫系讲师；武鸿浩，北京警察学院网络安全保卫系教授；马寒军，恒安嘉新（北京）科技股份公司星辰应用创新实验室主任。

子利用电话、改号软件、短信、恶意程序（包括仿冒应用）、诈骗网址、伪基站等工具疯狂作案，"话术"多样，"套路"重重，影响面广，涉及金额巨大。全国公安机关不断开展专项打击行动，创新思路、创新机制、创新战法，努力实现诈骗案件发案数、群众损失明显下降，破案数、抓人数明显上升的"两降两升"目标，有效遏制了当前电信网络新型违法犯罪发展蔓延的势头，取得了良好成效，但目前总体形势依旧严峻。反电信诈骗成为公安机关面临的课题，急需我们构建起"打""防""管""控"一体化的全方位反电信诈骗体系，形成多部门联合办案，监测、处置、打击、保护全链条推进，实现从大面积宣传向有针对性宣传转变，通过警企合作，快速获取专业工具，实现第一时间有针对性地研发专业打击工具，及时更新打击电信诈骗的新技术和新方法。

二 电信诈骗现状分析

（一）电信诈骗的态势及特点

2020年上半年，排名前十类电信诈骗种类分别为色情网站、诈骗应用、赌博网站、刷单兼职、仿冒钓鱼、投资理财、黑灰产、付费入群、健康医疗以及利诱返利。其中色情网站的事件数量最多，占到63.4%；其次为诈骗应用与赌博网站的事件，分别占比26.7%和3.6%。赌博网站分类中，大多数为杀猪盘赌博类别事件。

根据恒安嘉新（北京）科技股份公司近十年监测到的移动互联网恶意程序数量走势也可以看出，从2015年开始，移动互联网恶意程序的数量呈现出线性快速增长的发展态势。在移动互联网恶意程序中，占比最重的是社工欺诈类恶意程序，它包含了全部各类电信诈骗的恶意程序。电信诈骗通常的传播渠道包括贴吧、网盘、QQ群、微信群、其他社交软件、小型应用分发平台和短信平台等。其中社交平台、群聊为主要渠道，短信、短链接为大面积推广方法，应用分发平台、网盘提供APP下载链接。诈骗网站、应用的传播是技术与社会工程学的融合。其特点可以概括为：

一是范围广。电信诈骗对象的潜在目标人数基数大，作案目标广泛，犯罪分子采用广撒网方式，该类犯罪群体特性突出，涉案金额区间大。现实社会中几乎每个人都会成为电信诈骗的诈骗对象，这就导致范围太大难以防范，同时，对诈骗者而言"市场"大也导致了收益极大。

二是产业化。随着多年的发展，诈骗已经形成产业化，从诈骗工具的制作，到诈骗剧本社工的话术设计，再到传播推广的渠道和技术等，都形成了一定规模的产业，每一个细分方向都有很多利益相关人群。

三是工具多样化。如利用通信网络协议进行网络改号，利用Web技术制作钓鱼网站，利用短信平台发送各种验证码等短信，利用应用打包技术一键封装H5页面为Hybrid应用，利用云计算技术，大量生成相关诈骗网站。

四是形式多样化。诈骗者具有极高的创新意识，我们生活中的几乎一切与利益有关的场景，都可能被用来作为诈骗的切入口。仿冒银行电商网址，利用赌博色情网站，通过业务漏洞进行信息窃取，同时，诈骗分子还会紧跟热点事件和热点政策，开发针对热点的精准诈骗模式。例如2019年国家大力推进ETC网络，诈骗分子就以办理ETC的卡和登记ETC信息为切入点，编写假冒网站，群发推广短信实施诈骗。2020年新冠肺炎疫情，大量诈骗分子打着抗疫旗号，多渠道进行诈骗。

五是隐蔽性强。经过10余年的发展，电信诈骗所使用的资源、渠道的隐蔽性越来越强，给公安机关取证和追查带来很大困难。例如，使用大量短链接进行传播，使得难以直接针对URL做出研判，使用国外的云主机搭建服务后台，使得难以取证。进行全国、全球分工，难以完整侦查、打击整个链条。

六是打击难度大。诈骗方式和行为多种多样，作案窝点和作案人员普遍设置在域外或境外，单一的侦查打击或单一的信息预警已经收效甚微。犯罪分子采用点对点精准诈骗和地毯式集中诈骗，而且呈现出明显的"脱域"特点，是典型的非接触式犯罪，普通民众防不胜防。公安部门多是被动发现诈骗案情，然后再对诈骗行为进行研判分析和处置，未能主动发现和识别辖区内群众存在的被诈骗风险。公安部门在案件管理、综合研判及侦查分析上缺乏相应的高科技技术手段和工具，也造成了工作进展较慢、效率不高等问题。

（二）移动黑色产业链的获利模式

移动黑色产业链的获利模式多种多样，针对不同病毒木马和受害群体组成了不同的黑色产业链，各个产业链存在自己独特的获利方式。银行木马获取银行账户密码等信息后，黑产团伙私自登录用户银行账户并转移账户中的财产，通过多次财产转移躲避追踪，最后把黑钱转变为合法化的个人资产。主要获利模式有：勒索病毒类黑产，主要通过收取解锁费、进群费和收徒费等方式获利；视频直播类黑产，主要以广告费、付费看视频、直播打赏、购买虚拟道具、赌博推广等进行获取；色情病毒类黑产，主要以广告费、SP扣费和诱导收费等方式获利；钓鱼网站类黑产，主要以银行卡盗刷、好友诈骗和敲诈勒索等方式获利；博彩类黑产，通过高中奖率来吸引彩民，同时以类似于民间借贷方式进行扩展玩家，主要以色情软件推广、会员充值、庄家抽成、操控汇率等方式获利；专项诈骗类黑产，主要通过缴纳会费、杀猪盘和套路贷等方式获利。

（三）移动黑色产业链的主要传播渠道

主要传播渠道包括：木马植入，主要的手段方式就是伪装诱骗用户上当，为了能够诱骗用户安装运行病毒木马，黑产组织根据不同人群定制化地进行伪装，从而更好地达到诱骗的目的。使用图标和暧昧的名称诱骗用户下载安装色情类病毒。通过仿冒APP图标、仿冒APP名称、仿冒系统插件等方式诱导用户安装仿冒类病毒，病毒应用在制作和传播时将心理学融入了计算机科学中。针对游戏玩家中抱有不花钱就能使用破解软件或外挂心理的人员，通过各种"神器""外挂""刷钻""刷赞"等名义诱骗用户安装运行勒索类病毒。利用用户好奇心理通过"相册""视频""聚会照片"等短信诱导用户安装运行拦截马类病毒。利用家长关系，通过"成绩单""校园通""开学通知"等短信诱导家长安装运行拦截马类病毒。

三 电信诈骗手法解析

2019年，公安部发布了60种常见的电信诈骗手法，包括仿冒身份诈骗、购物类诈骗、活动类诈骗、利诱类诈骗、虚构险情欺诈、日常生活消费类欺诈、钓鱼、木马病毒类欺诈、其他新型违法类欺诈共8个大类。诈骗场景多种多样，但是核心的诈骗思想或者方法主要是"威逼"和"利诱"：一是以受害人日常生活中需要履行的各种责任或义务为切入点，进行威逼，如假冒公检法、假冒领导、虚构车祸、绑架等；二是以受害人生活中带来好处的地方为切入点，进行利诱，如投资理财带你年入百万、无抵押能获得贷款，各种中奖。下面就近期最热门、受害用户最多且影响非常恶劣的四类诈骗手法进行解析，为重点打击和治理提供有针对性的策略依据。

（一）杀猪盘手法

杀猪盘是一种网络交友诱导投资赌博类型的诈骗方式，其常见诈骗手法如下：(1) 通过社交软件寻找目标，诈骗分子通过各类社交软件寻找目标人物，建立联系后以软件不常用为由，要求添加微信好友。(2) 联系受害人并骗取信任。诈骗分子通过假头像假实名认证，假朋友圈信息，营造成功人士，主动联系受害人，套取对方情感、家庭及经济状况，选择有稳定中低收入、有卡债和贷款、有野心和资金压力、信用良好可网贷的受害人，然后获取信任，骗取感情。(3) 诱导受害人投资。诈骗分子故意透露自己有副业，做规划投资几年了，盈利丰富，以此勾起对方好奇心，然后发出二维码指导联系客服上游戏，建议受害者充几百，带着玩几盘、了解一下，并告之因其知道漏洞，保证盈利10%—20%。(4) 骗取受害人财产。通常稳赚或偶尔规划错，盈利几次正规提现，以平台活动充值送彩金或资金不足帮忙充值为由，继续指导受害人投注，当受害人需要提现时会出现平台审核失败未通过，客服告知送了彩金需要达标流水或一次性充值VIP可直接提现，诈骗分子称自己已达流水成功提现，并向受害人推荐各种网贷软件给对方贷款后充值或帮助代充提现再归还。（5）诱导受害人亏空。诱导受害人续游戏刷流水，规划出错几盘输光，目的是阻碍受害者报警，并误导警察判定受害人参与了网络赌博。（6）诈骗分子销声匿迹。当诈骗分子的行为被揭穿时，他们绝对不承认骗局，会把受害人拉黑或消息拒收，或接受消息但再无回复，甚至恐吓威胁归还代充资金。

（二）网络贷款手法

网络贷款诈骗主要通过欺骗的手段，让受害人进行网络贷款，从而骗取其钱财。其常见诈骗手法如下：（1）目标对象前期主要为中小企业个体经营户创业者等急需用钱的人群，近期网络贷款诈骗主要把大学生或刚参加工作的年轻人当作目标，通过"注销校园贷"、山寨平台、"网贷刷单""刷银行流水""消除不良记录"等新诱饵，实施诈骗。（2）以无须抵押、无须担保、放贷速度快等理由诱导用户诈骗，并冒用正规的网络贷款平台或冒用正规的网络借贷APP。（3）用户按照注册步骤注册平台账号，申请贷款，但平台没有出款。（4）用户联系平台客服，客服以缴纳保证金、刷银行流水、银行卡号被冻结需打款解冻等各种理由诱导用户多次打款。（5）网络贷款平台卷钱跑路，无法联系平台客户、借贷平台APP无法访问。

（三）套路贷手法

"套路贷"电信诈骗形式，主要是利用民间借贷的名义，通过"虚增债务""制造资金走账流水""肆意认定违约""转单平账""虚假诉讼"等手段，最终非法占有受害人财产。其常见诈骗手法如下：（1）目标搜集。一种是自行寻找搜集目标，主要针对有一定产业，且近期资金紧张的人群；另一种通过黑灰产购买个人信息身份证号和家庭信息。（2）诱骗用户贷款。通过广告推广熟人介绍电话推销。（3）签署贷款协议，包括专业法律条文、房产实业等进行抵押，高利率、超短期贷款、实际到账金额少于贷款金额等特点。（4）制造银行流水痕迹。制造受害人已经取得合同所借全部款项的假象。（5）贷款到期进行催收，再诱骗受害人申请更多贷款。在受害人无力支付的情况下，诈骗分子假冒其他"小额贷款公司"或个人,以"平账"为由,诱骗受害人签订新的"虚高借款合同",进一步增加借款金额。(6)受害人无法负担导致逾期。(7)套取财产。采用暴力催收施压、黑社会手段胁迫还贷、法律诉讼获取抵押物等手段。

(四)网络跨境赌博手法

网络跨境赌博是一种新型互联网犯罪,以高赔率作为诱饵,采用"先赌后付"的信用体系,参赌犯罪门槛低,具有犯罪集团化、案件数量大、受害人分布广而散、作案手法更新快、赃款追讨难等特点。其常见诈骗手法如下:(1)通过微信群、网页广告推广。(2)利用网络赌博网站或网络赌博APP,以免费试玩为由,诱导用户进行试玩。(3)客服人员操控后台,先让用户小赢几笔,诱导用户注册正式会员。进行充值试玩。(4)以推广可以赢彩金等理由,诱导用户为赌博平台进行宣传推广。(5)通过后台修改胜率等手段使用户输钱。(6)用户为了赢回本金,最后越陷越深。

四 反电信诈骗新思路

随着电信诈骗手段日趋专业化、智能化,跨境犯罪趋于常态化,"黑灰产业"不断变化升级;电信诈骗、攻防对抗、精准诈骗问题突出,互联网社交应用日益成为诈骗信息传播的重要渠道,防范打击电信诈骗工作将长期处于一个动态博弈的过程。需要观念创新、手段创新、技术创新、管理创新,做到事前拦截和预警,事中提醒和劝阻,事后追踪和溯源,才能有效地打击和治理电信诈骗。

当前电信诈骗呈现脱域式、非接触式等样式,具备域外或境外等特点,需要我们在互联网端、电信端、社交通信端、跨境通信端进行协同治理。一是在互联网端,建立安全生态,利用大数据对涉诈资源的主动发现和感知能力,将辖区内用户正在访问的钓鱼网站、木马链接、诈骗网站、非法链接等推送至反诈中心三大运营商,并由三大运营商对上述非法网站进行快速拦截。二是在电信网端,通过与运营商、通信管理局及相关省市反诈中心建立工作协作机制及指令对接，实现对手机号、短信平台进行快速拦截、快速关停。三是在跨境通信端，应用高科技技术手段，对境外冒充公检法诈骗的诈骗窝点进行动态监测，及时发现预警线索，推送至预警劝阻座席进行劝阻干预。四是在社交通信端，建立对刷单类诈骗、QQ诈骗的分析模型，建立与运营商、上级公安部门的合作，对主动发现的电话号码、QQ号码进行拦截、关停，同时通过QQ诈骗模型分析出潜在被骗公司进行精确预警。

针对上述情况，我们提出反电信诈骗新思路，即围绕"一个中心，三大系统，多实战功能"构建打、防、管、控、宣一体化反诈平台，实现线索分析侦查、诈骗信息预警、案件信息管理、数据综合研判的实战功能，如图1所示。一个中心即"电信诈骗情报数据中心"，三大系统包括"举报宣传劝阻系统""分析研判系统""案件打防处置系统"，形成由情报驱动的全业务、全链条反诈工作闭环，如图2所示。笔者在此重点围绕三大系统展开论述。

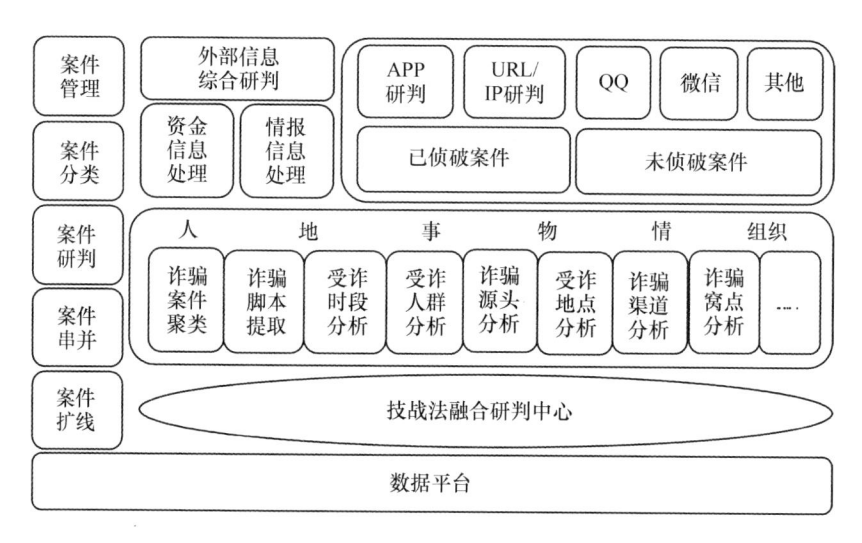

图1 打、防、管、控、宣一体化反诈平台

（一）举报宣传劝阻系统

空中防护与全面反诈能力并举，建立立体化防护体系，实现防范能

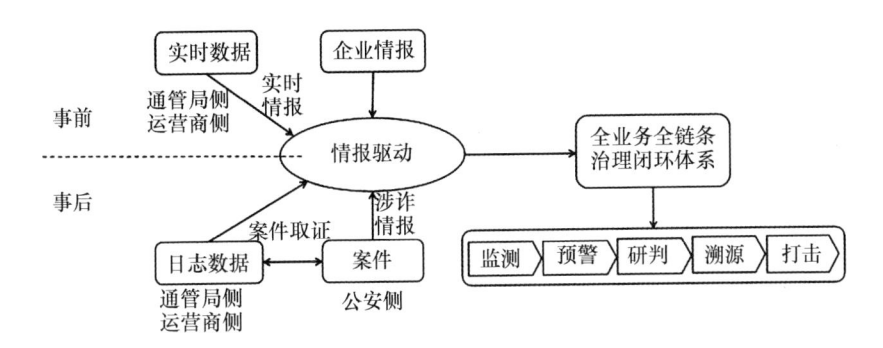

图2 情报驱动的全业务、全链条反诈工作闭环

力前置、线上线下全民联动。通过手机端软件，提供疑似诈骗的相关信息，警示群众；实现疑似涉诈电诈手机号、网址、APP 等内容的投诉举报；对 APP 举报、人工举报、110 举报等各类来源举报数据进行管理，为反电信网络诈骗存储历史检材，为后期案件的侦破、预警提供数据支撑；对目标人员涉诈手机相关内容进行采集；对手机录音采用高保真语言数据采集，实时上传数据。实现对诈骗行为的一键报警、一键止付、联动打击。

1. 预警宣传

通过反诈公众号和诈骗资源搜索引擎，宣传防范电信诈骗犯罪知识，提高群众防范电信诈骗犯罪的意识和能力；方便受害人举报电信诈骗犯罪行为，提供电信诈骗案件线索；减少电信诈骗案件，降低财产损失。

2. 分区劝阻

以区域为单位协作劝阻，对潜在受害人常住地分析，自动分发潜在受害人给归口辖区民警，省外受害人推送所在辖区省级单位。

3. 分级劝阻

通过建立预警劝阻机制和预警劝阻专业座席，结合系统智能分析当前预警信息危害程度，实现低危险等级采用自动短信劝阻、自动语音劝阻，中危险等级 96110 人工劝阻，高危险等级采用辖区民警手持终端一对一上门劝阻，全面降低案发率。

4. 威胁处置

通过对银行各种支付手段的研究，利用网银的公共保护机制，采用先进的智能算法和互联网技术，对银行账户进行快速锁定，从而为办案民警最终冻结及追回被骗资金赢得宝贵时间，最大限度帮助受害人减少或挽回资金损失。

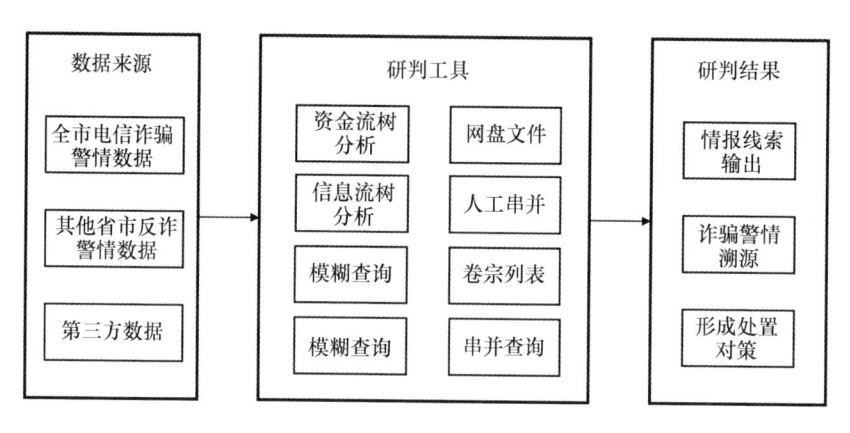

图3 电信诈骗分析研判系统

（二）电信诈骗分析研判系统

针对电信诈骗的全链条，综合多种数据来源对其进行综合研判，构建电信诈骗分析研判系统，为案件的实际侦破和落地打击提供有效帮助。如图3所示。一是数据来源。采用大数据模型和机器学习方法，实现本地通信诈骗警情数据自动入库。接入其他省市反诈警情数据，机器学习与建模，精确分析建成诈骗模型，生成防护打击策略。接入第三方数据，接入警情数据及其他数据，结合模糊查询、串并查询、网盘文件共享、人工串并、卷宗等研判工具进行可视化研判。二是研判工具。资金流树分析，对涉案银行账户形成树型资金链，实现多级资金链的自动关联分析。信息流树分析，对涉案号码信息建立信息流树，详细展示信息流反馈及协助历史查看。模糊查询，对银行卡、电话号码、案件名等的不全信息进行模糊查询和关联分析。案件信息分析，自动对受骗群体、诈骗来源、案件来源等进行抽样，形成受害人群的分析。网盘文件，支持用户建立共享文件、包括上传、下载、搜索等。人工串并，对某类案件线索的分析和碰撞，串并出与此案件相同手段特点的其他案件。卷宗列表，对案件历史文件的统一管理，形成卷宗列表。串并查询，支持串并序号、串并账号、串并时间、串并数等进行搜索查询。三是通过综合研判为案件的侦破提供支撑数据，并针对相应薄弱环节提供预警数据，对诈骗警情等进行溯源，自动生成指令单，推送至相关部门进行处置。下面阐述五项重点检测、分析和挖掘技术。

1. 诈骗短信检测分析

基于大数据诈骗短消息分析是以号码、消息文本、URL、即时通信号码四个特征维度，实现诈骗短消息的识别，如图 4 所示。一是离线建模训练，历史数据源+特征知识库+学习过滤算法+人工干预；二是在线检测，输入实时数据，匹配输出结果数据（诈骗号码及受害用户）；三是闭环处理，输出结果数据同步更新至特征库及知识库，提升检测准确率。

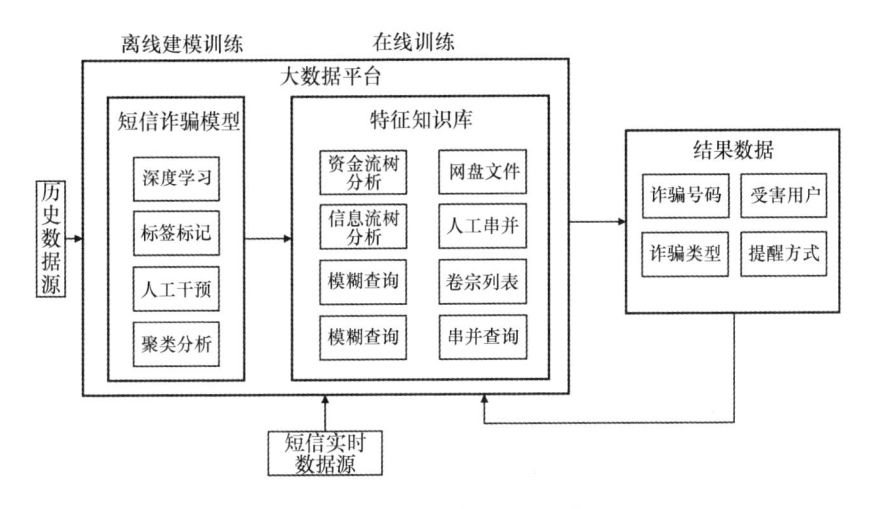

图 4 诈骗短信检测分析架构

2. 恶意 APP 检测分析

恶意 APP 主要包括钓鱼软件、勒索软件、色情播放器软件和进行恶意盗取数据、恶意扣费、恶意推广、篡改手机信息等攻击行为的软件。

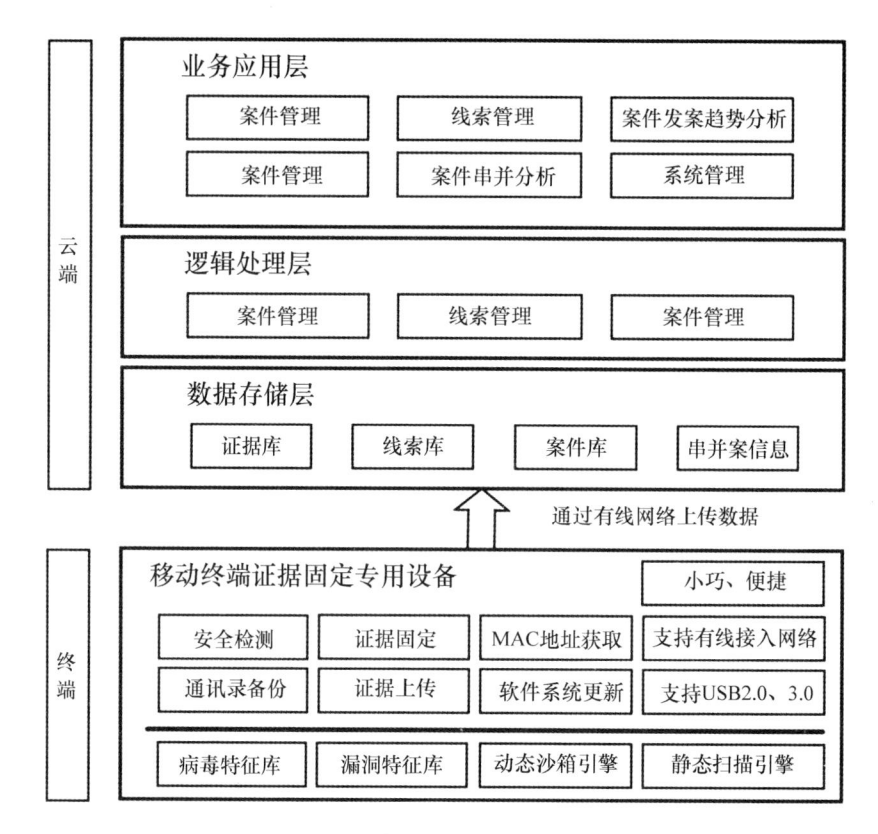

```
┌─────────────────────────────────────────────────────────┐
│  业务应用层                                              │
│   ┌──────────┐  ┌──────────┐  ┌──────────────┐         │
│   │ 案件管理 │  │ 线索管理 │  │案件发案趋势分析│         │
│   └──────────┘  └──────────┘  └──────────────┘         │
│   ┌──────────┐  ┌──────────┐  ┌──────────┐             │
│   │ 案件管理 │  │案件串并分析│ │ 系统管理 │             │
│   └──────────┘  └──────────┘  └──────────┘             │
├─────────────────────────────────────────────────────────┤
│  逻辑处理层                                              │
│   ┌──────────┐  ┌──────────┐  ┌──────────┐             │
│   │ 案件管理 │  │ 线索管理 │  │ 案件管理 │             │
│   └──────────┘  └──────────┘  └──────────┘             │
├─────────────────────────────────────────────────────────┤
│  数据存储层                                              │
│   ┌────────┐ ┌────────┐ ┌────────┐ ┌──────────┐       │
│   │ 证据库 │ │ 线索库 │ │ 案件库 │ │串并案信息│       │
│   └────────┘ └────────┘ └────────┘ └──────────┘       │
└─────────────────────────────────────────────────────────┘
```

图 5　恶意 APP 检测分析架构

恶意 APP 检测分析架构分为终端设备和云端管理两部分，如图 5 所示。云端主要有业务应用层、逻辑处理层、数据存储层。终端主要指固定的专业设备对移动 APP 进行监测。主要检测技术包括：一是特征提取技术。分析大量病毒数据信息，依据病毒的类型及行为特征，重点对 8 类恶意行为进行分析提取，获取统一特征信息。将收集的特征信息、应用类型统一收集至特征库中，并按行为、类型特征等进行分类存储，形成特征库。依据特征库提高 APP 检测的准确率。二是监测技术。依托国家安全中心的 MTX 病毒检测引擎、整合工信部反网络病毒联盟（ANVA）的特征库、国家信息安全漏洞共享平台（CNVD）实现对恶意程序的全方位、多维度扫描，更加全面、准确地监测移动 APP 的行为。通过USB连接证据固定专用设备后，对移动终端中的所有APP进行监测分析，判断APP的安全性。三是静态行为检测技术。获取APP的敏感行为、高危权限、样本大小、加固类型、渠道来源、签名信用、应用程序名、未混淆的、非安卓/Java标准API、非广告SDK的类名、方法、成员信息等一切可疑行为。四是动态网络行为检测技术。针对移动APP的动态行为进行监测，主要监测软件程序的网络访问行为、动态加载执行模块行为、短彩信发送行为、文件操作行为、隐私窃取行为、破坏应用程序行为、虚拟机自动触发行为，并使用真机进行扫描检测提升监测的效率、兼容性、准确性。五是判研分析技术。在现网环境中对APP进行分析研究，通过静态、动态分析，输出监测结果和防范策略报告，实时更新完善特征库，提高判研准确率。六是处置技术，首先是对APP下载链接封堵，避免其他用户下载；然后对APP流量抓包，服务器IP封堵，使已安装用户无法再访问。

3. 多业务融合关联分析

采用多业务融合关联分析主要解决以下问题：一是海量的数据分析需要大量的资源和时间，通过业务之间的关系缩小分析范围，目标更明确，节省资源和时间。二是单业务的快速分析依赖积累的特征数据的规模，通过不同业务之间的特征提取，可以完善各业务特征库。三是恶意程序和电信诈骗都已形成黑色产业链，传播途径和诈骗手法的多样性决定了需要以安全事件为核心串联各业务安全事件才能实现对抗。通过单业务诈骗线索、其他业务日志记录、关联线索查找、诈骗场景还原，实现从线索到可打击的情报分析。具体方法有：一是快速检测，多数恶意软件代码结构、加密手段、控制指令都非常相近，区别往往在于控制端邮箱和手机号不同。约90%的样本可以明显地归到10个以内的恶意家族中，通过分析增加类名、特征字等光谱扫描，可以提高对家族病毒的识别。大多数钓鱼网站有相似的框架，相近的代码结构，相同的图片，通过分析增加框架检测和代码特征检测，可以提高钓鱼网站的检测效率和降低检测难度。并实现垃圾短信的特征提取。二是黑产追溯。通过特征指纹分析，如注册/控制邮箱，注册域名的联系邮箱，手机等信息，可以追溯至其注册的其他域名、邮箱、手机等信息，再结合公安获取的其他身份位置信息，可以实施黑产链条的追踪和打击。三是关联分析。通过黑产指纹特征将事件进行关联，实现串并案的分析和诈骗场景的还原，如图 6 所示。四是方向预测。通过指纹特征预测可能发生的恶意事件。

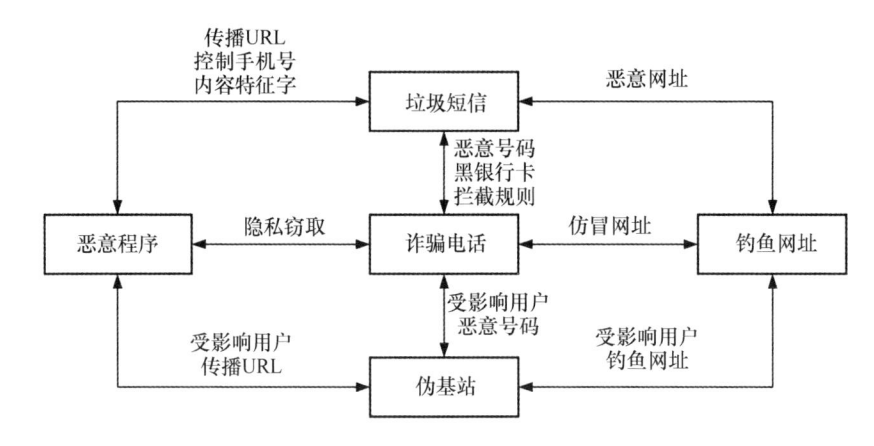

图 6　多业务融合关联分析架构

4. 诈骗网站家族挖掘

通过关联关系分析，对未知钓鱼网站检测，并对待启用诈骗网站开展情报数据挖掘。一是数据深度钻取。网络诈骗案件中受害人首先接触到的是诈骗网站、虚假"官网"等信息。通过互联网工具查询网站域名"Whois"信息，获取注册商、联系邮箱、创建时间等域名注册信息，通过 URL 状态分析其存活状态，判定该 URL 是诈骗网站、安全网站，还是疑似诈骗网站。二是聚类关联分析。根据域名关联、IP 关联、注册商关联、联系电话关联和邮箱关联，分析其家族或组织。三是对获取的涉诈重点情报通过互联网能力利用和专家重点分析，分类进行存储，形成诈骗网站情报库（包括已启动诈骗网站库和待启用诈骗网站库）和诈骗者情报库（包括注册网址号码库、注册邮箱库和注册商信誉库）。

5. 团伙窝点回溯分析

以 IP、域名、邮箱、手机号、联系人、应用 MD5 为元数据绘制黑产图谱，通过特征指纹分析，如注册/控制邮箱，注册域名的联系邮箱，手机等信息，进行追溯信息，实施黑产链条的追踪和打击。

（三）电信诈骗案件打防处置系统

由于电信诈骗产业链已经基本形成，如图7所示，相互分工明确，因此在落地打击的时候，需要根据诈骗场景、剧本、角色、道具、剧情、通信行为和通联关系等特征构建诈骗分析模型，通过汇集多个渠道的案件、情报、通话、网络、资金流数据、构建面向诈骗全链条的溯源打击能力。

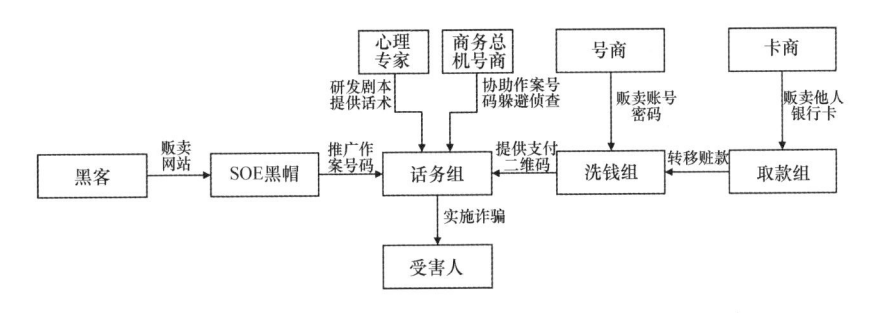

图7 电信诈骗全链条

1. 省际协查

由于电信诈骗具有跨地域甚至跨国界的特点，往往一个团伙的受害人，分布全国多个省份，因此在打击时，需要最大程度调集全国的资源，协同配合进行查案，共享信息和资源，发挥全国多个反诈中心及多个单位主体相关系统的作用。采用大数据集群架构，通过与相关省市反诈系统无缝对接，基于系统自动化案件侦办过程中基础数据的调取和协助，最大限度地发挥全国相关省市反诈中心入驻的银行、运营商、公安等权限资源，采用文书跨省市协助智能流转和电诈案件数据的共享模式，实现资源高效整合使用、提升办案效率。如图8所示。

2. 协同办公

在某个省份内部，由于具体办案侦破的往往是基层地市县公安，需要打通横向与纵向的信息渠道，纵向上统筹协调公安反诈工作，横

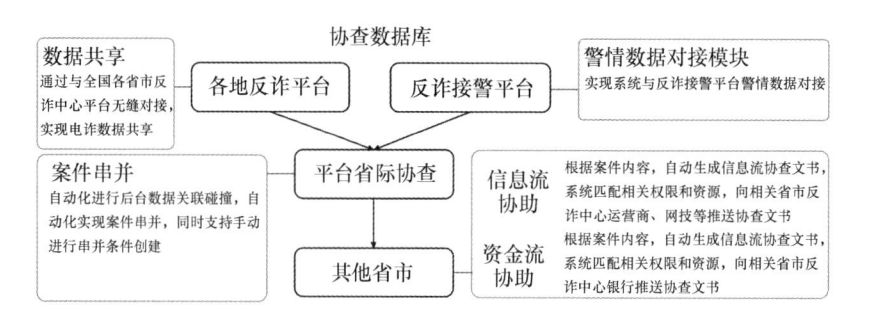

```
          协查数据库
数据共享                              警情数据对接模块
通过与全国各省市反  各地反诈平台 ← 反诈接警平台  实现系统与反诈接警平台警情数据对接
诈中心平台无缝对接,
实现电诈数据共享
                          ↓
案件串并           平台省际协查    信息流    根据案件内容,自动生成信息流协查文书,
自动化进行后台数据关联碰撞,自                协助    系统匹配相关权限和资源,向相关省市反
动化实现案件串并,同时支持手动      ↓               诈中心运营商、网技部推送协查文书
进行串并条件创建         其他省市   资金流    根据案件内容,自动生成信息流协查文书,
                                 协助    系统匹配相关权限和资源,向相关省市反
                                          诈中心银行推送协查文书
```

图8 全国相关省市反诈中心平台省际协查

向上实现与其他反诈系统、平台的对接。实现跨部门、跨警种、无纸化、自动化联动办公,通过系统对接,市、县区及派出所联合贯通、无缝接入,实现案件上报、下达、督办、指导等工作系统化、指令化,从而使整个反诈骗工作形成一个横向联通、纵向贯通的有机整体。一是市、县联动流转,市县联动,各区县反诈警情接警平台;实时监测通信网络犯罪警情,预警研判;实现业务功能本地化。二是与银行对接,实现涉案账户查询、冻结。三是第三方支持协同流转,与第三方支持进行指令对接,实现涉案第三方账户查询、冻结。四是运营商协调流转,实现涉案号码的推送与话单查询、涉案网址推送与封堵。五是公安部门各警种协同流转,与警综系统对接,实现对案件数据的抽取与查询,同时将警情推送至各警种,达到协作办案、形成联合作战的效果。

3. 网站诈骗打击

对已有的网站诈骗案件进行深度分析,输出情报线索数据,构建诈骗网站打击治理的闭环模型,有效支撑侦查打击。一是发现证据,基于检测引擎第一时间发现新出现的钓鱼网站,并通过网络爬虫取证。二是用户定位,实时定位访问钓鱼网站、下载或使用APP的用户。三是阻断业务,对确认的钓鱼网站,通过相关安全系统实时阻断。四是实时提醒,通过客户端等对相关用户进行实时提醒或劝阻。五是挖掘源头,通过IP备案数据、威胁情报平台等挖掘钓鱼网站后台信息。五项工作形成打击治理闭环,为打击侦破提供有效的线索。

4. 智能追呼

即通过先进的信令信号处理和语音识别技术，对诈骗电话进行多路群呼打击，实时探测被叫状态，实现对涉诈电话号码快速打击和跟踪，从而避免群众的财产损失、减少犯罪活动的发生。智能化语音追呼可在任意时间干扰封停涉案号码，支持对诈骗电话分等级追呼及切换；呼叫状态探测与显示功能，能够识别号码归属地，显示号码状态，如停机、关机、无应答等；追呼号码智能化录入和管理可以支持手动录入或批量导入，可编辑修改追呼号码；打击模式调整功能可以支持常规打击与强力打击两种模式；日志管理对所有操作支持日志记录，实现可追溯操作行为。

5. 声纹证据认定

声纹技术是继指纹、DNA之后一项新的个体识别技术，是新时期公安机关打击防范犯罪，特别是电信诈骗犯罪新"杀手锏"。基层单位通过事主积极提供诈骗语音，工作中主动发现诈骗语音，反诈中心建立声纹数据库，实现声纹案件串并，利用声纹证据认定嫌疑人。同时，利用声纹可以实现快速筛查确定嫌疑人的地域信息，结合电信诈骗犯罪高危地域重点人员语音检材，可以快速进行人员聚类分析，及时发现犯罪规律特点，重点研究打击防范和管控的策略，全面提高处置能力水平，以打击犯罪、遏制发案、加强管控。

电子商务平台金融法律风险防控研究

程增雯[*]

摘　要：近几年互联网金融高速发展。一边是以P2P平台为代表的网络借贷在疯狂跃进之后，纷纷爆雷跑路；另一边电子商务金融依托于第三方支付和消费信贷繁荣发展。但是繁荣发展不代表没有风险，电子商务金融风险更要警惕。2020年5月28日第十三届全国人民代表大会第三次会议通过《中华人民共和国民法典》，对于网络延伸出的民事权利有力回应、积极保护。2020年9月中国人民银行发布了《中国人民银行金融消费者权益保护实施办法》，将《中国人民银行金融消费者权益保护实施办法》升格为部门规章。无论是被称为社会生活的百科全书的《民法典》，还是作为首个金融消费者权益保护细则，都体现了对于民事主体网络权益的保护。本文以对电子商务平台权利能力扩张为研究起点，对电子商务平台金融风险进行研究，从风险防控前端民事责任落实和末端金融犯罪刑事处罚两个角度对防控电子商务金融风险、保护电子商务金融消费者权利提供思路。

关键词：电子商务；金融法律风险；平台责任；刑民保护

一　引言

互联网时代的到来深刻地改变了人们的生产、生活、行为方式和社

---

[*] 作者简介：程增雯，北京警察学院法律系讲师。

会关系，给经济发展、公共治理和社会秩序既带来了新机遇、新问题，也带来了前所未有的挑战。① 电子商务的高度发展，不断更新和拓展生产、交易的新渠道和新方法。电子商务作为商品和服务在线交易模式，需要一系列辅助工具支撑，而支付手段便是交易链条中最重要的工具之一。电子商务平台中金融模式，是基于第三方支付衍生而来。2013年支付宝横空出世，给电子商务发展带来强大助力，也丰富了网络金融模式，促进网络金融的繁荣发展。网络金融成为一种在任何时间、任何地点以及任何方式都可以运行的3A服务模式。② 我国互联网金融的发展历经七年时间呈现出一片向好的景象，但仍存在不少问题，如在网络借贷中信息发布真伪的辨别，平台借贷资金流向的把控，个人信息的泄露等问题相对比较严重。③ 本文选取民刑两个角度，对市场占有率更高、对居民支付方式影响更大的电商平台金融法律风险进行分析。

二 电子商务平台中的网络金融

（一）电子商务平台发展现状："大珠小珠落玉盘"

《中华人民共和国电子商务法》第9条对电子商务平台经营者进行界定，"电子商务平台经营者是指在电子商务中为交易双方或者多方提供网络经营场所、交易撮合、信息发布等服务，供交易双方或者多方独立开展交易活动的法人或者非法人组织。"本文中电子商务平台（下文简称为电商平台）一般由单个或者多个的电子商务平台经营者运营。我国电子商务平台发展势头迅猛，业态丰富、形式多样，超级平台一路领航，新型平台也不断崛起，呈现出"大珠小珠落玉盘"的发展态势。当前我国主要的电子商务平台有商品交易类和服务提供类两种大类型（见表1）。

---

① 马长山：《智能互联网时代的法律变革》，《法学研究》2018年第4期。
② 张成虎、武博华：《金融和技术创新视角下网络金融犯罪的形成机理与治理策略》，《西安交通大学学报》（社会科学版）2019年第1期。
③ 廖若兰：《中日互联网金融发展对比分析——以第三方支付为例》，《辽宁经济2020年第5期。

表1　　　　　　　　　电子商务平台服务类型

服务类型	次级分类	主要代表
商品交易类	综合性交易类	淘宝、天猫、京东、拼多多、苏宁易购等
	专业性交易类	洋码头、聚美优品、唯品会等
服务提供类	交通服务类	滴滴打车、滴嗒打车等
	旅游服务类	携程网、去哪网、途牛网等
	外卖服务类	饿了吗、百度外卖、美团外卖等

（二）电商平台中的网络金融："百舸争流千帆竞"

1. 支付工具先行，网络金融模式全方位发展

我国互联网金融业在蓬勃发展的阶段，衍生出以第三方支付、P2P网贷、大数据金融、虚拟货币以及各大电商平台推出的消费信贷产品等为首的六大互联网金融模式。网络金融融合网络和金融两个元素，与传统金融相比具有灵活、便捷的优势，也存在安全性低和风险大的劣势。电子商务平台金融，简言之是在电商商务平台中的网络金融模式。目前我国电子商务平台金融首先体现在，以第三方支付为依托，其他网络金融模式全方位发展。而对于电商平台而言，利用网络交易这一核心业务的建立、发展和稳固，积极投放金融产品，布局网络金融战略是其重要发展方向。支付宝平台大力发展具有电子商务特色的网络金融产品。2013年6月，支付宝平台与天弘基金公司携手打造中国第一支互联网货币基金余额宝，该基金集消费支付与金融理财功能于一身；消费信贷产品"蚂蚁花呗"于2015年4月正式上线。我国另一大电商巨头京东金融平台，则建立京东金融平台，其金融产品主要分为理财、白条和支付，京东支付是京东旗下针对互联网市场开发的兼容PC端与无线端的网银支付平台。2014年，京东推出消费贷款"京东白条"，2015年"京东白条"开始融入租房、旅行、购车、教育等众多场景；并且积极布局抢占线下支付场景，拓展用户群体。2019年第4季度，中国第三方移动支付交易规模约为59.8万亿元，同比增速为13.4%。伴随着用户移动支付习惯的建立以及移动支付场景覆盖率的不断提高，我国移动支付市场交易规模

已经结束了快速增长期，进入到了稳步增长阶段。①

2. 金融消费崛起，电商平台布局引流

随着电子商务的渗透，电商平台和支付平台互为助力。为维持用户黏性，电商平台需要为消费者创造便捷的购物体验，支付便捷在这之中起到重要作用。消费者依托于良好的购物体验逐步对电商平台产生信任，形成稳定消费习惯。电商平台以用户流量为基础，发展支付平台并且采取营销手段吸引电商平台流量进行金融消费。基于对电商平台的信任，电商提供的支付工具以及金融产品更加容易被用户认可和使用。支付平台基于电子商务的网络消费特征，推出以辅助、鼓励消费为重要功能的金融产品。其中最为具有代表性的就是京东、阿里巴巴两大电商集团推出的"京东白条"和"蚂蚁花呗"。京东金融2014年推出第一款互联网消费金融产品，针对用户在平台的消费进行消费借贷，打出"先消费，后付款"的广告，提高用户消费能力、刺激消费欲望。支付宝平台"花呗消费贷款"为"蚂蚁花呗"用户提供消费借贷，以"芝麻信用"为基础，无须用户提供抵押的贷款模式。其最高授信额度为3万，也是电商平台金融的重大创新。

用户进行交易支付时，平台对网络金融产品进行推荐，用户通过网站链接直接进行接转。利用支付工具开展线上金融业务，有强大的流量基础。平台方利用网络效应，积极进行布局引流，其具体引流措施体现在以下几个方面：首先，注重金融产品设计。电商平台在推出金融商品时充分发挥互联网智能化优势，注重用户体验，操作便捷、收益透明。如阿里小贷公司推出的"310"条款，从贷款申请到发放，基本上三分钟就可以解决。其操作流程为借款人在线取得支付宝实名认证后，提交申请并输入自身的支付宝账号及密码，点击确认即可签订贷款合同并取得借款。② 其次，开展金融产品营销。电商平台和支付平台通过积极促

---

① 《通信行业：第三方移动支付2019年Q4交易规模约59.8万亿》，[2020 - 06 - 01]. http://stock.finance.sina.com.cn/stock/go.php/vReport_Show/kind/search/rptid/639144539441/index.phtml20.

② 浙江省宁波市中级人民法院课题组：《互联网金融背景下电子证据的司法认定——以金融借贷合同为视角》，《人民司法（应用）》2017年第4期。

销,吸引用户注意力。"京东白条"的宣传语为"年轻不留白,任性花钱,先付后还"。"京东白条"还采取分期支付、优惠满减、赠送红包等促销模式,吸引用户开通金融服务进行金融消费。而且,在电商金融产品中夸大营销现象屡见不鲜。2019年12月,央行等四部委发布的《关于进一步规范金融营销宣传行为的通知》中对金融营销行为进行规范,落实金融从业人员营销责任,"浮夸型"金融产品营销文案逐步减少。最后,隐性金融消费诱导。平台对于金融产品和消费支付功能的连接进行设计,增加金融产品链接选项并置顶,相比于正常支付,进行消费借贷的支付方式操作更加便捷。甚至有些平台对用户进行恶意的引诱,如支付选项中的默认勾选,以及支付页面中对正常支付手段设置障碍,诱导消费者进行金融消费。

(三)电子商务平台金融基础法律关系分析

第三方支付、消费信贷和金融理财产品,作为不同的金融产品所产生法律关系是不同的。第三方支付中,用户与支付平台之间形成资金的委托代理合同关系;消费信贷中,消费者与支付平台形成消费借贷合同关系。但是无论哪种具体法律关系产生都需要用户与电商平台形成网络服务合同,随之在电商平台中进行交易,缔结网络交易合同时,与第三方支付平台形成对资金的暂时性保管的委托代理合同,如果用户在消费过程中,有资金需求则会通过支付平台进行消费借贷。用户在个人终端的浏览、点击和选择,却涉及电商平台和支付平台,买家、卖家、贷款人和放贷人多个主体,形成多个不同的民事法律关系。电子商务平台和第三方支付平台,大多为一个互联网集团下的关联公司,且很多平台开展自营业务,平台方为销售者本身。也即平台与销售者合一的情形,电子商务经营者与贷款人也形成了关联关系,这种密切交织的法律关系不同于传统金融中泾渭分明和权责明晰的合同主体。有学者指出,虽关联合同相互独立,但是"如果除了目的手段的关系外,两个合同相互形成这样一种关联关系,以至于如果不订立其中一个合同,则另外一个合同也不会被订立,或者其中一个合同的存在以另外一个合同的存在为依据",那么即可认定该两项合同构成经济上的整体。①

三 电商平台法律金融法律风险分析

(一) 消费者有限理性：电商平台金融风险存在主观必然性

电商平台用户，从网络交易消费者成为金融产品消费者，应该对投资产品真实性和风险收益有合理判断。此种判断除了依靠消费者通过平台获取信息，还需要消费者能够在平台信息披露的基础上做出理性判断。而消费者囿于自身缺陷以及决策能力受限，有限理性特征成为电商平台金融风险存在的重要主观性要素。

1. 消费社群特征

(1) 下沉市场成为电商平台新的发展重点，三线以下城市消费群体大规模进入电子商务领域

随着5G时代到来，基础设施的完善、智能手机的普及，还有物流、支付等网络交易工具的发展，使得电商平台逐步向乡村和小城镇转移和下沉，该消费群体在法律意识、安全意识等方面相对较为薄弱。如社交电商拼多多的飞速发展，便是得益于其明确的用户目标群体策略（着重抢占农村和小城镇市场等电子商务发展较为滞后的区域）。与目标群体相匹配的是大量不合规发展策略，如侵权商品置顶首页、平台规则不健全、漏洞百出的消费者权益保障，还有盲目拓展金融板块的商业计划。看似为农村和小城镇用户提供电子商务便利，提高其消费能力，实际上存在大量的法律风险。

(2) 电子商务平台用户年轻化趋势明显

随着电子商务的人群覆盖越来越大，大量年轻用户成为电商平台主力军。以电子商务市场占有率最高的淘宝平台为例，年轻化趋势明显。淘宝平台用户年龄分布情况中，33.27%的淘宝用户年龄为24岁及以下，32.44%的淘宝用户年龄在25—30岁，12.65%的淘宝用户年龄在

---

① 迟颖：《德国消费信贷法规中的关联合同制度：兼论〈德国民法典〉第358条》，《比较法研究》2006年第3期。

31—35 岁，7.02% 的淘宝用户年龄在 36—40 岁。① 年轻化消费者社会经验有限、消费需求与消费能力不匹配，防范意识不足。

2. 消费决策能力受限

随着"再中心化"的超级平台的出现，有些独角兽平台形成行业垄断地位，而其用户无论从技术、信息获取还是可选择机会都处于弱势地位。平台对其金融产品购买流程、合同的签订、权利义务的约定具有直接决定权，在格式合同的辅助下，消费者的弱势地位更加明显。同时，由于消费者的权利意识淡薄、相关的法律配套机制不完善、维权途径不明确，很多消费者放弃维权或维权信心不足。使得用户在进行金融产品消费决策时较为盲目、被动，决策能力不足。在金融权利被侵害后，不能及时有效维权，从而放纵平台或者其他侵害者的侵权行为，增加法律风险。

（二）法律责任风险：电商平台金融法律风险分析

在电子商务金融领域，基于对电商的信任、营销的盲从和消费的冲动等因素，导致用户有限理性产生，是金融法律风险存在的主观性要素。除了受消费者主观要素影响，金融产品外部性因素对风险的形成影响更大。本文研究重点集中于电商平台金融法律风险，本部分着重分析法律风险的种类以及产生的外部性原因。

1. 民事责任风险：侵权与违约

（1）侵权责任风险：金融消费者权利侵害

2015 年 11 月，国务院办公厅发布《关于加强金融消费者权益保护工作的指导意见》，提出保障金融消费者的八项基本权利，即财产安全权、知情权、自主选择权、公平交易权、依法求偿权、受教育权、受尊重权、信息安全权等。这是首次从国家层面对金融消费权益保护进行具体规定，强调保障金融消费者的八大权利。在国家注重对金融消费者权利进行保障的同时，电子商务金融领域侵犯金融消费者的合法权利的情

---

① 电商行业数据分析：《2019Q3 33.27% 的淘宝用户年龄为 24 岁及以下》，(2020 - 02 - 07) [2020 - 07 - 15]. https://www.iimedia.cn/c1061/68677.html.

形时有发生。

第一，缺乏提示、避重就轻，侵害金融消费者知情权。无论是第三方支付还是同时兼具支付、消费功能的消费信贷，其用户多为普通消费者，资金吸收具有"小、微、散"的特征，从个体来看金融风险似乎不大。所以，有些平台往往避重就轻，在宣传中一味强调收益、不谈风险，更有甚者进行虚假宣传，侵犯消费者的知情权，影响其决策能力，导致用户盲目进行金融消费。第二，格式合同有失公平，侵犯消费者公平交易权。电商平台利用格式合同与用户签订网络服务合同，制定服务协议和平台规则，协议和规则事无巨细、专业词汇多、不够通俗易懂，有些平台对关系消费者利益的条款没有进行重点标识，或者以有利于平台立场制定规则协议。用户只能被动接受，无协商和修改权利。对于用户而言，更注重消费体验，一般不去或者很少关注协议内容。第三，监管不力、风控缺失，侵犯消费者财产安全和信息安全权。造成犯罪分子对消费者权利的侵害，如账户内资金被盗、个人信息被泄露，或者被诈骗等，而后平台利用与用户签订的服务协议和平台规则，在用户追责时进行抗辩免除自身责任，导致用户被侵权后，追回损失困难。

（2）违约责任风险：基础合同的违约

第一，平台方违约。平台在网络服务合同中违约，支付平台方在服务协议中一般对客户权益保护进行约定。如《支付宝服务协议》："客户权益保障承诺、用户资金保障、信息保护。"与此同时除了主合同权利义务，平台需要履行合同的附随义务，如对用户的忠诚义务、尽力义务等，如果平台方怠于履行义务，会产生违约责任。第二，消费者违约。电子商务金融模式多样，以消费借贷合同关系为例，如2012年杭州市滨江区人民法院就对浙江阿里巴巴小额贷款股份有限公司与被告季慧小额借款合同纠纷进行判决，认定被告未在合同约定的期限内归还借款，已构成违约，应承担违约责任。

2. 刑事犯罪风险

网络金融本身存在固有犯罪风险特征。一是危害后果涉众性与叠加性。互联网金融犯罪隐蔽性强、潜伏期长，智能化程度高、专业性强，犯罪成本低、收益高，并且具有跨越时空性。"从加害者与受害者的关系看,现实社会中的传统犯罪主要是'一对一'的侵害方式,网络空间中的传统犯罪则多表现为'一对多'的侵害方式,侵害对象具有不特定性的特点,其侵害后果具有很强的叠加性。"① 虽然电商平台金融吸收资金单笔数额较小,但是人数多、传播快、辐射面广,涉众性强,被害人数多,由金融犯罪引发社会不稳定事件时有发生。二是匿名性和监控缺失。匿名性给予网络用户自由,也减损了道德与法律的评价、规范作用。这种虚拟社会特有的个体之间关联度降低的现象,在金融领域的负面效应更加明显,互联网成为金融犯罪的"隐身衣",滋生了互联网贷款诈骗、集资诈骗等互联网特有金融犯罪形式。② 电子商务平台金融属于网络金融模式的一种,其刑事犯罪风险具有自身特殊性。

(1) 第三方支付

一是沉淀资金风险。第三方支付平台独立于电子商务经营者与消费者,采用与各大银行签约的方式与银行支付结算系统对接,为电子商务中的买卖交易双方提供一个货款交付的中转站。③ 大量的交易资金通过用户与电商平台和支付平台的委托代理合同被暂存到第三方机构中。支付平台对于沉淀资金只有占有权利,并无使用、收益和处分的权利。④ 在司法实践过程中,以非法占有、挪用、使用、处分沉淀资金为目的犯罪行为,可能涉及信用卡诈骗罪、盗窃罪以及职务侵占等财产犯罪。二是洗钱罪风险。第三方支付作为依托互联网信息技术以及电子商务发展而来的新型虚拟支付中介,可以不受空间、时间、方式的限制快捷地转移非法资金,犯罪线索不易被察觉,成为犯罪分子对非法资金进行洗白的重要工具。

(2) 消费信贷中的财产犯罪风险

依托于电商平台而产生的消费借贷产品,不同于传统信用卡,属于

---

① 于志刚:《网络犯罪与中国刑法应对》,《中国社会科学》2010 年第 3 期。
② 陈丽、韩文江、王潇:《互联网金融行为的罪与非罪》,《人民司法(应用)》2017 年第 4 期。
③ 万志尧:《对第三方支付平台的行政监管与刑法审视》,《华东政法大学学报》2014 年第 5 期。
④ 黄晓亮:《第三方支付风险的刑法防控》,《法学》2015 年第 6 期。

在线虚拟金融借贷。消费信贷提升用户消费能力、拓展商家盈利渠道，但是随之而来的是利用消费信贷"套现"行为的泛滥。2017年审结的"蚂蚁花呗套现第一案"中，重庆市江北区人民法院判决被告人组织通过套取"蚂蚁花呗"的消费贷款，法院认定被告人利用"蚂蚁花呗"帮助他人进行套现并收取手续费，构成非法经营罪。关于"套现"行为罪名，司法和理论界都有争议，在具体个案应明确犯罪构成要件原则，根据不同的犯罪事实，"套现"行为可能会触犯不同的罪名，如信用卡诈骗罪、诈骗罪、盗窃罪等。

（3）数据信息犯罪风险

支付平台作为资金中转和金融产品的中介，会掌握大量的客户信息，用户通过实名认证，其户籍信息以及与户籍信息密切联系的个人工作经历、教育背景等线下信息，网购信息、转账支付、理财状况、地址变动等从淘宝平台及支付宝处获取的线上数据，都被平台所掌握。如果平台在数据处理过程中存在漏洞、监管不力，会导致违法犯罪分子窃取个人信息实施犯罪的风险加大。在司法实务中，除了侵犯个人信息罪，因为用户个人信息泄露引发诈骗罪、盗窃罪、敲诈勒索罪等层出不穷。

四 民刑结合：电商平台金融法律风险防控进路

对于金融风险的防控，最重要且最高效的手段便是建立金融监管措施。针对网络金融，我国已经建立起一定的监管框架。从法律法规角度，建立了《反洗钱法》《电子签名法》《关于规范商业预付卡管理的意见》等法律法规，以及中国人民银行的《非金融机构支付服务管理办法》《支付机构预付卡业务管理办法》《非银行支付机构客户备付金存管办法》《银行卡收单业务管理办法》等规章制度。[①] 从政策引导角度，2015年7月18日发布《关于促进互联网金融健康发展的指导意见》，提出对网络金融市场的监管要本着"鼓励创新、防范风险、趋利

---

① 黄晓亮：《第三方支付风险的刑法防控》，《法学》2015年第6期。

避害、健康发展"的总体要求进行。但是电子商务金融产品交易，处于复杂的法律关系之中。2020年9月中国人民银行发布了《中国人民银行金融消费者权益保护实施办法》，将《中国人民银行金融消费者权益保护实施办法》升格为部门规章。对电商金融风险进行防控，既要强化前端民事责任落实、加强事中行政监管，也要强化后端刑事打击，形成从民事责任、行政监管到刑法处罚的层层递进的保护态势。众所周知，行政监管对金融风险防控最直接、高效，学界研究也最多。但是风险防控是一个系统工程，民事责任落实和刑事犯罪打击可以和行政监管形成合力，更有利于形成全面、有效的防控措施。所以，本文主要选取民刑两个角度对风险防控进路进行讨论。

（一）民事责任落实：权责统一的应有之义

1. 从去中心到再中心：平台能力不断扩张

与传统社会信息流通呈现出由中央核心向边陲地带流动的模式不同，网络社会的信息流通呈现出去中心化状态，信息的流通不会受现实社会立体式结构阻碍，实现了信息的无限流动。网络空间的信息自由流动，打破了现实社会各种壁垒，使得信息能够实现共享，但是随着互联网不断升级迭代，信息自由流动演变成几何式爆炸增长，普通用户淹没于信息洪流中，理性判断、筛选出现困难。此时随着平台经济崛起，超级平台出现，网络社会从去中心态势，开始"再中心化"。苹果、谷歌、微软等平台公司在"赢者通吃"的商业生态下，塑造了复合式、庞大"多环状生态圈"和覆盖式发展，形成了"要么利用平台，要么就被平台消灭"的发展态势，进而又形成了平台的"再中心化"。[①] 随着"再中心化"出现，电子商务平台作为超级平台中一股重要力量，开始崛起，能力不断扩张和拓展。

（1）平台内部生态系统的形成

一是平台内网络社群的凝聚和塑造。和传统线下社会相比，在互联

[①] 陈威如、余卓轩：《平台战略——正在席卷全球的商业模式革命》，中信出版社2013年版，第220页。

网虚拟世界"距离远近、时间长短都已失去效用，数字化虚拟信息的本质是保持时间和空间距离为零"。①没有时间和空间的壁垒，平台内部社群开始形成。一步一步打通商品流通的跨地域壁垒，实现线下跨地域社群整合，线上线下整合，交易前段和末端整合，形成超越地域、空间和传统交易链条的新型社群。二是平台对用户行为的规范和操控。作为平等的合同双方，平台对用户进行管理的合法性基础来源于双方签订的网络服务合同。合同内容主要以格式条款的形式体现，称之为电商平台规则。《电子商务法》第32条中明确规定对于电子商务平台经营者制定平台服务协议和交易规则应当遵循公开、公平、公正的原则。平台规则的内容以用户行为规范为主，并且辅以用户违反规则的后果及处罚措施。用户在平台生态中进行交易，其行为受到平台方的规范甚至是操控。加之平台对信息的垄断，也对用户产生行为操控甚至是对思想的干预。

（2）数据信息的采集、控制和利用

"数据石油"的论断，在平台时代已经成为共识。关于数据权属的法律讨论，无论在国内还是国际都是热点话题。《民法典》第1034条："自然人的个人信息受法律保护。个人信息是以电子或者其他方式记录的能够单独或者与其他信息结合识别特定自然人的各种信息，包括自然人的姓名、出生日期、身份证件号码、生物识别信息、住址、电话号码、电子邮箱、健康信息、行踪信息等。"数据信息是民事主体进行社会活动个人信息以网络代码为载体的虚拟痕迹。"网上的个人信息全方位覆盖了你从摇篮到坟墓的全部私人生活，慢慢地积累所有数据，直至在计算机数据库中形成一个'人'"。②电子商务平台作为网络平台中最具影响力和渗透力的模式，拥有庞大的用户群和复杂的平台生态系统。用户在电子商务平台进行交易，会产生大量的法律关系。用户与平台之间的网络服务合同、买卖合同、委托合同、消费借贷合同，快递运输合同等。在缔结合同关系的过程中，需要用户提供大量的个人数据信息，用户进入平台也会产生各种浏览记录或者活动轨迹。指尖交易看似简便快捷，背后

---

① 王向民：《网络社会的信息传播与决策机制》，《社会科学》2012年第12期。
② ［英］约翰·帕克：《全民监控——大数据时代的安全与隐私困境》，关立深译，金城出版社2015年版，第14页。

都是大量个人数据信息的交换,电商平台则是数据信息最大获利者。

2. 路径：合理赋责,边界明晰

发端于Web1.0时代的美国"避风港原则",在我国《侵权责任法》第36条中予以规定,将平台侵权责任限制在"通知—删除"的大框架中,但随着网络平台的控制力增强,其义务和责任有必要开始重构。《中华人民共和国民法典》第1194条到第1197条,对网络服务提供者的民事义务和责任进行完善,其中第1197条规定："网络服务提供者知道或者应当知道网络用户利用其网络服务侵害他人民事权益,未采取必要措施的,与该网络用户承担连带责任。"而对于平台"知道和应当知道"是判断平台主观过错的重要标准,对于用户而言,平台拥有强大实力,制定规则协议、规范用户行为。平台和用户的地位平等,停留在"要么接受、要么离开"的选择中。当然,在互联网运行逻辑下,平台面对海量用户和信息,完全实现与用户磋商不易操作。对用户而言,更关注的也不是服务协议和平台规则内容,而是简单快捷的消费体验、产品高收益和权利有效保障。目前国内司法判例中,用户因为犯罪行为遭受财产损失要求平台承担责任的案件,平台通过服务协议以及对技术解释抗辩,一般能够证明自己尽到安全保障义务。笔者认为,支付平台具有自身特殊性,根据不同的金融产品类型对平台义务内容要求有所不同。法官针对具体案情,可以通过网络服务合同附随义务以及《民法典》第1197条中对于平台"知道和应当知道"的过错标准,对平台责任承担进行适当扩大解释。扩大解释必须针对具体案情,并且确立合理、适度责任边界,以免进入盲目保护用户,加重平台责任承担的极端。

(二) 刑罚威慑有效预防：合理入罪、保持谦抑

1. 合理入罪,有力打击

"哈特认为,刑法的主要机能并不在于刑事追诉,而在于第一次性地为市民提供行为的方向"。[1] 在法律保障中,刑罚除了对已有犯罪进

---

[1] ［日］高桥则夫：《规范论和刑法解释论》,戴波、李世阳译,中国人民大学出版社2011年版,第6页。

行打击，更重要的是产生威慑对犯罪进行预防。互联网时代的到来，使得公民权益更多样化、复杂化，如即将要在 2021 年 1 月 1 日施行的《中华人民共和国民法典》中对互联网相关的虚拟财产、个人信息等新权益和权利进行立法规范。民事主体新权益的保护，除了在民事层面加以确定，更需要公法层面及时跟进。对于衍生于电子商务平台的新型网络犯罪要及时发现、打击。

（1）探索新的网络犯罪刑事立法反应模式是当务之急①

"应该对新制定的新兴犯罪类型，思考新的保护法益概念。"②《民法典》对于民事主体新权益的规定，为制定新型犯罪类型提供了法律基础。互联网时代出现的新型金融犯罪，特别是电子商务平台金融中的侵财、侵权行为，虽然损失较小、主体分散，但是辐射范围广、受害人群庞大，具有涉众性特征，一旦出现犯罪行为，可能引发危害社会稳定的群体性事件。所以，刑事立法应及时反应，保护主体新法益。

（2）在刑罚层面探讨网络平台的责任也至关重要

电子商务平台和第三方支付平台作为关联平台，在金融产品的营销中互为助力。其在网络金融犯罪中，有时作为受害人出现，如"套现"行为，但是在以平台用户为受害人的金融犯罪中，对于网络平台责任也要有所关注。当然，刑法责任过于严厉，必须明确入罪的界限。有学者指出网络服务提供者在网络犯罪的治理中，实际上扮演着一个类似于电路中的保险丝一样的角色，当其对犯罪的发生已经产生明确的认知时，就应当履行"熔断义务"，切断其与犯罪人之间的联系。如果网络服务提供者没有履行这一义务，则被法所不容许，因而被评价为犯罪人的帮凶。③还有学者从网络帮助行为的独立评价入手探讨平台刑事责任的追究。④无论如何，对平台义务的探讨是有必要性的，《刑法修正案

---

① 于志刚：《网络思维的演变与网络犯罪的制裁思路》，《中外法学》2014 年第 4 期。
② 徐振雄：《"网路犯罪与刑法'妨害电脑使用罪章'中的法律语词及相关议题探讨"》，台湾《国会月刊》2010 年第 1 期。
③ 马永强：《网络服务提供者的熔断义务与归责——以帮助信息网络犯罪活动罪为重心的展开》，《中国刑警学院学报》2020 年第 1 期。
④ 于志刚：《中国网络犯罪的代际演变、刑法样本与理论贡献》，《社会科学文摘》2019 年第 5 期。

(九)》增设帮助信息网络犯罪活动罪,便是对网络帮助的行为独立入罪的回应。

(3) 公安机关有力打击作用重大

公安机关作为打击犯罪的先头兵,对于电子商务网络金融犯罪,更应该遵照"宽严相济"的形势政策。一是建立有效、快速的电子商务金融犯罪立案、预警机制。针对电子商务犯罪自身的特征,应该"师夷长技以制夷",利用互联网智能化技术,如"数据+算法"模型,进行金融犯罪防控、证据收集、犯罪分子的追踪抓捕,对电子商务平台金融犯罪行为进行智能化防控和打击。二是要审慎判断,明确罪与非罪界限。针对电商平台中的金融犯罪警情在立案、调查、取证以及采取强制措施时,都要谦抑审慎。在打击犯罪的同时,注重不同法律关系的界限,不要轻易介入民事纠纷,尊重金融创新。三是加强与金融监管机构以及平台方的合作,形成对电子商务金融犯罪的协同治理。特别注意发挥平台自身技术优势、管理优势,从而有效督促平台进行自我治理。

2. 保持谦抑,尊重创新

电子商务金融模式繁荣发展,对于其产生的犯罪进行有力打击,是保障金融消费者权益、维护我国金融秩序的重要手段。但是网络平台的出现,改变了传统的社会结构,形成了"现实社会与网络社会同时存在的'双层社会'"结构。此种社会分层模式,是人类社会发展的一大创新,如果盲目打击,形成高压态势,不利于互联网金融创新。面对互联网金融,刑法应保持谦抑性。一是判断行为的社会危害性。对具有严重社会危害性的侵财行为界定为犯罪行为,如欺诈、盗窃等高风险行为,有效盘活民间金融在网络的预留空间。少用甚至不用刑罚,获取最大的社会效益,从而达到有效地预防和控制犯罪的目的。二是针对电子商务金融领域违规违法行为。首先适用民商事法律进行调整,进行行政监管和行政处罚也要注意比例原则。用其他法律就足以抑制某种违法行为、保护合法权益时,就不要将其纳入刑法规制范畴。即使已经入罪,也要贯彻罪刑责相适应原则,凡是适用较轻的制裁方法就足以抑制某种犯罪行为,就不要规定较重的制裁方法。

五 结语

电子商务平台金融，依托于电子商务高速发展，但是发展与风险并存。本文以电子商务平台现状、电商平台金融特征为研究起点，对电子商务平台金融中涉及的基础民事法律关系，电子商务金融法律风险类型和产生原因进行研究。并以此为基础，提出前段民事责任落实，末端刑事犯罪处罚的民刑结合保护进路。为有效维护网络金融秩序、促进网络金融发展建言献策。

办理非法集资犯罪案件面临的问题与对策[*]

石 魏 肖圣雷[**]

摘 要：非法集资犯罪案件涉案人数众多、涉案金额巨大、法律关系复杂、维稳形势严峻，案件办理面临诸多难题，突出表现在非法占有目的认定难、调查取证工作难、涉案财产处置难等，对此，应准确认定非法占有目的、完善侦查措施、加大追缴力度、统一非法集资数额认定思路，多策并举，实现非法集资案件办理的快速、高效。

关键词：非法集资；涉案财产；非法占有目的；数额认定

当前，非法集资犯罪手段日趋专业化、套路化，严重侵害了投资人权益，破坏了国家金融管理秩序，甚至影响了社会稳定。司法实践中，非法集资犯罪案件办理中存着在非法目的认定难、证据收集难、涉案财产追缴、退赔难等问题，对之有针对性地加以研究、辨析、解决，具有重要的理论意义及实践价值。

一 非法集资犯罪案件司法实践现状

通过对2017—2019年北京市审理的非法集资犯罪案件进行实证分析，可以发现非法集资犯罪案件呈现出以下特点。

---

[*] 已发表于《北京警察学院学报》2021年第1期。
[**] 作者简介：石魏，北京市东城区人民法院刑事审判庭法官；肖圣雷，北京市朝阳区人民法院刑事审判庭法官。

(一) 案件数量、规模、被告人数显著增长

2017—2019年,北京市新收及审结的非法集资犯罪案件数量显著增加。以朝阳区为例,2017年朝阳法院新收非法集资犯罪案件149件,审结非法集资犯罪案件140件;2018年新收非法集资犯罪案件270件,较前一年增长81.21%,审结非法集资犯罪案件212件,较前一年增长51.43%;2019年新收非法集资犯罪案件416件,较前一年增长54.07%,审结非法集资犯罪380件,较前一年增长79.25%(见图1)。从近三年收案的走势来看,非法集资犯罪案件收案数量呈现逐年增长的态势,并且增速较快。从案件规模来看,涉案金额在2000万元以上的案件占到总案件数的85%以上,此外,被告人人数直线上升,由2017年的480人增加到2019年的1847人。

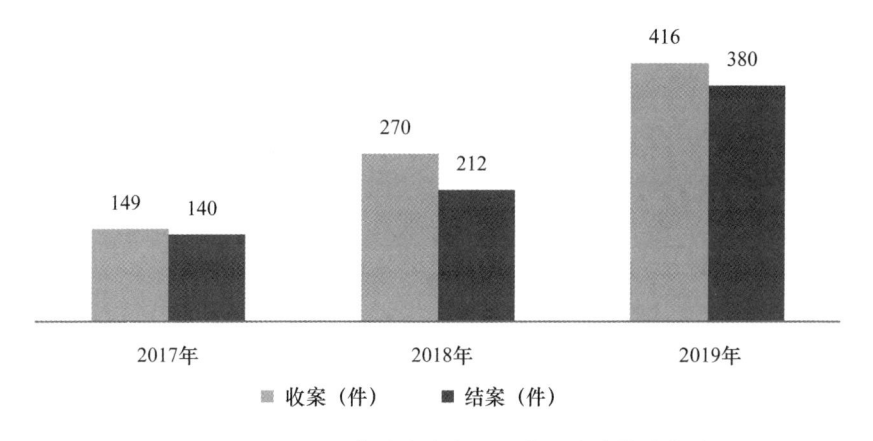

图1 2017—2019年北京市朝阳区人民法院收结非法集资犯罪案件数量

(二) 犯罪主体呈集团化、团伙化态势,犯罪手段渐趋职业化、专业化

非法集资行为人借鉴公司、企业的运营模式,以招商引资、支持地方发展经济为幌子,通过投资入股、招商引资、债转股等形式迷惑、欺骗受害人,其管理呈现集团化、团伙化的态势,组织严密。最上层的组

织者、领导者负责公司的总体规划、财务、人事管理、合同拟定等，中层领导者上传下达，如区域经理作为中层领导者，负责该区域的非法集资活动，筹建办事处、分公司，给业务员发放工资、提成、奖金等，而业务员通过虚假宣传不断提升集资手段，呈现专业化、职业化趋势。为了逃避侦查，公司内部成员依照分工各自实施整体犯罪行为的一部分，既有法人、总经理等上层控制人，也有业务经理等中层经营者及具体业务员，上下级之间层级分明、管控严格、运作有序。

（三）宣传欺骗性强，迷惑性大

非法集资行为人为了吸引更多的投资人参与其中，通过报纸、杂志、微信等多种手段进行宣传，同时借助网络信息科学技术、云技术管理工具，对不特定对象进行诱惑，侵害对象非常广泛。非法集资行为人还利用主流媒体聘请明星做代言、发布虚假信息，并不时召开由学者、专家等参加的研讨会、推介会。在众多非法集资案件中，一些非法集资行为人还担任各种社会职务或获得过各种荣誉，如商会会长、优秀企业家等称号。在具体实施过程中，采取多种手段规避法律惩治，如使用化名、别名实施犯罪行为，发放、领取工资、提成等不留字据、书面材料。一些行为人还具备金融、法律背景或在相关行业具有丰富工作阅历，此类行为人对非法集资模式、套路娴熟，懂得采取何种手段诱使投资人上当，甚至与公证处、银行内部个别员工勾结，通过出具虚假资信证明、编造虚假会计报告、资产评估等，将吸收资金模式由商品营销、养殖、造林等"实体经济"转向理财、众筹、虚拟货币等"资本运作"模式，诱惑性强、迷惑性大。

二 非法集资犯罪案件中频发之原因剖析

（一）集资参与人趋利心理强，防范意识薄弱

非法集资行为人以高利率、高回报、低风险等为宣传口号，且前期按期兑付利息并发放各种礼品，诱使众多人参与其中。大部分投资人缺乏理性及投资金融常识，求利心切，安全防范意识薄弱，很容易成为非

法集资犯罪的受害人；还有一些投资人为了挽回自己的经济损失、赚取利益，通过熟人、亲人不断拉拢其他人投资，获取高额提成，不仅本人沦为受害人，还成为犯罪分子的帮凶。

（二）犯罪手段隐蔽

非法集资行为人在非法集资前期会足额还本付息，公司高层编织谎言，并通过合法形式掩饰其非法目的，如公司运营常态化，投资某些实体产业，聘请明星或高管宣传、引诱等，呈现出职业化、套路化的趋势，极具隐蔽性、欺骗性，容易获取投资人的信任，从而吸收更多的投资人参与其中。再加上非法集资案件从案发到资金链崩盘会持续一段时间，具有滞后性，且资金去向、投资领域等只由组织严密、等级分明的核心人物掌握，导致投资人难以察觉骗局、挽回损失。

（三）监管力度不够

非法集资犯罪手段多样、隐蔽性强，虽然政府多个部门负有监管职责，但多头管理容易导致职责不明、权限不分，难以形成监管合力。另外，绝大多数非法集资公司缺乏资质，不在金融监管部门的监管范围之内，还有一些公司虚假注册或随意扩大经营范围，如注册为咨询公司，但以投资公司开展经营活动。还有一些企业总公司与分公司、注册地与经营地不在同一地方，导致监管部门难以监管或无法实施有效监管。

（四）量刑过轻，惩治乏力

非法集资犯罪受害人众多、涉案金额大、账户混乱，导致证据难以收集、主观目的难以判定，司法机关往往将集资诈骗罪降格为非法吸收公众存款罪处理，而依据现行法律，非法吸收公众存款罪最高刑仅为有期徒刑10年。[①] 在类似情节的诈骗罪中，同样系骗取他人钱财数额50万以上，可判处10年以上有期徒刑。而非法吸收公众存款涉案金额几亿甚至数百

---

① 即使从2021年3月1日起开始实施的《刑法修正案（十一）》将非法吸收公众存款罪的量刑幅度提升为十年以上有期徒刑，也缺乏足够的威慑力。

亿，最高刑期仅为 10 年，犯罪的社会危害性与量刑幅度失衡。

三 惩治非法集资犯罪面临之难点

（一）"非法占有"的主观目的难以认定

非法吸收公众存款罪与集资诈骗罪在客观行为、犯罪主体、主观方面具有重合性、相似性，且侵犯的客体均包括金融管理秩序，对两者界定的关键在于是否具有非法占有目的，但犯罪目的的认定具有主观性，缺乏客观、准确且具有可适性的判断标准，致使实践中既有拔高处理，将非法吸收公众存款罪认定为集资诈骗罪的情形，也有降格处理，将集资诈骗罪认定为非法吸收公众存款罪处理的情形，严重影响司法裁量的权威性和公信力。

（二）案情复杂，调查取证困难

证据是审判的基础和前提，充足的证据方可保证审判的质量。非法集资案件涉案人数众多、民刑法律关系交织、涉案财产来源去向多元化，致使取证工作难度极大：其一，投资人多地报案，既有希望通过刑事诉讼的方式维护其权益的，还有希望通过民事诉讼实现权益保障的，但不同诉讼由于缺乏沟通、协调，致使审判前后不一，而且不同地区收集证据的标准、程序、质量不同，导致涉案金额与涉案人数相差悬殊；其二，涉案财产来源多元化、权属难以认定，致使涉案财产处理困难；其三，部分案件通过线上进行集资，缺乏相关书证，且账户数量众多、种类繁杂，电子证据容易被删除、修改，并存在销毁证据、隐匿账户等情况，导致书证、电子证据收集困难；其四，言词证据收集困难。投资人尤其是在集资诈骗中受害人数量众多，依照刑事诉讼法的相关规定，需要对每个受害人听取其陈述、告知其权益。但实践中部分受害人住址不详、联系困难，逐个收集言词证据困难重重，且受害人为了尽力挽回损失，提供的陈述往往具有片面性、利己性；另外，在集资诈骗实施过程中，也存在信息不对称，公司法人掌握的信息与中层经理或基层业务员掌握的信息范围不同、行为定性也不同。总之，非法集资犯罪案件案情复杂，众多书证、财务数据存在被销毁、删改、隐匿、伪造的可能性，导致非法集资案件的调查、取证工作困难重重。

（三）对犯罪数额的认定思路不统一

犯罪数额的认定直接关系到对被告人的定罪量刑及退赔责任。实践中，对犯罪数额的认定包括被告人参与金额的认定、被告人违法所得的认定以及受害人损失金额的认定，等等。对犯罪数额的认定涉及审计报告、统计表、银行交易明细、证人证言、鉴定意见等证据的综合认定，实践中因认定依据不同导致认定思路不统一。

（四）追赃、挽损不易

非法集资案件专业化、公司化、集团化、高科技化越来越强，犯罪分子精心谋划，通过各种虚假手段、策略将赃款赃物转移、隐匿、变卖，难以追缴、损失难以挽回。追缴的前提是被告人尚有财产存在，但问题是非法集资行为人一方面对集资款项大肆挥霍、花费巨大；另一方面快速转移、藏匿，由于追赃手段落后、查控措施不足、混合财产认定困难导致投资人损失难以挽回。涉案财产中，既有被告人的违法所得、犯罪工具等，还可能涉及第三人的合法财产、混合财产等，导致权属认定困难，且司法实践中认定标准、处置程序缺失，非法集资案件与民间借贷、经济纠纷、民事违约等存在众多交叉重合之处，致使定性存在疑难、争议，给追赃、挽损工作带来极大困扰。

四 解决非法集资犯罪案件实践问题之具体举措

（一）准确认定非法占有目的

以非法占有为目的作为目的犯的主观目的，需通过客观、具体的行为将其主观意图予以体现，对其认定，一方面可通过被告人供述、书证、证人证言等证据材料予以证实；另一方面可通过刑事推定的方式予以证明。诚如陈兴良教授所言：刑法可以设专条规定推定的基础事实，凡是具有这些法定情形的，司法机关就可以推定为存在非法占有的目的。在非法集资案件中，对非法占有目的的判定，要考虑到其客观性、特殊性，不能以客观结果倒推主观目的，也不能将诈骗行为的认定、被告人的供述等作为认定的唯一依据，主观目的的证明应当建立在客观事实的基础上。为此就有必要采用推定的方法，根据客观存在的事实推断行为人主观目的之存在。①

笔者认为，可通过以下几个方面认定被告人是否具有非法占有的目的：

1. 个人及公司经营能力、业务运转能力

如果行为人具有一定的公司经营能力，且公司业务正常进行，除了非法集资行为之外，还具备其他多种正当、合法业务，且经营状况良好，有持续的赢利能力或潜力，对此一般不应认定为集资诈骗罪。如果行为人既缺乏经营管理的经验、能力、经历，也不具备基本的技术条件、经营设备，仅将实体企业作为非法集资的宣传点或展示实力的手段，则可以推定其具有非法占有目的。

2. 是否具有相关经验与基础

根据行为人的职业经历、专业背景、培训经历、犯罪前科等综合判定其是否具有相关经验，如果行为人具备多年经营公司及相关业务的工作经验，并且在以往经营公司过程中，一直遵纪守法且能够返还筹集资金款项，则一般不应认定为具有非法占有目的。

3. 是否积极开展生产经营活动

如果行为人将非法集资的款项用于非法活动，表明其主观上不想偿还，作为具备完全刑事责任能力的行为人，应该认识到其行为带来的法律后果，实施违法犯罪行为尤其是走私、贩毒等行为，一旦将非法集资款项投入其中，即转变为犯罪工具。如果行为人没有实体经营或实体经营比例较小，即使行为人通过正常经营能够牟利，但远不足以偿还非法集资过程中支付的提成、奖金、支出等，亦应认定具有非法占有目的。

---

① 陈兴良：《目的犯的法理探究》，《法学研究》2004 年第 3 期。

4. 非法集资款项投入生产经营活动的比例

行为人非法集资款项大部分或半数以上均投入生产经营活动，表明其主观上还是希望通过生产经营牟利，而不是为了非法集资后潜逃或挥霍一空，故对其行为的定性要综合而定。

5. 偿还能力

如果行为人个人或者公司实力雄厚，足够或者具备偿还的可能性，且其经营公司一直在正常运转，没有抽逃资金或大量转移资金，则一般也不应认定为集资诈骗罪。

6. 是否按照预定或宣传的用途使用资金

投资人之所以相信行为人，在很大程度上系出于对企业及其宣传的营利方式的信任，如果行为人改变用途，则表明其宣传内容系其虚构事实的一部分，当其对集资款项随意处置、滥用，表明其对危害后果的漠视和放任、故意，可推定其具有非法占有目的。笔者认为对于改变用途的，应当区分将所集资钱款用于何处，对具备稳定收益并可以支付集资参与人利息等款项的，认定为不具有非法占有目的；对将集资钱款用于股票、期货等高风险的投资项目，应当认定为非法占有目的。因为，作为集资参与人钱款的使用者，不仅有使用的权利，还有保证资金安全的义务，对所掌握资金的肆意处置，表明其对危害后果的漠视和放任，可推定其具有非法占有目的。

（二）更新理念，提高证据收集能力

1. 树立刑民并重的理念

非法集资案件具有复杂性、多样性、跨区域性、权属多元性，涉案公司、企业财务状况混乱，资金来源、去向不明，不仅存在重复投资行为，还存在债转股、电子返现等行为，涉案财物不仅有现金、工厂、债权等，还包括股权、土地使用权等，且投资款经过多次流转、转化、混同等[①]，部分款项进入作为中间人、介绍人的第三方，如公司、个人甚至银行工作人员账户，此部分款项可否认定为涉案财物予以追缴？这个

---

① 石魏：《非法吸收公众存款案件司法实践问题之反思》，《人民司法》2020年第16期。

问题在实践中争议较大,且货币作为种类物,一旦交付即作为犯罪分子的可支配资金,极易与第三人合法财产混同,造成黑白难辨,再加上投资人的证人证言与鉴定文书、合同文本等存在诸多冲突矛盾之处,实践中如何准确界定违法所得与合法收益、涉案财物与合法财产存在诸多疑难。如果不能对涉案财物合理处置,则将会加剧社会矛盾、侵害投资人权益、导致众多不稳定因素。我国法律理念趋于重刑轻民,强调刑罚的惩治功能,而忽视对被追诉人经济的打击,致使一些犯罪分子虽然受到刑罚的惩治,但因为并没有割裂、清除其犯罪的经济基础,其出狱后利用犯罪所得往往重操旧业,严重损害国家、社会及个人的权益。因此,要树立刑民并重的理念,既要重视对非法集资犯罪的刑事打击,还要重视对犯罪嫌疑人、被告人违法所得的追缴、退赔,刑民两种方式并举,方可实现一般预防和特殊预防的双重效用。

2. 全面、有效搜集证据

全面搜集证据,要求既要搜集与本案定罪量刑有关的直接证据,也要搜集涉及查封、冻结、扣押的关联性证据;既要搜集认定集资款的定罪证据,也要搜集认定集资款数额的量刑证据;既要搜集书面证据,也不能忽视搜集电子证据、言词证据等。

有效搜集证据,包含两个层次:(1)要符合证据的形式要求,尤其是言词证据,搜集程序要严格遵循刑事诉讼法的相关规定。对于书面证据,除法定事由外,应当搜集原件,遵守最佳证据规则。作为定案的证据,应以卷宗形式移送,避免随意性。(2)要搜集有用证据、创新搜集模式。非法集资案件投资人众多,要求逐一搜集言词证据且制作询问笔录,对公安机关要求过高,而且收集内容重复的言词证据会严重浪费司法资源。经审判实践的摸索与归纳,笔者建议创新对投资人言词证据的搜集模式,即采用表格填充式搜集模式,制定统一制式表格,让投资人如实填充并针对填充内容提供相应证据材料原件。填充式表格,应当包括但不限于投资人的基本信息(姓名、住址、联系方式、身份证号码);影响案件事实认定的基本信息(投资时间、投资金额、返款金额、损失金额、集资介绍人、介绍他人投资获得的提成)等事项。要加强对公司成立时间、经营范围、人员结构、是否超越经营范围等方面证据的收集,并要着重审查行政监管部门是否批准、核验通过,是否具备经营范围的资质,在宣传文件中是否具有风险提示、承诺还本付息或足以使社会公众误解无风险的宣传用语。

(三)加大追缴力度,加强具体问题应对

1. 改进侦查方式,加大涉案财物查控力度

建议侦查机关成立专门的非法集资犯罪案件侦办小组,集中精力对案件线索、信息、情报进行研判、分析,鼓励投资人提供线索,提高查询针对性,消除资金链断裂、崩盘风险,严密监控犯罪嫌疑人银行账户,防止转移财产或变卖公司财物,并要整改信息敏感度不足且管控乏力等突出问题。

同时,加大对涉案财物的侦查及执行力度,提高追缴工作效果,要重视对合同、银行明细、第三方支付平台数据、会计账目等书证的收集。追缴、退赔是投资人、被害人关注的重点,侦查阶段对涉案财物查控力度直接关系到执行效果,鉴于非法集资犯罪案情复杂、涉案财物错综复杂、民刑交织,致使公安机关缺乏对涉案财物查控的积极性和主动性,笔者建议,应建立合理的奖励、考核机制,鼓励公安机关加大对涉案财物的查控力度。

2. 涉案财物具体问题的应对

依照《刑法》第64条的规定,犯罪分子违法所得的一切财物,应当予以追缴或者责令退赔。实践中,公安机关对非法集资涉案财物进行查封、扣押、冻结时,如何合理界分违法所得与合法收入、个人财产与家庭共同财产存在较大争议,尤其是侦查机关可否查封、扣押、冻结大于违法所得的涉案财产更是实践中的难点问题。笔者认为,查控、处置涉案财物需要遵循一定的原则:其一,经济原则。在查控涉案财物时,要比较支出与收益之间的对比,确保经济利益最大化,如果侦查措施的适用要耗费大量的司法资源及成本,远大于或相当于涉案财物价值,则要严格查控措施的适用。其二,相当性原则。要求涉案财物的查控应与涉案金额相当,在处理涉案财物时要受到法律的约束、限制,保持追缴、没收与危害结果的相当性,全面考虑犯罪的性质、情节、危害后

果，平衡处置涉案财物对被告人、被害人、第三人产生的影响，严防不当侵害一方的权益。其三，关联性原则，被查控的涉案财物与案件存在关联，此原则的重要意义在于约束侦查机关的权力，防止侵害当事人的财产权益。

另外，追缴、退赔金额应根据行为人在犯罪中的作用进行认定：对拥有决策权，掌握资金使用去向，对全案负责的主犯，一般应当追缴或责令退赔全部集资数额；对于没有决策权、不掌握资金使用去向的从犯，一般只在其违法所得范围内予以追缴和责令退赔。

（四）统一非法集资犯罪数额认定之基本思路

1. 以客观性强的证据为主要认定依据

转账记录、刷卡凭证、收据、银行交易明细等证据，相对于投资人证言、公司投资统计表等证据，其证据的客观性较强、证明力更大，对投资事实的认定更有力。因此，在认定投资人投资事实时，应当以转账记录、刷卡凭证、收据、银行交易明细等客观性较强的证据为主要认定依据。

2. 参考主观性证据

以客观性证据为主要依据，并不完全否定主观性证据。因为非法集资案件具有持续时间长、银行账目往来复杂等特点，可能造成客观性证据与实际情况不符，故对投资人陈述投资金额与实际投资金额相差较大或者其他主观性证据与客观性证据存在较大差异情况下，不能完全以客观性证据为依据，而应参考主观性证据，结合鉴定意见、账户交易明细、证人证言等相关证据，综合认定投资事实。

3. 到期续投的数额认定问题

非法集资案件到期续投现象十分普遍，对其数额的认定直接关系到被告人刑罚轻重以及追缴、责令退赔等执行环节，系投资人最为关注的焦点之一。对重复投资犯罪数额的认定应区别对待，投资款项到期后取出本金再次予以投资情况下，应当累计计算；若投资款项到期后未取出，其是同一笔款项的持续状态，犯罪数额并没有客观增大，侵犯的客体也没有因人为增加数额而扩大损害程度，故未取出本金不应累计计算。

4. 辩证地看待审计报告

会计师事务所出具的审计报告是非法集资案件审理认定的重要依据。审计报告可以为查明案件提供参照，尤其是对涉案资金的去向，具有重要的指引作用。但是，审计报告只是审计人员依据在案证据对涉案数据进行的汇总、分析等，其在本质上属于证据的一种，而非结论。所以，法官应辩证地看待审计报告的作用。在认定涉案数额及各投资人的投资数额时，除了参照审计报告还需要以案件卷宗为基础，综合在案证据予以认定。对涉案资金的去向，审计报告只是客观表述资金流向，至于流向的性质，则需要法官发挥主观能动性，准确判断。

5. 对投资人损失认定应坚持实质公正原则

非法集资犯罪案件中，对投资人获得的返利及介绍其他投资人获得的提成和奖金，应当予以追缴。投资人本金尚未归还的，该提成和奖金应当认定为返利，折抵本金。一方面该提成和奖金实质上是赃款，如不予扣除，则对其他投资人不公，且无法客观反映被告人行为造成的实际损失；另一方面将提成和奖金扣除，也符合法律规范，亦可更加有效地惩治犯罪。

反思与重构：非法吸收公众存款罪中共犯之退缴退赔责任研究

——以是否存在共同侵权行为为界分点

辛祖国[*]

摘　要：当前实践中非法吸收公众存款共犯之退缴退赔责任的裁判，存在裁判结果差异性巨大与责任分配不公等问题，是当前司法领域至关重要且极为棘手的难题。退缴退赔责任具有剥夺犯罪收益性之共性价值与补偿被害人损失之特性价值，主张从共同犯罪与共同侵权刑民竞合角度，以是否存在共同侵权行为为界分点确立共犯的退缴退赔责任，进而确立非法吸收公众存款共犯退缴退赔责任的裁判规则，为解决实践中的裁判乱象提供参考思路。

关键词：非法吸收公众存款共同犯罪；退缴退赔责任；共同侵权与共同犯罪竞合

引言　四则案例引发的思考

近年来，非法吸收公众存款犯罪处于持续高发期，参与集资人员众多，涉案金额特别巨大，给众多投资人造成了巨大的经济损失，因此，非法吸收公众存款罪退缴退赔的裁判，不仅直接关系到众多投资人的经济利益与社会稳定，而且也关系到各共犯承担的退缴退赔责任是否公平。具体案例如下表所示。

---

[*] 作者简介：辛祖国，北京市朝阳区人民法院刑事审判庭四级高级法官。

案例	基本事实	定性	退缴退赔裁判
案例一：未判决退缴、退赔	被告人黎某某受聘担任某公司总经理助理，后招聘了丁某等四人担任业务经理。上述五被告人非法吸收348人资金共计2107万元。资金均直接汇入总公司账户，后公司实际经营人携款潜逃致募集资金损失1818万元，五人均有工资或提成收入	非法吸收公众存款罪	法院未判追缴违法所得或退赔经济损失
案例二：本人违法所得范围内退缴	被告人吕某被聘为某公司总经理，伙同他人非法吸收报案投资人资金2089万余元，后实际控制人马某失联，造成资金无法收回。吕某获得"工资、奖金"收入17万元		法院判决追缴吕某违法所得17万元
案例三：参与范围内连带退赔损失	钱某设立河南某公司公开融资，被告人朱某某、张某设立融资点，通过发展业务员非法吸收存款，钱款全部由投资人直接汇入钱某个人账户，造成损失4764万余元，朱某某、张某两人各获得佣金50万元		法院判决责令朱某某、张某连带退赔损失4764万余元
案例四：全部金额内共同退赔造成的全部损失	卫某成立某总公司非法集资。被告人冯某为该公司分公司负责人，被告人余某、金某带领业务员负责销售，非法吸收资金841万元（直接汇款至总公司或者卫某个人账户），造成损失653万余元。其中，金某、余某团队分别造成损失205万元、447万元。三被告人领取固定工资及业务提成		法院判决责令三人共同退赔被害人经济损失653万余元

上述案例中均造成了投资人损失，涉案被告人均非集资公司的实际经营人或者控制人且均有违法所得收入，然而关于退缴退赔责任，四个案例却出现完全不一致的裁判，裁判尺度如此不统一，发人深思。那么，如此判罚会造成何种问题？原因何在？非法吸收公众存款罪中各共犯又该如何承担退缴退赔责任？这些问题亟待探索解决，本文将一一进行研究。

一　实证调查：以百份裁判文书为对象[①]

通过对中国裁判文书网随机抽取的100份判决，全部文书共涉及

---

① 裁判文书来自中国裁判文书网，在高级检索界面，设定案由非法吸收公众存款罪、审判程序一审、裁判日期2017年1月1日至2017年12月31日、文书类型判决书、共同犯罪五个检索条件，共计出现737份判决文书，从中随机选取100份作为本文研究对象，样本抽取率13.6%。

20个省级地域,样本基本涵盖了我国大部分经济较为发达的地区。上述文书中涉及投资人共计2万余人,集资金额35亿余元,造成损失22亿余元,损失率高达62.86%,全部100起案件均系依托公司开展非法集资活动。从募集资金去向来看,除了向约定投资项目资金,大部分资金用于支付投资人的本金及利息、职工工资及提成、房租等公司日常运营支出、用于其他项目投资,还有部分款项去向不明。关于投资人[①]的表述,表述为被害人的34件,表述为集资参与人的33件,表述为投资人、投资群众的26件,表述为存款人的6件,表述为证人的1件。

上述案件裁判情况:1. 受雇佣参与集资的公司员工占据被判刑主体。在被判刑的252名被告人中,受雇佣参与集资的公司员工154人,包括分公司负责人、销售经理及业务员、行政综合部门主管人员、财务人员等,约占61.1%,该部分人受雇佣参与犯罪,按月拿工资或者按业绩提成;非法集资的实际经营人及参与集资的集资款使用人86人,约占34.1%,该部分人在共同犯罪中起到组织、决策等核心作用,对募集资金使用具有处置权,且系非法集资获益最大的人。另有帮助集资的非公司职员2人、身份不明6人。2. 未明确裁判退缴退赔责任的案件占比高,明确裁判的,裁判在参与犯罪金额内连带或共同退赔的案件占据主流。调研的100份文书中仅有3件损失全部挽回,剩余97件中均存在损失。存在损失的案件中,未判退缴或者退赔的案件5件;追缴、退赔判项模糊(未确定责任人及金额)的案件40件,占总案件数的40%;明确判决退缴、退赔责任主体及金额的案件52件。在明确判决退缴退赔责任的52件案件中,裁判在参与犯罪金额内承担连带退赔的32件,约占61.5%;仅判决退缴退赔本人获利的8件,约占15.4%;另外,在共同犯罪全部金额内连带或共同退赔的4件。

二 现状反思

(一)问题反思

通过上述实证调研可以看出,目前司法实践中关于非法吸收公众存

---

① 为便于理解,本文均表述为投资人。

款罪共同犯罪退缴退赔责任的裁判比较混乱，主要存在以下两大问题。

1. 退缴退赔判项不明确，未分配退缴退赔责任导致执行无据。据上文统计，占40%的调研案件退缴退赔责任判项模糊，判项中缺乏责任主体及责任金额内容，而调研案件均损失高达2200余万元，损失率高达62.86%。由此一来必然引发两个问题：其一，判项中没有责任主体及责任金额，那么，直接后果就是该判项从判决那一刻起就无法执行，必然造成执行无据；其二，无法执行的直接后果就是非法吸收公众存款罪造成的众多投资人的巨大经济损失将无法挽回，势必会造成涉众型信访、闹访长期存在，危及社会稳定。

2. 退缴退赔责任分配不公，有违基本公平原则。在退缴退赔判项明确案件中，大部分判项存在以下三个责任分配不公问题：一是参与集资金额巨大但实际违法所得很少，却需要承担本人违法所得数十倍甚至数百倍的退赔责任，尤其是对占据被判刑主流的受雇佣参与犯罪的被告人，这部分被告人仅获得工资、提成、佣金等数额较少的收入，让这部分被告人在参与集资范围内承担连带退赔责任，如案例三，明显实体不公；二是被告人有违法所得，但未判退缴退赔违法所得，造成犯罪收益经过法院判决仍未予以收缴，最终犯罪行为实际获得了收益，如案例一；三是从整体来看，裁判结果的差异性巨大，正如上述四个案例体现的，被告人作用相当且均有获利，但退缴退赔责任裁判结果从没有判决退缴退赔责任到所有共同犯罪金额共同退赔都有，缺乏统一的裁判规则。

（二）原因反思

1. 法律及司法解释没有明确规定，缺乏统一裁判规则。我国刑法第六十四条规定退缴退赔责任的总原则，即犯罪分子违法所得的一切财物，应当予以追缴或者责令退赔，这是实践中裁判退缴退赔责任的主要依据，但该规定并未明确共同犯罪各共犯人的退缴退赔范围。具体到非法集资案件中，最高人民法院、最高人民检察院、公安部2014年3月25日《关于办理非法集资刑事案件适用法律若干问题的意见》（下文简称《意见》）第五条规定：向社会公众非法吸收的资金属于违法所得，但同样也没有规定各参与犯罪人承担退缴退赔责任的范围。

2. 实践中对共犯的退缴退赔责任范围，存在理解及适用分歧。有两种不同观点：一种观点认为，违法所得顾名思义就是犯罪行为所得，没获得的没有退赔义务，连带赔偿责任仅存在解决损害赔偿的刑事附带诉讼中。另一种观点认为，共同犯罪的犯罪责任归责基础是部分行为全部责任，"部分行为全部责任"既是共同正犯的处罚原则，也是共同正犯承担刑事责任的基础。[1] 借此有学者认为，共同犯罪惩罚原则是部分行为全部责任，因此共同犯罪每一名被告人都应当对所有被告人全部违法所得承担责任。[2]

3. 对投资人在刑事诉讼中的地位存在不同认识。司法实践中有法官认为投资人应为"集资参与人"，主要依据《意见》中关于"集资参与人"的表述；也有部分法官直接表述为"投资人"，认定为证人身份；也有法官认为参与非法集资的投资人本身就违法，其投资损失不能用刑法保护。据上文统计非被害人表述案件占总数的66%，对投资人的诉讼地位认识不一，这也是造成退缴退赔责任裁判混乱的原因之一。

4. 非法吸收公众存款犯罪中资金去向庞杂，相当一部分资金去向及各被告人违法所得事实不清。非法吸收公众存款案件具有投资人众多、参与集资人员众多、涉及第三方众多、涉案资金金额特别巨大、资金往来复杂、犯罪持续时间长等基本特征，大部分案件的事实尤其是资金去向事实十分庞杂，而我国现有的经济犯罪侦查力量有限，因此，实践中相当一部分案件事实并未查清就已经诉至法院，尤其有关募集资金的处置、资金去向及被告人违法所得金额等事实不清，必然会影响到退缴退赔责任的裁判。

三 理论与价值追溯

（一）理论探究

1. 刑事被害人学与恢复性司法理念——保护被害人权益。传统的

---

[1] 朴宗根：《正犯论》，法律出版社2009年版，第374页。
[2] 田荣新：《非法集资案件涉案财物的认定和处理》，《政法纵横》2017年第1期。

犯罪本质观认为犯罪的本质在于对国家秩序的违反，刑事诉讼活动围绕犯罪人这一中心，而被害人作为犯罪被侵犯的客体被边缘化。随着20世纪60年代兴起的被害人人权保护运动，刑事被害人学理论随之产生，强调赋予被害人的主体地位，满足被害人需求成为刑事司法的重要目的。而恢复性司法"不再关注惩罚，不再考量加害人承受多大痛苦，而是关注责任，关注社会的修复程度"[①]。其中重要关注点之一就是犯罪行为造成被害人损害的弥补，这里面也包括对被害人损害的赔偿。我国现行刑法增加了犯罪行为造成损害的赔偿责任以及退赔被害人损失的规定，就体现了这一思想和理念。

2. 犯罪行为不得获益的法理原则——剥夺犯罪收益。违法犯罪行为不能获得经济利益，对于获得的经济利益，应当予以剥夺，这是打击犯罪行为的基本价值选择，也是基本的法理原则。因此，在惩罚与预防犯罪行为的同时，剥夺犯罪行为带来的收益也是一项基本价值选择，这也正是我国刑法第六十四条规定责令退缴退赔违法所得的价值依据。

3. 退赔被害人损失的法理根基——侵权之债。犯罪行为不能有获益是打击犯罪的应有之义，那么退赔被害人损失的根基是什么？就是犯罪行为侵犯了被害人财产权，犯罪行为获得的财物还存在的，要责令犯罪人进行退缴；已经损毁或者灭失的，那么就产生了因犯罪行为侵犯财产权而产生的侵权之债，应当裁判犯罪退赔犯罪造成的经济损失，因此，退缴退赔被害人损失的法理根基就在于财产权及因侵犯财产权而产生的侵权之债，共同犯罪退缴退赔责任的根基则为共同侵权之债。

（二）退缴退赔责任的共性与特性

所谓的退缴退赔责任，是指犯罪人因犯罪行为获得违法所得或者占有、处置财产权益造成被害人经济损失，而应承担的退缴违法所得或者退赔被害人经济损失的刑事附带责任。关于退缴退赔责任的属性，刑法理论界有观点认为，退赃是由犯罪分子的犯罪行为所引起的刑法上的一种附随责任，并非严格意义上或通常意义上的民事责任。[②] 另一种观点

[①] 陈晓明：《修复性司法的理论与实践》，法律出版社2006年版，第4页。
[②] 邵建东、眭鸿明、刁海峰、周思民：《共同挪用公款退赃多的可否向退赃少的追偿》，《人民检察》2009年第18期。

认为，退赃是一种因犯罪行为产生的民法上侵权行为之债得以赔偿的一种强制性民事责任的承担方式。[①] 是犯罪人对被害人承担的返还财产的侵权民事责任。又如有学者认为，退赃的性质具有补偿性或者惩罚性，补偿性是有被害人案件退赃可以弥补被害人的经济损失，此时内含了侵权赔偿责任之属性；而惩罚性是在没有具体被害人案件如受贿案件中，退赃实则是对犯罪人实行的一种惩罚。[②]

笔者主张对退缴退赔责任进行分类思考，根据退缴退赔款项归属的不同，可将退缴退赔责任分为发还型的退缴退赔责任与没收型的退缴退赔责任。在前者中，犯罪行为造成了被害人财产损失，以被害人直接损失为退缴退赔金额，并将退缴退赔财产用于发还被害人；而在后者中，犯罪行为并未造成被害人财产损失，以被告人实际违法所得为退缴退赔金额，并将退缴退赔财产没收。关于属性，笔者认为不能一概而论，而应区别来看，没收型退缴退赔责任的价值仅有剥夺犯罪收益，即犯罪行为不能有获益，所有犯罪所得都应该予以剥夺，这是退缴退赔责任的共性，需要注意的是这里面并不具有惩罚性，因为剥夺的仅是犯罪所得，而没有像罚金刑需要责任人自有财产来支付以体现刑罚的惩罚性，体现的仅仅是刑事责任附带的剥夺犯罪收益功能。而发还型退缴退赔责任，犯罪行为有获利且造成被害人经济损失，以被害人的损失为退赔标准，退还的款项也用于发还被害人，此时退缴退赔责任不仅包含了剥夺犯罪收益性，而且蕴含了侵权赔偿责任的民事补偿属性，这是退缴退赔责任的特性。

四 责任重构：以是否存在共同侵权行为为界分点

下文先确定共同犯罪各共犯人退缴退赔的一般规则，然后将该规则适用到非法吸收公众存款共同犯罪中，并具体确定退缴退赔责任的裁判

---

① 徐洋：《论追、退赃》，《法学》1994年第5期。
② 邵建东、眭鸿明、刁海峰、周思民：《共同挪用公款退赃多的可否向退赃少的追偿》，《人民检察》2009年第18期。

规则。

（一）一般规则：共犯之退缴退赔责任规则的确立

1. 共犯退缴退赔责任之争。共犯是谁获得赃款谁退赔，还是在共同参与金额内连带退赔？存在两种截然不同的观点，一种观点认为，退赃是刑事附随责任，应该是谁获得赃款谁退还，共同犯罪中没有分得或使用赃款的人没有退赔义务。[①] 另一种观点认为，共同犯罪中负有退赃义务的各个犯罪人是一个整体，即所有的共同犯罪人都是退赃义务人，这相当于共同侵权行为承担的连带责任。[②] 上述两种观点均有其合理性，但又存在局限性，那就是都将共同犯罪退缴退赔责任做单一思考，而没有进行分类思考，第一种观点仅考虑到退缴退赔责任的剥夺犯罪收益性，而对补偿性功能考虑不足；第二种观点兼顾了剥夺犯罪收益性与补偿性，但将共同侵权行为的连带责任扩大适用于整个共同犯罪，而忽略了连带责任的共同侵权仅限于侵犯人身或者财产权益，对于发还型的退赃义务承担连带责任依据不足。笔者认为，共犯之退缴退赔责任，应当分类考虑，对于没收型共同犯罪的退缴退赔，退缴退赔本人获利足以实现刑法价值，而对发还型共同犯罪的退缴退赔责任，要兼顾剥夺犯罪收益与补偿被害人经济损失两个功能，同时也要有据、合理限制连带退赔责任的适用范围。

2. 共犯之退缴退赔责任规则的确立：以是否存在共同侵权行为为界分点

（1）共同犯罪与共同侵权之刑民竞合

我国刑法规定二人以上共同故意犯罪为共同犯罪，共同犯罪可能侵犯刑法保护的所有法益，包括人身或者财产权利，当然侵犯人身或者财产权利的犯罪并不仅限于刑法第四、五章，而是散在刑法分则中。而共同侵权包含共同加害和共同危险，共同加害"谓数人共同不法对于同

[①] 邵建东、眭鸿明、刁海峰、周思民：《共同挪用公款退赃多的可否向退赃少的追偿》，《人民检察》2009年第18期。
[②] 邵建东、眭鸿明、刁海峰、周思民：《共同挪用公款退赃多的可否向退赃少的追偿》，《人民检察》2009年第18期。

一之损害予以条件或者原因之行为"①，共同危险"乃数人共为有侵害权利危险性之行为，而不知其中孰为加害人者是也"②。侵权责任法调整的是平等主体之间的侵犯人身、财产权益的法律关系。因此，侵犯人身或者财产权利的共同犯罪与侵权责任法中的共同侵权行为客观上存在刑民竞合。

（2）共犯之退缴退赔责任之确立

笔者主张，以是否存在共同侵犯人身权或者财产权的共同侵权行为作为界定各共犯退缴退赔责任的界分点，对于存在共同侵权行为的共同犯罪，如共同抢劫犯罪，各共犯应当在参与犯罪金额内承担连带退赔责任；不存在共同侵权行为的共同犯罪，如共同受贿犯罪，各共犯仅需退缴退赔本人违法所得。理由及依据如下。

第一，理论依据。其一，刑事维度——共同犯罪"部分行为全部责任"与罪责自负原则。"部分行为全部责任"是共同犯罪的归责基础，同时也要区别对待罪责自负，正如张明楷教授所说："对共同正犯采取部分实行全部责任的原则，并不意味着否认区别对待与罪责自负的原则""各共犯人只能在自己有责的范围内对共同造成的不法事实承担责任"③。也就是说共同犯罪对于未参与部分不承担刑事责任，这是刑事责任的追责依据，退赔退赃责任作为刑事附带责任，不能超过刑事责任的追责范围，因此，对未参与部分金额（如案例四）承担退缴退赔责任没有依据。其二，民事维度——共同侵权行为应当承担连带责任。我国民法学界通说认为，共同侵权的归责原则是连带赔偿责任。我国侵权责任法第8条规定，二人以上共同实施侵权行为造成他人损害的，应当承担连带责任。其三，刑民竞合维度。对于侵犯人身或者财产权的共同犯罪，存在犯罪行为与民事侵权行为的竞合，共同犯罪人对外退赃行为或曰对被害人的补偿行为，均具有连带特性。④ 要兼顾发还型退缴退赔

---

① 史尚宽：《债法总论》，中国政法大学出版社2000年版，第172页。
② 郑玉波：《民法债编总论》，中国政法大学出版社2004年版，第144页。
③ 张明楷：《刑法学（上册）》（第5版），法律出版社2016年版，第395页。
④ 邵建东、眭鸿明、刁海峰、周思民：《共同挪用公款退赃多的可否向退赃少的追偿》，《人民检察》2009年第18期。

责任的剥夺犯罪收益性与补偿性，而且补偿性，还要区分是否存在共同侵权行为以区别适用连带责任。而对于不存在共同侵权行为的共同犯罪，因各共犯人没有共同侵权行为，承担连带责任没有依据，各共犯人仅需在本人违法所得范围内退缴退赔。

第二，规范依据。首先，同类行为裁判尺度应当统一原则。我国法律对侵犯人身或者以毁坏方式侵犯财产权的共同犯罪，确立了损失赔偿的连带责任。我国刑法第三十一条规定了对犯罪行为造成被害人经济损失的，应判处赔偿经济损失；刑事诉讼法第九十九条及《最高人民法院关于适用〈中华人民共和国刑事诉讼法〉的解释》第一百三十九条规定，因人身权利而受到犯罪侵犯而遭受的物质损失或者财产被犯罪分子毁坏而遭受的物质损失的，可以提起附带民事诉讼。1999年10月27日最高人民法院发布的《全国法院维护农村稳定刑事审判工作座谈会纪要》（五）关于刑事附带民事诉讼问题①规定，关于赔偿责任的分担，共同致害人应当承担连带赔偿责任。综上，以损毁方式侵犯财产权的共犯应承担连带赔偿责任。对比损毁方式侵犯财产权的共同犯罪与以占有、处置方式侵犯财产权的共同犯罪，两者均存在共同犯罪与共同侵权，区别之处就在于侵权方式不同，一个为损毁，另一个为占有、处置，而这个区别显然不能成为区分是否承担连带责任的依据，因此，共同犯罪中存在共同侵权行为的各共犯对被害人的损失应当承担连带赔偿责任。

其次，对于占有、处置型共同犯罪的退缴退赔责任分配，也有规范的精神依据。2000年12月19日最高人民法院《关于刑事附带民事范围的规定》第五条第二款②规定，经追缴、退赔不能弥补损失的，被害人可以提起附带民事诉讼。最高人民法院研究室法研〔2008〕104号答复③，

---

① 最高人民法院法（1999）217号《全国法院维护农村稳定刑事审判工作座谈会纪要》（五）关于刑事附带民事诉讼问题规定，关于赔偿责任的分担：共同致害人应当承担连带赔偿责任。

② 最高人民法院《关于刑事附带民事范围的规定》第五条第二款规定：经过追缴或者退赔仍不能弥补损失，被害人向民事审判庭另行提起民事诉讼的，人民法院可以受理。

③ 法研〔2008〕104号答复规定：人民法院在刑事裁判中未对罪犯的违法所得作出追缴或者责令退赔的处理决定，被害人在刑事裁判生效后单独就民事赔偿问题向人民法院起诉的，人民法院应当受理。

对于占有、处置被害人财产型犯罪，经过追缴或者退赔仍不能弥补损失的被害人可另行提起民事诉讼，而对于刑事判决未判决退缴退赔的，被害人可单独提起民事诉讼。[①] 此时的另行提起民事诉讼或者单独提起民事诉讼，只能按照侵权之诉起诉，对于存在共同侵权行为的自然承担连带赔偿责任，那么从统一裁判标准出发，由于共同占有、处置财产行为存在共同侵权行为竞合，各共犯人也应当承担连带退赔责任。

（二）非法吸收公众存款中共犯之退缴退赔责任确立

1. 前提研究：投资人在刑事诉讼中具有被害人地位

投资人是否属于被害人，争议点在于投资人在非法集资活动兼具犯罪催化与损害承受的双重身份，因此，关于投资人损失的刑法保护是否具有正当性存在不一致的观点。否认者认为，投资行为作为金融投机行为本身具有非法性，不具有刑法保护的正当性。笔者认为，不可否认投资者投资高风险高收益有一定过错，但在当前金融法规尚不健全背景下，认定该过错为非法行为缺乏法律依据。然而，将投资人认定为被害人有法规依据。《意见》第五条规定：向社会公众非法吸收的资金属于违法所得。查封、扣押、冻结的涉案财物，一般应返还集资参与人。实际上是将投资人作为被害人来对待的。另外，司法实践中虽大部分案件未表述为被害人，但大部分都判决追缴、退赔用于发还投资人。综上，在非法吸收公众存款犯罪中投资人具有被害人地位。

2. 非法吸收公众存款罪中共犯退缴退赔之裁判规则

笔者主张，将本文上述共犯退缴退赔责任原则适用于非法吸收公众存款犯罪，以是否存在共同侵权行为作为非法吸收公众存款罪中共犯之退缴退赔责任的界分点。

[①] 最高人民法院2013年10月21日在答复河南省高院的请示中规定，非法占有、处置被害人财产的，刑事判决主文应当通过追缴或者退赔写明；被害人提起附带民事诉讼要求返还被非法占有、处置财产的，法院不予受理。笔者认为，该条旨在明确追缴退赔应当通过刑事判决来裁判，但其内容与最高院之间的规定与答复并不直接矛盾，因为之前的规定是在解决刑事判决没有判决的情形。

（1）非法吸收公众存款共同犯罪与共同侵权行为之竞合

非法吸收公众存款罪规定在破坏金融秩序犯罪章节，主要侵犯的法益为金融信贷秩序。是否侵犯财产权抑或该犯罪行为是否包含侵犯财产权的行为？我国民法理论界通说对侵权行为认定采用四要件说，即违法行为、损害事实、过错与因果关系四要件，四个要件缺一都不能认定为侵权行为。笔者认为，非法吸收公众存款犯罪行为直接侵犯的是国家金融信贷秩序，并不当然存在侵犯投资人财产权的侵权行为，如按照约定使用资金且未造成投资人损失的就不符合侵权行为的要件。是否存在侵权行为，关键在于判断"过错"与"因果关系"两个要件。"过错"包括欺诈方式集资、违反约定占有、处置募集资金等，而"因果关系"在于行为对造成损害事实有直接因果关系，如占有、处置资金等行为，对于违反约定占有、处置资金并导致投资人损失的，应当认定存在侵权行为。因此，笔者认为，在非法吸收公众存款犯罪中，违反投资人意愿占有、处置投资资金且造成投资人经济损失的共同犯罪行为，应当认定存在共同犯罪与共同侵权行为竞合。如上文实证调研，大部分案件中募集资金被用作支付公司经营成本、给帮助集资的发放工资及提成、用于非约定项目投资等，这部分支出显然违背了投资人投资的意愿，该占有、处置行为也侵犯了投资人的财产权益。一般而言，对于公司董事长、法定代表人、股东等实际经营人、受雇佣起到处置集资资金的主犯及参与集资的集资款使用人，均存在违反约定占有、处置投资资金的行为，具有共同侵犯行为；而对于受雇佣参与集资没有占有、处置募集资金侵权行为的其他共犯人，一般不存在侵犯财产权的共同侵权行为。

（2）非法吸收公众存款罪中共犯退缴退赔责任之裁判规则

笔者主张，非法吸收公众存款罪中，实施了违反投资人意愿占有、处置募集资金行为，且造成募集资金损失的共犯，应当在参与集资损失范围内承担连带退赔责任；此外，其他共犯应当在本人违法所得范围内承担退缴退赔责任。

理由及依据：第一，该裁判规则符合上述关于确立共犯退缴退赔责任的一般规则，兼顾了剥夺犯罪收益性与补偿性双重价值。第二，现行规定中亦能找到司法解释精神依据。《意见》规定：对向帮助吸收资金人员支付的代理费、好处费、返点费、佣金、提成等费用，应当依法追缴，并可以从宽处罚。对比信用卡诈骗犯罪之司法解释第六条第四款之规定，对于偿还全部款息的恶意透支信用卡诈骗犯罪，才可以从轻处罚或者情节轻微的免除处罚，《意见》实际上规定了对于帮助吸收资金的人员仅有本人违法所得的退缴退赔责任。第三，体现了社会经验之公平原则。从社会经验之公平角度，违反投资人意愿占有、处置募集资金的行为，是导致募集资金损失的最为重要原因，对于实施此类行为的实际经营人、决策处置募集资金的人员、参与集资的集资款使用人等，应当在参与全额范围内承担连带退缴退赔责任；除此而外，其他共犯人的行为对损害后果发生均非充分条件，此类人员也并非非法吸收公众存款的主要获利者，应当承担本人违法所得退缴退赔责任，如此分配符合社会经验之公平原则，且可以有效避免空判。

结　语

从刑民竞合的视角，结合退缴退赔责任的剥夺犯罪收益性与衡平被害人损失的补偿性，以是否存在共同侵权行为作为共同犯罪中各共犯人退缴退赔责任确立的界分点，并进而作为非法吸收公众存款共同犯罪退缴退赔责任的裁判规则，兼顾了投资人经济损失的挽回与各共犯人退缴退赔责任分配的公平，有理论依据且符合法律的价值选择，在现行的法律法规中也能觅到立法精神原意，可以作为当前司法实践中的裁判规则，但毕竟在立法上缺少明确的依据，假以时日，期待立法上对共同犯罪的退缴退赔责任予以明确规定。

互联网金融背景下非法集资犯罪治理对策研究

任 怡[*]

摘 要：近年来随着互联网金融行业的繁荣发展，非法集资犯罪呈现出井喷式高发态势，社会危害极其严重。从宏观上看非法集资犯罪发案总量持续高位运行，发案地域集中，各类模式伪创新、"病毒式"传播、"幼齿化"受众导致乱象丛生，与此同时监管洼地引发涉案领域迁移性明显，犯罪治理凸显被动与乏力。从个案角度可以看出，非法集资个案涉案资金的体量再次升级，犯罪分子集团化资本运作，通过跨界经营、模式嵌套进一步增强风险传导作用。为有效地处置集中爆发的非法集资案件，从国家到地方相关法律法规密集出台，全面探索更加完善的治理模式。通过对非法集资犯罪行为的深入分析，逐渐明确源头治理的思路，将行政监管作为处置非法集资的主要措施，同时普遍开展大数据在相关监管部门和公安机关的运用，逐渐形成了数据化、智能化、多元化、系统化的治理体系，实现对非法集资活动全社会、全行业、全生态链防控打击，切实维护社会大局稳定。

关键词：非法集资犯罪；监管现状；治理对策

近年来在互联网金融领域日新月异的创新变革中，金融行业监督管理的缺陷和空白致使非法集资犯罪密集呈井喷式爆发，犯罪危害进一步

---

[*] 作者简介：任怡，北京警察学院侦查系刑侦教研室副主任，教授。

升级，系统性风险凸显，对社会经济秩序危害加剧，各类非法集资犯罪的防范与案件处置凸显被动与乏力。

一　当前非法集资犯罪总体形势分析

近年来，非法集资犯罪延续高发态势，发案总量高位运行，发案地域相对集中，发案领域横跨社会和金融领域，主要集中在P2P网络借贷行业和私募基金领域，其中在犯罪人员类型、犯罪规模大小，犯罪社会危害等方面发生着更为深刻的变化。

（一）发案总量持续高位运行，发案行业与地域相对集中

近年来，非法集资犯罪案件持续高发，犯罪总量仍在高位运行，参与集资人数持续上升，跨省案件持续多发，涉及多个省份乃至全国的重特大案件仍时有发生，总体形势依然十分严峻。从历年来的数据可以看出非法集资案件仍然处于集中爆发期，案件数量持续上升。2015年至2018年全国法院新收非法集资刑事案件分别为5843件、7990件、8480件、9183件，同比分别上升108.23%、36.7%、6.13%、8.29%；审结非法集资案件分别为3972件、6999件、8555件、9271件，同比分别上升70.1%、76.2%、22.2%、8.37%[1]。2019年全国共立案打击涉嫌非法集资刑事案件5888起、涉案金额5434.2亿元，同比分别上升3.4%、53.4%[2]。

从发案行业看，较为集中爆发在互联网金融领域，涉案金额显著提升。2018年至2020年非法集资犯罪主要集中表现在P2P网贷行业、私募基金行业中，已经演化和表现出井喷式爆发、行业性爆雷的"经济瘟疫"特征。

---

[1]《人民法院审理非法集资刑事案件情况》，http://www.chinacourt.org/article/detail/2019/01/id/3719481.shtml，2021年9月22日。

[2]《我国将加快推动防范和处置非法集资条例出台》，http://www.gov.cn/xinwen/2020-04/21/content_5504802.html。

从发案地域看,在非法集资犯罪已实现对大陆、港澳地区"全覆盖"的基础上,东部沿海地区和中西部人口大省始终是案件高发区域。自2018年6月开始持续"爆雷"的P2P网贷平台,主要集中于北京、深圳、上海、杭州等地,案件所占比重接近全国发案量的70%。

(二)个案涉案资金体量升级,风险处置更加困难

近年来,在非法集资刑事案件中,大案要案不断出现,涉案金额不断攀升,尤其是P2P网贷行业一些所谓"头部"平台风险规模较大,爆雷个案涉案资金体量再度升级。据不完全统计,2017年,全国公安机关共立案侦办非法集资案件8600余起,重特大案件多发,涉案金额超亿元的案件达50起,造成的经济损失巨大。[①] 2018年,全国公安机关共立非法集资案件1万余起、同比上升22%;涉案金额约3000亿元、同比上升115%,波及全国各个省区市;重大案件多发,平均案值达2800余万元,同比上升76%,一些案件涉案金额上十亿元甚至上百亿元。[②] 2019年,非法集资刑事案件涉案金额总体已达5400多亿元,在案件总量上升3.4%的情况下,涉案金额却上升了53.4%,由此可见个案涉案金额上升幅度巨大。尤其是2018年开始,众多P2P网贷借贷平台集中"爆雷",如"善林金融""草根""人人爱家""健康猫""礼德财富"等都是上亿的盘子,而之前传统型的非法集资类犯罪存在上亿资金池的情况寥寥无几[③](见表1)。值得注意的是,当个案涉案金额达到上百亿规模的时候,资金体量越庞大,风险处置越困难,个案带来的各方面影响越复杂。

---

① 《当心!非法集资手段花样翻新 公安部预警10项"花式理财"》,https://baijiahao.baidu.com/s?id=1598603506375802048&wfr=spider&for=pc.
② 《最高人民检察院召开新闻发布会,发布"两高一部"〈关于办理非法集资刑事案件若干问题的意见〉,通报近年来打击犯罪情况,并发布典型案例》,http://www.spp.gov.cn/spp/zgrmjcyxwfbh/zgjtbdjffjzxsajgzqk/index.shtml.
③ 张风媚:《非法集资类涉众型经济犯罪的新变化及打防对策》,《新型经济犯罪研究》2019年第2期。

表 1　　近年来非典型非法集资案件情况分析

序号	涉案方	案发时间/立案时间	一审时间	未兑付/损失金额（亿元）	涉及投资人数（万人）
1	E租宝	2015年12月8日	2017年9月12日	380	89.54
2	"泛亚"	2015年12月22日	2018年7月	338	13.5
3	大大集团	2015年12月22日	2018年8月31日	64.6	6
4	快鹿集团	2016年9月13日（立案）	2019年1月	152	4
5	钱宝网	2017年12月26日（投案自首）	2019年6月21日一审宣判	超300	—
6	唐小僧	2018年6月16日（投案自首）	2019年9月16日	52.89	10.7
7	投之家	2018年7月14日	2019年4月22日审查起诉	29	19458（受损集资参与人）
8	善林金融	2018年4月9日（投案自首）；2018年4月11日正式立案侦查	2019年4月15日提起公诉	213	3
9	团贷网	2019年3月28日（立案）	2019年11月25日移送审查起诉	118.9（案发时待偿资金）	31（案发时借款人数）

（三）各类模式伪创新，"病毒式"传播导致乱象丛生

从当前非法集资犯罪涉及的作案方式看，不法分子凭借"互联网+"大背景，滥用新概念，进行伪创新，传播速度迅猛，手段升级换代，"飞单""自融""资金池""名股实债"，各种令人眼花缭乱的资金腾挪、资产置换、资本运作等，最终大多演变为"庞氏骗局"。在P2P网络借贷繁荣之时，"P2P+"的各种模式如万花筒般不断推陈出新，花样繁多，如"P2P+股票配资""P2P+电影""P2P+首付贷""P2P+金交所"，而在P2P大幕落下之后，我们发现这些创新无非嫁接了原本的资本需求，将其进行"类资产证券化"包装，形成高杠杆、多嵌套和风险传递，迷惑性更高、隐蔽性更强。2019年9月，上海市第一中级法院对陈志军等非法集资案公开审理，据查陈志军在经营上海橙旗金融信息服务公司期间，虚构募集资金用于投资影视作品等事实，以年化收益率7%—14%的高额回报骗取投资款，共非法募集资金18.5亿余元。①

（四）集团化资本运作，"跨界经营""模式嵌套"加剧风险传导蔓延

从当前非法集资案件涉及的公司构成看，犯罪分子为了隐蔽不法行为设立的公司越来越多，并且为隐匿资金来源，转移非法资金，开展资本运作，往往刻意伪装、故布疑云，股份结构复杂，形成诸如"××系"的控股公司，犯罪模式与手段进一步升级，呈现集团化、组织化、复合化发展趋势。事实上，犯罪主体的公司化、犯罪行为的专业化、犯罪分工的职业化，这一系列特点均是犯罪活动走向产业化、形成产业链的表现形态。一是这些集团公司内部子公司之间，往往交叉控股，股东变更频繁，"隐名""代持""白手套"现象普遍，股权结构难以有效迅速厘清，为金融监管设置更多的障碍。二是跨界经营资本运作，风险传导作用明显，社会危害更为深重，甚至已从经济秩序层面蔓延、扩展、升级到诸如金融安全、政治安全、国家安全层面。

（五）监管洼地引发涉案领域迁移性明显，犯罪综合治理凸显被动乏力

非法集资活动就如"热钱"一样，总是追寻着行业监管洼地，随着监管的加强，呈现出在各个新兴领域间阶段式迁移的现象，并在短时间内集中于某一行业。当前，全国非法集资案件几乎遍及各个新兴与热点行业，虽然从宏观上看呈现"遍地开花"的特点，但是在某一时期内，犯罪涉及的领域相对集中，如2016年至2019年投融资类中介机构、互联网金融平台、房地产、农业等重点行业案件持续高发，大量民间投融资机构、互联网平台等非持牌机构违法违规从事集资融资活动，

---

① 《陈志军等集资诈骗、非法吸收公众存款案一审开庭》，https://www.sohu.com/a/340353020_260616.

发案数占总量的30%以上。2018年全国公安机关积极会同相关部门先后对380余个网贷平台立案侦查，依法查处非法集资、传销犯罪案件1.6万余起，涉案金额3600余亿元。[①] 2019年，随着对互联网金融行业加强管理，非法集资犯罪又开始转向原始股、私募基金、股权众筹领域。2018年6月，涉及200多亿元的阜兴案爆发，私募爆雷才进入大众视野。在这之后，私募爆雷不断，雷潮中大部分都是中小私募，其中也不乏有50亿元以上的大私募。[②] 此外，犯罪热点的迁移和犯罪手法的交织，使司法机关陷入疲于应对的困境，尤其经济社会快速发展，互联网技术迭代更新，各种商业生态日新月异，被动应对全新犯罪手段的困境更为凸显，侦查办案难点频现。

二 互联网金融领域中非法集资犯罪高发的原因分析

（一）行业发展过猛，无序竞争增大犯罪风险

从网络借贷市场发展规律看，行业发展过猛，远超出市场需求，野蛮式增长必然导致激烈的市场竞争，基于平台自身生存的需要促使平台实际控制人铤而走险，忽视高额利率、高杠杆带来的风险隐患，甚至运用跨界经营，模式嵌套等各种资本运作手段，寻求多种手段规避监管，犯罪风险的不断累积致使部分平台控制人逐渐走向违法犯罪的道路。

（二）征信体系的欠缺，风控管理成空中楼阁

从市场风控角度看，P2P网贷平台经营过程中，没有健全的征信体系作为支撑，对借款人还款能力不能进行较为有效的评估和约束，再加上过高的利率，促使市场风险不断叠加，难以有效开展风控管理，使得违法犯罪风险加剧。在市场不断发生爆雷期间，基于前期信息采集不全面，恶意逃债情况进一步加剧挽损难度，使违法犯罪后果更加严重。

---

① 《孟庆丰强调：深入推进打击非法集资犯罪和"猎狐2019"专项行动》，https：//www.sohu.com/a/296126866_99936628.

② 何治民：《私募爆雷，当富人也成为韭菜》，《南风窗》2019年第18期。

（三）新兴领域监管缺位，伴生较大犯罪空间

从监管角度看，新兴领域的监管空白必然引发经济犯罪的大量滋生。互联网金融作为一个新兴的行业，市场监管的思路是从零起步，放手让其按照市场需求自然发展再到逐步规制完善的路径。在这一过程中，相关监管部门也是处于摸石头过河的状态，国家对于P2P网贷平台的定位处于探索阶段，监管的不完善是难以避免的。从信息中介和信用中介的争论，使相关规章制度随着平台的发展状况以及对市场的再认识不断修订完善。

（四）犯罪主体熟知行业漏洞，策划周密

从犯罪嫌疑人角度看，监管空白、利润丰厚、犯罪成本低廉的P2P网络借贷行业对犯罪人来说无疑具有太大诱惑。部分平台控制人自平台设立起就具有诈骗的主观意图。在多起P2P非法集资案件中，我们都能发现犯罪人在平台运营过程中，精心策划，周密安排，庞大的集团公司均是围绕着犯罪活动服务，提供各类所需的包装宣传与资金流转的便利服务，造成的经济损失触目惊心，涉案金额达到了多年来难以企及的高度。

（五）参与群体风险意识薄弱，侥幸心理严重

从投资参与人角度看，新兴互联网金融领域，相较银行存款低息的高额回报，更能吸引和迎合投资参与人的流动性需求和喜好，加之繁杂的金融运作，欺骗性更强，使投资参与人难以清楚地评估风险，更易受骗。事实上，P2P网络借贷平台吸引的群体更多的是年轻人，这些人基于社会阅历和自身性格特征，冲动大胆，侥幸心强，而发现问题更加容易恐慌，形成挤兑，因而在短时间集中爆雷情况更为凸显，其涉及人员众多、涉稳隐患更大。

三 非法集资犯罪治理对策探析

面对当前非法集资犯罪的严峻形势，2019年处置非法集资部际联

席会议提出:"推动处非工作由点及面、从端到链,实现对非法集资活动全社会、全行业、全生态链防控打击,全力保障人民群众财产安全,坚决守住不发生系统性金融风险底线,切实维护社会大局稳定。"[1] 为有效提升犯罪治理的社会效果和法律效果,面对信息科学和网络技术更新迭代的加快,尤其是此类犯罪手段与经济社会活动的迭代交织,疫情期间的经济低迷引发非法集资类存量风险可能加速暴露,治理和遏制此类犯罪必须结合经济社会规律,创新金融监管思维,准确把握时代脉搏,深刻认识和科学界定金融与其他经济活动的关系,结合客观经济实际,准确定位相关行为,充分吸纳社会各部门和公司企业的资源与技术,加强违法犯罪行为的监测预警,形成多元化的犯罪治理体系。

(一) 加强金融监管着重源头治理,提升非法集资犯罪科学化治理水平

对于非法集资犯罪的治理,无论从防范金融风险还是提升社会效果来看,重心前移,行政前置,从以往的刑事处罚转移至前期的行政处罚,健全金融监管制度,尽快出台《处置非法集资条例》等相关法律法规,加强金融监管的力度、深度与广度,理性面对经济运行规律,及时预警,防患未然,可以更有效地排查和预警非法集资违法犯罪风险,从源头化解隐患,多元化纠纷处置,更好地维护经济社会秩序的健康良性运行。例如,行政环节需要强化在审批的同时进行同步治理和适应性治理责任,认真研究解决监管无能、无力、无效问题,借助信息技术手段解决信息技术产生的违法犯罪问题,而不能一罚了之、吊销了事,让犯罪分子"腾挪换笼"后继续作恶。[2] 在当前形势下,更要借助和抓住防范化解重大金融风险攻坚战的有利契机,强化各部门协同整治工作机制,积极理顺中央和地方的监管责任,完善网贷行业监管制度措施,形

---

[1]《2019年处置非法集资部际联席会议(扩大会议)召开》,http://www.gov.cn/xinwen/2019-03/29/content_5378040.htm.
[2] 吴美满:《新金融治理:辨释、转型与打击》;载李爱君《金融创新法律评论(2018第1辑)》,法律出版社2018年版,第169页。

成高效顺畅上下联动的监管机制，统筹考虑和稳妥掌控治理和处置的政策和节奏，积极推进分类处置和多元化解，防止市场出现恐慌和再次集中"爆雷"。

（二）从战略层面实现对非法集资犯罪的全局性把控，完善立体化的治理格局

当前仅仅注重于和立足于局部单个非法集资犯罪行为的研究和治理，已经不足以应对当前非法集资犯罪所带来的压力和冲击，必须研究和关注各个经济领域之间的关联性和协调性，作为产业化的犯罪活动其上下链条涉及各个行业，从国家经济运行的宏观角度出发，尤其是涉及金融安全和社会稳定问题，必须立足战略高度思考非法集资犯罪的治理工作和长效机制，有效化解巨额涉案资金犹如"热钱"一样在社会经济领域流动带来的各类风险问题，遏制非法集资犯罪行为愈演愈烈的发展态势。2020年，全国非法集资监测预警体系建设规划（2020—2022年）中也提出了为健全非法集资全链条治理格局的战略性基础设施，需要尽快打造覆盖全国的非法集资监测预警体系。各级公安机关和金融监管部门，要充分发挥当前新兴技术的优势，实现对重点领域、重点行业、重点涉案资金的实时数据监控、分析与研判，实现对犯罪整体形势的全局性把握，逐步开启数据思维理念下宏观战略防范打击序幕，持续推进、深化和实施信息化建设、数据化实战、智能化应用，充分发挥出数据的规模效益，构建以数据为关键要素的立体化、动态化防范打击模式，为防范打击准确布局提供科学依据，为风险隐患排查预警提供更为敏锐的感知和精确的导向。

（三）充分利用互联网公司的数据与技术资源，提升非法集资犯罪智能化治理水平

面对非法集资活动"线上与线下交织、网传与地推并进"的犯罪模式，针对其传播网络化、募集债权化、支付电子化、交易证券化、危害扩散化等新型特点，公安机关、金融监管部门不仅要切实完善金融监管的法制化水平，还需要积极加强与互联网公司合作，充分利用社会各方面资源,加强大数据技术的革新和应用,较好地提升违法犯罪治理的智能化水平。目前阿里巴巴、腾讯、百度等互联网公司各自具有较强的数据优势,其自身丰富的生态可以为公安机关、银保监会、金融局等监管部门提供更强的数据支持和数据研判技术。在当前的实际应用领域,各地公安机关、金融监管部门与腾讯公司、蚂蚁金服等多家公司合作,积极开发各类非法集资违法犯罪预警监测平台,形成了对非法集资全链条、穿透式的监管和治理,有效提升了金融监管与处罚力度。例如北京金信网银公司开发的打击非法集资监测预警平台(俗称"冒烟指数"),在对全网实时监测的基础上,基于新闻门户、企业网站、工商数据、司法信息等公开数据,主动抓取符合非法集资特征的信息,计算出衡量非法集资风险相关度的"冒烟指数",有效提升风险预警能力和研判核查效率。腾讯公司打造的灵鲲监管大脑自研发上线以来,已经与北京、广州等全国超15个重点省市金融监管部门展开合作,累计监测非法集资金融风险平台1.1万家。随着数据思维理念在金融监管中的运用,各类自动化、可视化、数据化预警监测平台的设计,大大提升了非法集资违法犯罪行为的监测广度与深度,今后还需继续探索建立从监测、分析、模型拟定、违规定性、电子固证、违规拦截阻断的全流程管理,搭建从数据源管理到风险展示的系统架构,为金融监管部门和司法机关提供全流程的数据服务。

(四) 明确参与非法集资活动的责任,加强追赃挽损,清除群体访的社会土壤

有效清除非法集资犯罪的涉稳隐患,是处置非法集资犯罪的重要内容。一是积极强化宣传防范,深入进行法制教育,通过法律明确公众参与非法集资活动的危险性、违法性,尤其是明确其应承担的法律责任,进而提高公众远离非法集资的自觉性,避免民众出现投资失败就非法上访的现象,这样可以使非法集资丧失生存的社会土壤。二是公安机关积极创新举措,有效利用各种手段化解涉稳隐患,做好维稳工作。例如作为首善之区的北京,公安机关在处置"E租宝"等非法集资案件中,切实加强派出所对辖区的管控力度,一对一地与集资参与人开展思想工作，积极告知案件进展情况，积极利用公安微博、微信公众号等平台和媒体，坚持阳光执法。三是提高追赃挽损方式方法的合理性、科学性，防止引发次生风险。如在团贷网案件的处置中，首先，组建非涉案公司新的运营团队，隔离关联企业风险。考虑到"团贷网"关联企业复杂，非涉案公司如何处置关系到后续退赃赔款，因此组建新的团队负责非涉案公司运营，并非简单粗暴的司法拍卖追赃挽损，而是更加科学地选择以继续运营的方式保值增值。其次，吸纳第三方中介机构加速开展借款催收工作，积极利用第三方中介机构的专业化来助推催收进度，有利于维护投资者的利益。最后，大数据分析助推甄别涉案资产去向，针对团贷网平台数据庞大、系统架构复杂的现实，借助专业团队积极利用大数据甄别涉案资产去向。

随着5G时代的全面到来，大数据、云计算、物联网等科技的深入应用，面对经济社会科技信息化的飞速发展，各级公安机关和金融监管部门要强化大数据的思维理念，以数据为中心，实现非法集资犯罪风险敏锐感知、精确预警，积极探索立体化、动态化的数据分析工作模式，主动发现线索，及时监控犯罪，提高犯罪治理的社会效果和法律效果，全力保障人民群众生命财产安全，努力推动更高水平的平安中国的建设。

基于区块链的网络金融犯罪惩治与个人信息保护研究[*]

胡 勇[**]

摘 要：随着5G商用牌照的正式发放和IPV6网络的迅速发展，5G技术与IPV6的深度融合给互联网金融带来了新机遇的同时，也带来了网络金融安全、个人信息泄露等新的犯罪风险和挑战。区块链技术可以对数据通过共识算法加密传播，以智能合约的形式实现网络金融交易、个人信息保护的分布式应用存储，保证区块链存储数据的整体性、安全性、合法性。针对区块链技术的匿名性和分布式节点特征极易造成区块链存储的数字资产隐蔽转移、难以追溯识别身份的问题，采用多重数字签名技术为区块链存储的信息提供身份认证，智能合约有效管理特殊信息存储的方式，为打击利用勒索病毒收取勒索资金、网络金融犯罪、个人信息泄露等网络犯罪侦查难、惩治难、固证难提供了借鉴。

关键词：区块链技术；网络金融安全；个人信息保护；多重数字签名

2019年以来，我国持续遭受来自"方程式组织""海莲花""白金"等30余个APT组织的网络窃密攻击，针对数据库的密码暴力破解攻击次数日均超过百亿次，数据泄露、非法售卖等事件层出不穷，国家网络数据安全与个人隐私面临严重威胁。境外APT组织不仅攻击我国党政机关、

---

[*] 入选第十六届国家高级检察论坛文集国家检察官学院会议论文集。
[**] 作者简介：胡勇，硕士研究生，重庆市南岸区人民检察院主任科员，工程师，电子证据鉴定人，研究方向：大数据智能化、区块链。

国防军工和科研院所，还进一步向互联网金融、个人信息数据库等领域扩展延伸，部分不法分子甚至将数据非法交易转移至暗网，暗网已成为非法数据交易的重要渠道，涉及银行、证券、网贷等互联网金融的非法数据买卖案件占比达34.3%，我国数据安全保护水平亟须加强。

2019年5月28日，依照《中华人民共和国网络安全法》等法律规范，国家互联网信息办公室研究起草了《数据安全管理办法（征求意见稿）》[1]，旨在维护国家安全、社会公共利益，保护公民、法人和其他组织在网络空间的合法权益，保障个人信息和网络金融等重要数据安全。2020年2月9日，中央网络安全和信息化委员会办公室发布了《关于做好个人信息保护利用大数据支撑联防联控工作的通知》，要求相关单位做好新冠肺炎疫情期间涉及个人信息的保护工作，为加强个人信息保护提供了法律依据。

2018年9月，中国信息通信研究院联合中国通信标准化协会推出了《区块链安全白皮书》，大力提倡"区块链+网络安全"的应用探索，为区块链技术与网络数据安全的深度融合提供了借鉴。

一 概述

网络金融安全是指金融机构网络设备及其系统中的金融数据受到保护不因故意或其他原因破坏、篡改、泄露并正常可靠运行。网络金融安全包括网络安全和信息安全两个部分，网络安全主要指金融网络的硬件、操作系统以及配套软件的安全，信息安全指金融网络中的所有数据的存储、传输、访问安全。网络金融与传统金融相比，具有虚拟性、便捷性、低成本性等特点，金融数据与个人信息关联度较大，数据一旦泄露或滥用必将对公民的财产权益造成极大危害。引入区块链技术可以提高互联网金融数据和个人信息的安全性，通过多重数字签名技术对用户身份的确认，可以有效追溯隐匿在网络中的非法行为，有效打击犯罪，

---

[1] 胡欣：《〈网络安全审查办法（征求意见稿）〉、〈数据安全管理办法（征求意见稿）〉意见征求会在京召开》，《信息技术与标准化》2019年第9期。

让数据价值回归到个人手中,下面是对主要技术的简要概述。

区块链是起源于比特币的去中心化、分布式存储、共识记账技术,可以有效提升合作效率的价值互联网,逐渐从电子货币延伸到互联网金融及个人信息保护领域。由于区块链的去中心、无法篡改、可信验证的特点,可以通过区块链智能合约技术实现数字货币转移,完成区块链技术向互联网金融的延展。

智能合约是将传统的合约以代码的形式在区块链中实现,保障区块链依照合约存储、读取、执行等过程不受外界干涉。智能合约的实现流程首先需要参与方对合约内容和逻辑达成一致,然后基于合约逻辑编辑智能合约代码脚本,再将其编译应用到区块链网络中。

数字签名技术是指在数据单元上附加可信身份认证信息,实现对数据单元的密码变换的技术,能保证发送者的身份认证。[①] 多重签名技术是由多个私钥创建出来针对多个节点同时对一个数据单元进行身份认证的技术,可以实现一个金融账户多个人拥有签名权和支付权从而保证用户的身份认证。

公匙是公开的,私匙是只有自己知道的。通过公匙加密的信息只有对应的私匙可以解密,通过私匙加密的信息只有对应的公匙可以解密。他人通过使用公匙加密向我们传递信息,我们可以用私匙解密。私匙是我们自己用来签名确认的,私匙加密的信息上传到网络,他人可以通过公匙解密确认我们的身份。

签名所生成的信息是具有特殊性的字符串,它首先将数据进行哈希计算,得到相应的哈希值即摘要,再将得到的哈希值用发送者的私匙进行加密得到签名,最后将签名和数据封装后一起发送,如同写信时在信纸上写明传递的消息再签名捺印一并寄出。

签名的验证是指接收者提取信息中的签名,然后用发送者的公匙进行解密,从而得到信息的哈希值。接收者通过自己的私匙解密原文信息,再进行哈希计算,得到另一个哈希值,再将前后两个哈希值进行对

---

① 卢明欣、傅晓彤、张宁、肖国镇:《无可信中心的秘密共享——多重签名方案》,《华南理工大学学报》(自然科学版)2007年第1期。

比，如果一致则验证成功。

二 区块链在网络金融犯罪和个人信息数据安全面临的问题

区块链技术在设计之初就考虑到从不同维度解决安全问题，例如通过非对称加密保障金融支付的可靠性和安全性，使用哈希算法保障数据的唯一性，防止数据被篡改，通过去中心化的分布式存储防止数据丢失，但是区块链系统的隐名性和节点全球分布的特征也凸显出不利于打击金融犯罪和保护个人隐私的问题。

（一）区块链系统的隐名性问题

从2011年至今，公开数据显示已有11.27亿的个人隐私信息被泄露，这个数据意味着我们每个上网的人都可能在不知不觉中信息被窃取利用。区块链网络能够极大提高网络的安全性，但是由于对每一笔交易数据都是公开透明的，其他节点无法知道某一笔交易是谁在执行、谁上传到主链，导致对金融交易无法实现显名化管理，这在一定程度上保护了个人隐私但是不利于惩治网络犯罪。2019年，国外发生多起区块链智能电力系统被加密勒索攻击的恶性事件，引发城市大范围停电，严重影响到当地经济社会正常运行，但是在追溯犯罪人员身份时由于区块链系统的隐名性问题，使用区块链数字资产做资金转移隐蔽性高，难以追溯和识别身份，为犯罪分子利用勒索病毒收取勒索资金的犯罪行为提供了便利。

（二）区块链分布式存储问题

区块链具有分布式存储特征，即通过网络把分散地存储资源虚拟为一个存储设备，把数据分散地存储在网络的各个角落。对于网络金融数据而言，它的交易必须有地方存储，按照区块链去中心化思想，只有一些设备节点会存放全球所有人的记录，这些设备节点往往互不认识，不用担心存储的记录会被同时修改。这样做的好处是将单个有限的设备容量虚拟为几乎无限的存储容量，就算有人修改了交易记录但也无法同时修改全球的交易记录，没人能承受这么大的代价。从表面上来看，这种去中心化的分布式存储提高了系统的可靠性和存取效率，但也为侦破区块链网络的金融犯罪问题制造了障碍，例如会出现存储犯罪资料的设备节点在国外和分散的存储方式不利于集中取证等问题。

三 多重数字签名区块链网络的数据安全工作原理

网络金融数据和个人信息运行在区块链价值网络中，可以有效地保护数据的完整性，防止数据篡改，实现对信息的可信身份认证，有利于惩治金融犯罪和个人信息保护。将区块链技术运用到网络金融犯罪和个人信息保护，可以解决网络数据的确权、存证、信用、溯源等问题。特别是在溯源上，区块链技术结合多重数字签名技术可以对有价值数据源进行身份认证，区块链智能合约技术可以实现对有价值数据的特殊地域存储，让个人数据利益经过若干年后依然能够返还给数据所有者，可以追溯到犯罪分子的实名行为轨迹、犯罪过程等关联数据，解决区块链技术自身的隐名性和分散存储问题，有利于打击网络金融和个人信息犯罪。

区块链互联网金融与个人信息数据可以整体上分为数据层、网络层、共识层、智能合约层和应用层[1]。数据层采用合适的数据结构对交易数据进行区块管理和存储。网络层主要传输区块和节点之间的交易数据。共识层基于激励机制主要解决数据不一致问题。智能合约层以合约编译的形式实现对金融账户的创建、金融业务的流转、个人信息的存储和调用等工作。应用层则提供数据可编译接口，为用户提供修正和执行合约的路径。

Schnorr多重数字签名支持"本地多签名"，可以实现将多个签名合

---

[1] 韩璇、袁勇、王飞跃：《区块链安全问题：研究现状与展望》，《自动化学报》2019年第1期。

并到单一区块中，同时对各自输入的密钥总和有效，即对众多交易的区块只需要一个签名就能进行验证[①]。Maxwell等人提出了一种可以在普通公钥模型中证实安全的多重签名方案，其允许密钥聚合，称为MuSig多重数字签名，MuSig多重数字签名可以在普通公钥模型中实现安全验证的多重签名模式允许密钥的聚合，它与Schnorr多重数字签名相比具有简单有效的特性。

多重数字签名区块链网络的工作原理：首先是将节点构造的新交易向全链条进行广播，接收到交易信息的节点进行合法性判断后收入新区块中；然后全链条中所有具有交易和验证能力的节点对新区块进行共识算法，最后经过其他节点的校验确认将新区块打包链接到区块链中。其中数据都被存储到经过哈希校验的区块中，哈希值将作为区块头的要素一起打包，区块头还包括前一个区块的哈希值、可信时间戳、多重数字签名信息等。经过区块链存储可以快速验证互联网金融交易并大幅减少节点的存储空间，通过引入多重数字签名技术可以解决区块链自身身份隐匿不易追溯犯罪嫌疑人的问题，有利于打击网络金融犯罪和个人信息犯罪。

四 区块链技术在网络金融惩治与个人信息保护中的应用研究

近年来，相继出台了《中华人民共和国网络安全法》《数据安全管理办法（征求意见稿）》等互联网安全和个人信息保护的相关法律，加大了对网络金融犯罪、个人信息保护的安全管理力度，但网络金融安全和个人信息安全犯罪仍未得到解决，多重数字签名的区块链技术为解决网络金融惩治和个人信息保护提供了解决思路。

（一）区块链技术在网络金融惩治中的应用

1. 区块链技术在网络金融犯罪中的应用有效解决追溯难的问题

---

① 晁瑜婷、张秉儒：《基于Schnorr签名的多重部分盲签名》，《太原师范学院学报》（自然科学版）2012年第3期。

仿冒金融机构手机应用程序具有容易复制、版本更新频繁、蹭热点传播速率较快等特点，在仿冒方式上以仿冒金融机构名称、页面、图标、支付界面为主，具有极强的欺骗性。具有钓鱼目的、欺诈行为的仿冒金融机构手机应用程序日渐成为网络黑产从业者的首选，对互联网金融安全稳定造成较大威胁。国家加大了对手机应用程序的安全监测和内容审核力度，使得恶意金融手机应用程序的制作难度明显增加，但是逃避监管意图实现不法目的的"灰色"手机应用程序有所增长，如何预防和惩治仿冒金融机构手机应用程序犯罪成为当务之急。2019年，国家网络安全中心捕获勒索病毒73.1万余个，较2018年增长4倍，从安全人员捕获到Sodinokibi勒索病毒的样本分析显示，勒索病毒仅对一台主机的勒索金额就高达4万美元，其中大部分涉及互联网金融领域。针对银行等金融机构犯罪现象[①]，应要求提交软件著作权等证明文件防止形式冒名，通过把好第一道关预防犯罪，但这还不能防治网络金融案件的发生。

将网络金融机构主要业务上链，通过区块链可信存储的特点实现对链上金融服务的监管，帮助金融机构优化基础结构降低信息不对称程度、提高效率。区块链是按照时间先后排列的块链，通过将前一个金融交易信息的块数据哈希添加到当前块头中以此类推来实现链式存储功能。因此，如果不更改网络金融数据的当前块和后续块，就不能回溯更改金融交易数据，除非不法分子控制整个区块链网络的51%以上才能篡改交易数据，这样就保证了网络金融安全。与此同时，如果有不法分子违法交易，其违法交易数据就会通过嵌套方式进入区块链中，这将有利于犯罪惩治的追查。网络金融犯罪惩治往往不易固定证据、犯罪时间、犯罪方式等过程信息，区块链技术在网络金融犯罪中的应用有效解决追溯难的问题。

2. 多重数字签名可以实现区块链参与方的身份认证，有利于打击网络金融犯罪

网络金融在便利人们支付的同时也使得赃款变现更加便捷与隐蔽，

[①] 傅跃建、傅俊梅：《互联网金融犯罪及刑事救济路径》，《法治研究》2014年第11期。

不法分子借助电子商务平台进行借贷融资，使得电商平台可能同时成为上游犯罪和洗钱犯罪的集散地，上游犯罪的赃款可以直接通过电商平台的交易转换为实物，通过物流直接发货，造成难以审查资金来源和收货人的身份。网络支付的出现也打破了金融交易的时空界限，跨国洗钱、资金跨境转移更加便利，尤其以比特币为代表的电子货币，可以在全球范围内实现变现操作。区块链技术虽然可以追溯网络金融犯罪信息，但是其特有的隐名性和跨国存储特点不利于对犯罪分子真实身份信息的锁定和监控，通过引入多重数字签名等身份认证技术标识身份信息，编制有效智能合约代码约束上链记录存储和实名，对涉及大额交易的记录要求境内存储，可以有效应对网络金融犯罪的身份侦查问题，以达到惩治网络金融犯罪的目的。多重数字签名身份认证，允许已签名金融交易与其他人通信以验证是否为本人，拥有其身份令牌。

多重数字签名在保证区块链金融数据安全性的同时，确保了参与者身份的安全性和可追溯性，通过授权加解密机制可实现参与者对链上自身数据的完全掌控。链上存储的数据都是由相关参与者使用自身密钥进行加密后达成的链上共识，减少了金融数据泄露的风险。链上数据如果没有获得对应的授权，参与者就无法解密或者访问链上的密文数据，这就赋予了数据的拥有者如金融机构真正的数据掌控权。基于区块链的数字签名授权还可以支持更精细的字段级别，通过对细分业务的授权，实现对金融业务的掌控，防止网络金融犯罪的发生，同时对非法访问者及时区分惩治。例如，网络金融服务商可以选择只授权征信报告中的某一条贷款记录的贷款金额给第三方，而不透露这笔贷款的具体用途、贷款人员其他信息，以防止相关信息的泄露为犯罪分子提供诈骗、仿冒等金融犯罪素材。

3. 区块链技术有利于网络金融的事后监督惩治

网络金融能否真正繁荣，在很大程度上取决于数据资产能否有效流通，除了数据参与方身份认证以外还需健全可追责的事后机制，充分给予参与方对本人金融数据的控制权和财产性利益的分配权[①]。利用区块

---

① 陈涛：《基于区块链的供应链金融系统设计与实现》，广东工业大学，硕士学位论文，2019 年。

链不可篡改、共识机制、智能合约技术对数据的采集、传输、运行等全过程数据记录和监控，为网络金融犯罪事后追查、事后惩治提供了坚实的技术基础。利用区块链智能合约对金融数据资产相关参与方身份及其操作日志进行全节点共识见证，可以防止参与方互相抵赖，有利于交易秩序的维护，但散列的存储方式也不利于事后追溯监督，因此对特殊金融数据的特殊存储和见证将有利于建立可靠的事后监督体系。

4. 区块链技术有利于网络金融生态圈互信机制建立和犯罪

随着国内网络金融的快速发展，其周边生态圈正在建立，如何建立信任机制将是亟需解决的问题。利用区块链独特的优势和特性，可有效解决共享数据过程中的难点，逐步联通各个数据网络建立可信的高效安全价值网络。

网络金融参与方之间对自己的客户和数据保护意识很强，共享数据的意愿不强，这与互联网经济的开发理念并不相容。区块链技术作为网络金融的桥梁，可以搭建网络金融联盟链，将金融机构、企业、个人纳入其中组成可信的价值网络，在保持自身数据可控的前提下，打破数据孤岛，实现数据授权共享开放，为金融业务协同创新搭建数据平台。区块链独特的去中心化特征可以让各个参与方在网络中享有平等地位，共识机制可以保障参与方有平等的决策权，能够很好地保护自身利益。区块链独特的追溯机制和数字签名技术可以及时锁定异常交易信息，阻止潜在的金融犯罪风险发生，对已发生的网络金融诈骗、盗取、仿冒等犯罪能够提供可信的证据支持，保障了整个价值网络高效安全。

5. 区块链技术构建可信任网络金融，有利于降低金融犯罪风险

区块链技术不可篡改性极大提高了数据作假的成本，结合多重数字签名技术授权加密解密机制，网络金融共享的业务数据真实性极大提高，有效解决了金融业务信息不对称问题。区块链技术保证了网络金融数据的一致性和准确性，利用数字签名技术对相关数据加密，消除了虚假交易的发生，让网络金融犯罪罪行一览无余。例如，海关跨境贸易网络服务，将交易订单、运单、报关单等数据加密上传到区块链上，这些数据对参与各方是以密文的方式进行数据比对真实性和交叉验证的，非参与方难以获取链上数据，极大地保障了交易安全，降低了金融风险。

6. 区块链技术构建价值网络，有利于网络金融资产确权，打击金融资产犯罪

构建在区块链技术上的网络金融是有价值的网络，链上金融资产在上链时即被确权，按照配置的数据权重进行授权流转，这样不仅盘活了金融资产，最大限度地挖掘资产价值，而且对金融资产流转全生命周期可监控，资产收益可追溯，参与人可识别，有利于金融资产纠纷案件的解决，有利于打击第三人非法套取金融资产的违法行为。

（二）区块链技术在个人信息保护中的应用

1. 区块链技术有利于保护个人信息，防止恶意程序窃取

2019 年在国家网络安全中心公布的数据中，网络安全事件中恶意程序类发生 27585 起，较 2018 年的 22645 起增长 21.8%，网页仿冒事件共处置 23224 起，较 2018 年上升 21.6%，其中仿冒金融机构和电子商务网站，套取用户个人身份、地址、电话等信息导致个人信息泄露。

新冠肺炎疫情期间个人信息的收集很容易涉及非常隐私的问题，包括身份证号码、电话号码、家庭详细居住地、家庭成员详细名单等个人信息。这些信息一旦被不法分子利用，极易造成恶劣的社会影响，例如，将别人办理各种登记、申请各类会员卡的身份信息和手机号码出售给不法分子，进而不法分子进行各种电话骚扰诈骗，甚至通过技术手段复制电话卡接收银行短信验证导致银行卡的财产损失；拥有非常精准的身份信息，卖给广告商，受到广告骚扰。

2020 年 2 月，国家网信办发布了《关于做好个人信息保护利用大数据支撑联防联控工作的通知》。该通知主要是为了做好新冠肺炎疫情期间个人信息保护工作，对企图泄露个人信息的犯罪分子起到了一定的威慑作用，但很难杜绝个人信息的泄露[1]。保护个人信息最有效的方式就是把数据交到个人手里，让个人拥有对数据的所有权、控制权和收益权。运用区块链技术独特的链式存储结构和安全机制，通过智能合约保

---

[1] 周伟萌、林润芝：《大数据时代信息利用与个人信息保护的冲突与平衡》，《法制与经济》2019 年第 12 期。

证信息以及数据全过程都在"自己"掌握中,引入多重数字签名身份认证技术标识用户身份信息,实现个人信息可控可追溯,达到对个人隐私的有效保护。

2. 多重数字签名能有效解决链上数据隐私保护和信息追溯难

区块链技术因其独特的数据安全技术,已被广泛用于个人隐私保护中。例如,宇链科技针对新冠肺炎疫情开发的"出入通"就是部署在采用区块链技术的宇链云上,对收集的个人信息进行加密保护,但还存在实名追溯难的问题。多重数字签名区块链技术可以解决链上数据隐私保护和信息追溯难以两全的痛点。通过多重数字签名、区块链智能合约编码等加密算法可以对个人信息进行加密保护的同时认证用户身份和访问者身份,通过密码学技术满足有信息管控权限的组织或机构的需求,从而在保护个人信息的同时为追溯犯罪行为提供了便利,最大限度地减少风险,也有利于当前疫情下个人信息的保护。例如,医疗机构可以通过多重数字签名区块链技术,将疫情数据加密上传到链上,保护上传到链上的个人隐私不会被泄露。拥有数据查阅权限的医疗机构或者政府机构可以通过数字身份认证和密钥查看链上的个人信息,在保证个人隐私的同时实现安全可控。

3. 区块链技术能够实现身份信息与用户数据分离,有利于保护个人隐私

区块链上的数据包括交易信息、个人信息、地址信息等各类信息,借助区块链加密技术,可以通过加密算法实现个人身份信息和用户数据分离,以便个人隐私不会被随意使用。例如,在使用电商平台购物时,可以将用户的个人身份信息进行哈希计算,把得到的哈希值作为该用户的唯一身份认证代码标识,用户在以后的所有交易行为中只需要出示该标识就能实现正常的交易行为。因为不能通过哈希值还原相对应的个人信息,这样就能避免电商平台在做用户个性化的时候滥用用户个人信息,造成个人信息泄露的风险。

五 结束语

随着5G时代的到来,新技术在助力网络金融发展的同时也对网络

金融犯罪的惩治与个人信息保护提出了新的要求。面对人工智能、大数据等新技术、新业态的不断涌现，如何解决网络金融安全的新问题，如何保护个人信息，采用怎样的防御对策惩治网络犯罪已经成为了亟须研究的问题。

运用区块链技术分布式链式存储、不可篡改、去中心化等特征可以有效解决网络数据安全问题，达到保护个人信息、惩治金融犯罪的目的。针对区块链技术的匿名性和节点全球分布的特征易造成网络金融数字资产隐蔽转移、难以追溯识别犯罪分子身份等问题，采用多重数字签名技术和智能合约技术可以为区块链网络中的信息提供身份认证和存储地约束，为打击网络金融犯罪和保护个人信息保护提供了安全保障，为解决网络金融犯罪侦查和惩治问题提供了有效路径。

金融机构与公安机关"三位一体"惩治与防范金融犯罪机制分析

冯兴吾①

摘 要：本文以服务实体经济、防控金融风险、深化金融改革三项任务为重点，分析了金融机构与公安机关惩治与防范金融犯罪存在的五大缺陷，指出必须实现金融机构与公安机关服务实体经济、防控金融风险、深化金融改革的"三位一体"惩治与防范金融犯罪机制，从而提出惩治与防范金融犯罪的政治引领、法治保障、德治教化、系统思维、科技强警的五项机制。

关键词：金融机构；公安机关；惩治；防范；法律

金融是国家重要的竞争力，金融制度是经济社会发展重要的基础性制度，金融安全是国家安全的重要组成部分。党的十八大以来，公安机关在服务实体经济、打击金融犯罪、防范金融风险方面做了大量卓有成效的工作，组织开展了打击金融诈骗、非法集资、制售假币等金融犯罪，为服务经济社会持续健康发展做出了贡献。但是，金融机构与公安机关惩治与防范金融犯罪机制仍然存在着缺陷，必须建立服务实体经济、防控金融风险、深化金融改革"三位一体"的惩治与防范金融犯罪机制。

---

① 作者简介：冯兴吾，安徽省宣城市纪委监委驻市公安局纪检监察组组长、市公安局党委委员。

一 金融机构与公安机关惩治与防范金融犯罪存在的五大缺陷

（一）非法集资等涉众型金融犯罪高位运行，惩治金融犯罪重视不够

由于互联网络全覆盖，高铁时代带来的交通便利，金融犯罪案件呈明显上升态势，犯罪手段层出不穷，金额越来越大，社会影响恶劣，给社会稳定和人民财产安全带来巨大威胁，严重影响群众安全感满意度。有的涉案金额巨大的案件均采用集团化跨区域、多层级运作模式，涉案公司在短时间内迅速复制出数量庞大的公司群，波及全国。[①] 但是，金融犯罪所带来的危害后果往往是隐形的、延时的，远不如传统刑事案件给社会公众带来的视听冲击力震撼。相关职能部门自身存在对惩治与防范金融犯罪感知不足、重视不够等问题，联勤联动仍处于浅层、被动应付。客观上存在打击金融犯罪在实战中的应用不足，服务维稳、指导侦查的一体化综合应用实战平台效应不足。

（二）金融犯罪活动蔓延性大，监管打击乏力

我国金融领域风险点多面广，发展迅速，金融犯罪主要集中在货币犯罪方面，随着金融业发展，市场经济的不断深入，金融犯罪的类型逐步扩大，但案件类型较为集中。[②] 由于普通群体防范风险意识不足，往往侵害面积广、受损群体多、损失金额大。但是，由于金融犯罪打防策略和方法落后、手段滞后，网络金融监管乏力，打防范金融犯罪的能力更新难以跟上金融犯罪手段的不断升级，非接触性、开放性的互联网带来的防范金融犯罪难度倍增。部分金融机构由于警银协作机制不畅及内部管理、技术限制等问题，使得公安机关追踪资金去向、追赃挽损难。

[①] 上海市检察院金融检察处：《涉互联网金融领域刑事风险上升》，《检察日报》2017年7月17日第3版。

[②] 吴羽、李振林：《金融犯罪防治研究》，中国政法大学出版社2018年版，第17页。

(三) 金融犯罪风险防范难度大，侦查能力不够

金融犯罪发案迅猛，金融犯罪形式多种多样，手段翻新不断，没能坚持系统思维、逻辑分析办案理念；有的金融犯罪团伙采取远程、非接触式方式；有的采取删除后台数据、电子账簿等电子数据，为涉案金额及违法所得认定及后续的追赃挽损工作设置障碍。公安机关对此类非接触犯罪侦查效能不高。从司法实践看，刑法对非法吸收公众存款罪法定刑最高为十年有期徒刑，罚不当罪。有的非法集资活动由单一的债权发展到债权、股权相混合，由个人作案发展到组织化、智能化和网络化，手段更加隐蔽。① 如集资诈骗罪对主观故意要件的要求严苛，司法实践中对非法占有主观故意认定难度大，导致降格为非法吸收公众存款罪。

(四) 协作配合不足，惩治金融犯罪精准度不够

在打击金融犯罪、防范金融风险方面，《非法金融机构和非法金融业务活动取缔办法》及处置非法集资工作意见执行不力，中国人民银行、银保监会、地方金融监管、市场监管等部门，无论在监管手段，还是在监管的重点上，未能履职尽职，导致职能错位、缺位，形成了监管真空地带。如有的地方金融监管部门虽然具有行政管理职能，但由于法律授权模糊，对工作对象难以展开很具体的行政措施，常常是上传下达的多、具体指导的少，监管难以精细化、精准化。

(五) 社会治理效果不明显

公安机关惩治各类非法吸收公众存款、集资诈骗、网络传销等涉众型、跨区域金融犯罪案件，加大对重大网络借贷平台涉嫌非法集资案件侦办力度，形成有效震慑。但是，社会治理效果不明显，其重要的一方面在于被害人的贪念。对于投资人而言，"在贪利的心理作用下，盲目

---

① 李海涛：《多部门严打非法集资犯罪》，《农民日报》2013年11月28日第8版。

投资"①，给金融犯罪行为人留下了可乘之机。

因此，要克服现阶段金融机构与公安机关惩治与防范金融犯罪机制的五大缺陷，就必须转变现有的治理模式与治理策略，强化部门间的机制协作配合、力量资源深度融合，构建金融机构与公安机关服务实体经济、防控金融风险、深化金融改革的"三位一体"惩治与防范金融犯罪机制，全面遏制金融犯罪高发态势。

二 构建金融机构与公安机关"三位一体"惩治与防范金融犯罪机制的必要性与现实基础

（一）问题导向倒逼惩治与防范必须实行"三位一体"

金融是实体经济的血脉。"经济须臾离不开金融，金融活动是经济活动的中心"。② 而金融犯罪网络化、智能化、专业化趋势给公安机关打击金融犯罪工作带来了新挑战，同时，公安机关作为防范处置金融犯罪风险的最后防线，必须全力做好案件侦办和善后处置工作。由于金融犯罪往往涉及范围广、受损群体多、损失金额大、取证难度高，公安机关不仅要耗费大量的人力、物力打击和处置金融犯罪，还要花费大量的精力进行数据的第三方鉴定、司法会计鉴定、追逃追赃、资产扣押处置等工作，大量占用、消耗有限的警力资源，使得金融犯罪"发现难、定性难、打击难、追赃难、维稳难"。如一些涉众型非法集资案件的犯罪手段不断翻新，套用金融政策，趋新迎变。③

由于金融行政监管长期缺位，在全面深入排查掌握行业性、地域性、群体性、内幕性的高危风险点方面，仍缺乏行之有效的突破措施。公安机关开展金融风险隐患滚动摸排时，缺少银行、证券、保险、工商、税务及互联网金融机构相关各方数据资源汇集，导致对非法集资底数不清、运行不知、风险不明。地方金融监管机构人少权弱，小骨架难

---

① 吴羽、李振林：《金融犯罪防治研究》，中国政法大学出版社2018年版，第17页。
② 刘宪权：《金融犯罪刑法学原理》，上海人民出版社2017年版，第1页。
③ 非法集资犯罪课题组：《涉众型非法集资犯罪的司法认定》，《国家检察官学院学报》2016年第3期。

撑大框架。无论是之前的金融办还是现在的地方金融监管部门,人手不足,金融监管能力明显不足。随着防范化解金融风险攻坚战及"扫黑除恶"专项斗争任务和要求的不断从实从严,金融监管局现有人手更显捉襟见肘。同时,银保监会机构在基层有的县仅设办事机构,无法直接与县级公安机关开展有效合作。

由于金融犯罪案件涉及面广、涉及人数众多,加之受害人普遍抗风险能力较弱,一旦发案形成财产损失,极易产生焦躁不安情绪,甚至到党委政府机关上访、缠访、聚访、闹访。个别"意见领袖"挑头闹事、煽动群体聚集维权,其他受损人群在"法不责众"心理的驱使下,往往引发聚众上访、集访事件,形成影响地区社会稳定和政治安全的"次生灾害"。

(二)大数据思维催生惩治与防范犯罪的工作模式必须"三位一体"

1. 公安大数据发展为实现惩治与防范金融犯罪奠定了基础

公安机关为适应大数据条件下实战应用的迫切需求,着力构建大数据技术精准对接实战的新机制,打破警种数据资源"壁垒",建成"大数据中心"并投入实战,驶入大数据信息化建设快车道。云南省公安机关在全国率先搭建了涉案资金查控平台,实现了涉案资金交易高效、快速可视化展现,为发现、防范、打击犯罪提供了基础支撑。同时,对可疑人员实时评估模型和重点人员智能预警模型,可拓展运用于非法集资案件集资人和投资人两大高危群体管控。不仅如此,公安机关还在数据化实战中锤炼培养起来一批专业化人才队伍,为服务经济发展、防控金融风险、深化金融改革发挥巨大的智力保障作用。

2. 先发地区数据化建设经验为惩治与防范金融犯罪提供了重要参考

为借鉴国际经验及社会第三方机构力量,北京市公安机关探索建设了非法集资监测预警平台"冒烟指数"模型,即从集资类企业冒烟指数来判断从事非法集资的倾向性,并根据得分进行分级预警,防范金融风险。深圳市公安机关推出"金融风险防控实战预警系统——深融系统",依托大数据引入腾讯金融风险态势感知系统数据,以人员背景、企业背景、违规行为八大维度 26 项指标为参数,实时进行数据融合分析,量化为风险指数,自动产生红、橙、黄三色预警,实现了实时预警、实时防控,有效守护了群众的"钱袋子"。这些都为金融机构与公安机关惩治与防范金融犯罪发挥了重要作用。

3. 实践探索为惩治与防范金融犯罪提供了检验

实践中,投资风险主体爆雷、跑路、逾期兑付事件日益增多。为此,金融机构与公安机关对投融资及互联网金融重点行业进行滚动排查,掌握风险经营主体底数信息,完善便捷、高效、精准的研判导侦模型,并运用该模型成功处置跨区域非法集资"爆雷"案件,通过建立金融犯罪侦查工作机制和金融风险分类处置机制,较好地解决了违法程度不同人员的处置问题。如安徽省宣城市公安局对有关部门移送的金融犯罪案件,在依法立案查处的同时,对工作中发现的其他违法违规行为,虽不需要追究刑事责任,但应当追究行政违法违规责任的,及时移送有关行政机关依法依规处理。

(三) 使命责任担当推动惩治与防范金融犯罪必须"三位一体"

1. 新时代面临的新任务

面对金融犯罪新形势,"自我感觉良好"的防范手段、侦查方法、打击模式已经不能适应防范难、打击难、取证难、挽损难、维稳难且效率低的"五难一低"的窘态。治理新时代的金融犯罪,亟待对防范打击金融犯罪工作体系升级换代,努力实现理念思路自我革新,经历思想认识的"头脑风暴",用好互联网新时代的科技手段应对新时代的金融犯罪;必须深入研究大数据、云计算在惩治与防范金融犯罪的深度融合,实现动态监测、灵敏预警、精准抓捕、高效取证的全面性、系统化、源头性治理防范,切实提高预警防范和应对处置金融敏感案事件的能力水平。

2. 新任务必须要新方法

分析互联网时代、新经济时代金融犯罪的成因,必须研究其规律性特点,大胆探索创新符合实际的新办法,制定完善金融监管的相关制度机制,推进构建上下贯通、权责清晰、衔接紧密、部门协同的打击防范金融犯罪体系，实现打击、挽损、维稳到社会治理体系现代化。要坚持学思践悟，牢固树立辩证思维、系统思维、战略思维、法治思维、底线思维，坚持问题导向和目标导向，善于抓住金融犯罪的主要矛盾和矛盾的主要方面，善于通过深化改革、健全制度、完善机制、创新思路、借力科技等手段提升能力水平，善于把握处理问题的时机、力度、节奏，掌握工作主动权，努力实现惩治与防范金融犯罪政治效果、法律效果、社会效果的有机统一。

3. 新方法必须要担当作为

严厉打击金融犯罪是公安机关的主责主业，公安机关要勇于扛起责任，主动担当作为，同时，对可能出现的金融风险做好应对准备。公安机关要坚持在研究的状态下开展工作，准确把握金融犯罪的发展趋势、内在规律；公安机关要改革公安勤务运行机制，加强警种部门衔接协同，创新战术战法思路，延伸拓展方法手段，用足用好科技手段，做强做优智慧公安，打造忠诚公安、为民公安、法治公安、创新公安、效能公安，提升防范打击效能，实现严厉打击金融犯罪效应最大化。如在实践中不断密切与金融机构的交往，依法全力支持对方工作，不断加深互信合作，形成常态化合作模式；通过金融机构与公安机关的互相授课讲课，拓宽双方工作人员的知识面，增强防范和打击犯罪的能力。

三　金融机构与公安机关"三位一体"惩治与防范犯罪机制的路径

（一）"三位一体"的政治引领是体现国家治理现代化中国道路的特色标志

1. 要充分认识金融在治国理政中的重要分量

金融机构与公安机关要增强"四个意识"、坚定"四个自信"、做到"两个维护"，主动对标对表，自觉担当作为。当前，聚焦金融放贷领域存在的突出问题，深挖黑恶犯罪线索，依法打击金融放贷领域涉黑涉恶违法犯，既在乱象整治上见成效，又在长效常治上下功夫，助推扫黑除恶专项斗争不断深入开展，为实现经济社会高质量发展创造更加安全稳定的社会环境。如安徽省宁国市公安局将金融犯罪综合治理上升为党政工程、民心工程、稳定工程，以打击、防范、研究、治理为统领，坚持打防结合、以防为先、综合治理，构建党政牵头、上下联动、部门协作的新形势下县级公安机关打击防范新模式。2019年，破获了"2·23"特大跨境电信诈骗案等一批在全国范围影响广泛的大要案。2020年，破获"3·04"网络诈骗案，抓获犯罪嫌疑人33名，扣押手机397部，冻结213个账号。

2. 明确目标任务

（1）中央金融监管领域

针对部分市场主体融资难，易催生诱发非法放贷问题，引导辖内银行保险机构强化服务意识，拓宽融资渠道，持续推进创新金融产品和服务，并适时开展全方位、立体化宣传营销，提高普惠金融的可获得性，满足各类市场主体的合法资金需求，挤压非法放贷等领域黑恶势力生存空间。金融监管者要"利用科技力量推动自身发展，遵循'科技+监管'的思路，借助科技手段提高监管能力，提升金融市场的运行质量和效能"。①

针对不具有放贷资质的非金融机构开展非法放贷活动的问题，组织开展线索摸排，及时受理群众举报，严格执行《非法金融机构和非法金融业务活动取缔办法》《无证无照经营查处办法》，持续推进依法严厉打击非法放贷行为。

针对部分金融机构工作人员内外勾连，协助开展非法放贷活动问题，部署开展金融机构员工行为自查自纠和专项整治行动，加强金融机构内部宣传教育，及时受理群众举报，持续推进依法严厉打击非法放贷行为。

（2）地方金融监管领域

针对部分小额贷款公司可能存在的暴力催债问题，组织开展小额贷款公司业务现场检查，加大对小额贷款公司资金回收情况的摸排；及时掌握小额贷款公司违规经营相关线索，筛查核定小额贷款公司是否存在涉黑涉恶情况。对涉黑涉恶线索及时移送公安机关依法严厉打击，持续

---

① 上海市检察院金融检察处：《涉群众型金融犯罪风险容易扩散叠加》，《检察日报》2018年7月27日第3版。

推进并做好经营主体市场退出工作。

针对未经许可设立的融资租赁公司、商业保理企业存在假借融资租赁或商业保理业务名义，擅自开展金融放贷业务问题，进一步摸排更新三类公司底数，重点监控存量企业，积极利用非现场监测、群众举报、现场检查等手段，加强对相关企业的风险防范，并定期上报相关风险处置情况，坚决有序消除相关风险隐患；开展商业保险领域清理排查，会同市场监管部门依法吊销注销"僵尸""空壳"商业保理公司，对涉嫌犯罪的，移交公安机关查处。

（二）"三位一体"的法治保障是体现国家治理现代化中社会进步的重要标志

1. 服务实体经济作为出发点和落脚点

受新冠肺炎疫情和国内外多种因素影响，2020年上半年国内经济下行压力持续加大，切实做好"六稳""六保"工作，要运用法治思维和法治方式保障金融权益、化解金融矛盾、防范金融风险、维护社会稳定，推动社会治理在法治的轨道上运行。加强对复工复产达产企业的金融支持，维护金融秩序稳定，积极引导金融机构通过增加贷款额度、创新增信工具、降低贷款利率等手段强化金融支持等。积极贯彻落实好中央和国务院有关部门在疫情防控期间的金融支持政策，做好复工复产达产保障工作。公安机关必须有效保障各项金融支持政策落实到位、助力企业复工复产达产，实现惩治金融犯罪与保护金融市场健康发展的有机统一。驻公安机关纪检监察机构要提高政治站位，强化责任担当，查看地方党委、政府开展"稳主体""增主体""扶主体"三大行动情况，努力把疫情造成的损失降到最低限度。

2. 依法维护金融安全

为进一步防范化解金融风险，保障金融改革，维护金融秩序，保障人民利益，《刑法修正案（十一）》（草案）已经完善了破坏金融秩序犯罪的规定，完善证券犯罪规定、从严惩处非法集资犯罪、严厉惩处非法讨债行为。因此，公安机关要加强与金融监管等相关职能部门沟通协调。如在非法集资综合治理、维稳处置方面，对非法集资的综合治理、基层治理、系统治理及非法集资处置维稳等各方面、各环节、各阶段工作进行整体谋划、系统安排，加强非法集资事前防范治理、事中监测监管惩治和事后打击维稳处置，实现非法集资防范打击处置的法治化、制度化、规范化。如安徽省旌德县公安局与金融机构建立完善点对点的协作机制、深化交流合作互信机制、传道授业增强本领机制，找出制约协作配合的"梗阻点"，有效开展工作。

3. 严格规范公正文明执法实现全流程管控

坚持严格规范公正文明执法，科技强警，强化智慧法治，着力实现执法全程管控。一是推进"刑事案件智能辅助办案系统"应用工作。安徽省宣城市先后印发《公安机关刑事案件智能辅助办案系统应用工作方案》《公安机关刑事案件智能辅助办案系统应用规范指引》，并多次召开会议对"206"系统应用工作进行调度，同时通过应用培训、随机抽考、应用通报等多项举措进行推进，基本实现了全市公安执法办案民警应用全覆盖、办案人员全覆盖、刑事案件全覆盖。二是研发执法办案全流程管控系统。为构建规范的执法办案体系、系统的执法管理体系，实现执法管理系统化、执法流程信息化，保障执法质量和执法公信力不断提高。三是积极推进执法办案积分制系统运行工作。落实专人每天对制度运行情况进行监督，并按月通报，持续推动执法办案积分制系统规范运行。

（三）"三位一体"的德治教化是体现国家治理现代化的文化标志

1. 构建与金融市场相匹配的金融市场伦理

健全的金融市场既是法制市场，又是诚信市场，金融有序运行有赖于完善的社会诚信体系。必须加快建立健全多层次投资市场体系，引导民间资金依法有序投资，支持实体经济健康发展，努力使群众积极参与经济发展并从经济发展中获益。建议分级设立为金融机构与公安机关联席会议办公室，形成"一体化"工作格局。

同时，公安机关要坚持打击和挽损并重的原则，严防犯罪分子转移资金或潜逃，尽最大限度追赃挽损，把受害群众的损失降到最低。建立健全政法机关协作会商机制，加强沟通协作，严厉惩治金融犯罪分子，提高打击效能，充分发挥刑法的一般防范和特殊防范作用。如安徽省绩溪县公安局以"打团伙、断链条、捣窝点"为导向,发挥一体化作战优势,所队联动,合成作战,精准打击,主动作为提升安全感。同时,强化打击追赃挽损,抓培训、严执行,严格落实预警拦截止付有关制度。

2. 切实承担起风险管理责任

设立金融风险黑名单制度,严密防范金融风险。金融行政职能部门要加强与政法各部门的协作联动,健全完善信息通报、情报会商、行政执法和刑事执法衔接工作机制,及时移送涉嫌犯罪的案件,依法进行刑事打击处置,有效震慑犯罪和防止风险蔓延扩大,形成防范打击金融犯罪的强大合力;建立金融风险公示通报制度,及时进行公示通报,重点跟踪监控,实施联合管控,跟进处置化解风险,切实发挥监管防范效能。加强社会公众和投资者的金融风险防范意识和自觉抵制金融运营中的违规、违法现象,"最大限度缩小金融犯罪发生的空间,降低由于投资者非理性投资行为引发的金融犯罪的比率"。[①]

3. 提升金融消费者金融风险防范意识

(1) 要提高领导干部金融工作能力

领导干部要善于运用金融手段来治国理政,把好金融源头关、监测关、管控关,提高金融风险预测预警预防能力和水平。公安机关要始终坚持"以人民为中心"的发展思想,钉住人民群众反映强烈的金融违法犯罪行为不放,尤其是要继续深入推进扫黑除恶专项斗争,以打开路、打防结合,不断提升人民群众安全感、满意度;要围绕服务保障经济社会发展,深入研究把握规律特点,深入一线指导执法办案,推动严格规范公正文明执法,不断优化营商环境。

(2) 加大风险防范宣传力度,提升公民素质

推进道德教化,自律是根本,他律是保障。要完善社会、学校、家庭"三位一体"德育网络,推进社会公德、职业道德、家庭美德、个人品德建设,提升城乡居民道德修养和文明素质。银行业监督管理机构、公安机关、工商和市场监管部门、中国人民银行等有关单位采取各种有效方式向广大人民群众宣传国家金融法律法规和信贷规则。宣传员

---

① 王均平:《金融犯罪风险防控体系结构的分析》,《法商研究》2001年第2期。

对办理业务的客户及等待办业务的客户进行集中宣讲电信诈骗的常用手段,"提升辨别非法吸收公众存款等犯罪活动中隐蔽犯罪手法的能力"。

同时,进村入户、进社区、进学校、进企业开展宣传电信网络新型违法犯罪活动的社会危害性。如安徽省绩溪县公安局创新宣传防范思路,主动与三大通信运营商对接、签订合作协议。特别是与中国联通合作,通过大数据手段,根据用户上网时间及习惯将宣传视频精准推送到居民微信朋友圈中。同时,与文化传媒公司合作,制作了群众喜闻乐见的方言版短视频,定期在抖音、微博、微信公众号、微信朋友圈及微信群等多个平台同步发布,最大限度提升群众金融风险防范力。

(四)"三位一体"的系统思维是体现国家治理现代化科学决策的重要标志

1. 提升常态化疫情防控下的系统思维能力,保障金融服务、维护金融秩序稳定

2021年是"十四五"规划开局之年,是打好防范化解重大风险攻坚战的关键一年。公安机关要提升系统思维能力,切实提高办案质量、效率,维护金融安全。当前,尤其要绷紧扫黑除恶专项斗争这根弦,切实担负起扫黑除恶第一责任。要依法履职,密切配合、通力协作,凝聚整体合力。金融机构要健全常态化金融监管机制,严格落实市场准入、规范管理、动态监控等执法措施,提高对金融犯罪的免疫力。公安机关要加强行政执法和刑事司法有机衔接,强化信息共享、线索移交、通报反馈。如安徽省宣城经济技术开发区分局搭建了"警企互动服务平台",每周向企业负责人、财务人员推送预警防范信息,大力推进信息化建设、实战化运用。

2. 依法保障企业复工复产达产需求

公安机关要畅通处理机制,明确投诉举报渠道,全面清查涉案人员的资产信息,对涉案银行账号、第三方支付结算账号的交易记录,依法及时采取查封、扣押、冻结等强制措施,会同有关部门持续做好金融犯罪案件追赃挽损工作,形成齐抓共管的强大合力,切实维护人民群众利益。在疫情防控转为常态后,安徽省宁国市公安局第一时间出台《保

障疫情防控期间企业复工复产十条工作措施》，建立局领导、警种部门、派出所和社区民警"四级联系"机制，对全市企业实行全覆盖建档，发现隐患328条，解决问题113个。

3. 引导企业依法经营，实现长效机制

要运用发生在群众身边的非法金融活动反面典型案件，引导复工复产达产的企业在融资过程中依法依规，避免触碰法律红线。对违法融资可能触犯的非法吸收公众存款、集资诈骗、骗取贷款、贷款诈骗、欺诈发行股票、债券等犯罪，要加大法律宣传，形成"亮剑"震慑。对于一切企图假借复工复产达产之名套取资金铤而走险的不法分子，公安机关将严惩不贷。如安徽省宣城市公安局坚持"立足本土全域打，境内境外统筹打，关联犯罪一体打"的理念，成立新型网络犯罪研究应对中心，建立周主任例会制度、周视频调度会制度、预警防范宣传制度等，努力实现打处数明显上升、破案数明显上升、发案数明显下降、损失数明显下降的"四个明显"。2020年上半年，成功拦截诈骗电话7223个，冻结涉案账户1649个，冻结资金7067万元，紧急止付9000余万元。

（五）"三位一体"的科技强警是体现国家治理现代化新科技革命的重要标志

1. 建立大数据智能化防控平台，防范金融风险

一是做大数据汇聚基础。公安机关要主动加强与行政主（监）管部门及各行业领域协会的交流协作，建立完善防范处置非法集资数据库。一方面，主动对接金融、工商、银行、税务、商务、证券、审计等重点要害部门，尽量获取高风险领域市场主体经营信息，在确保安全保密的基础上建立快速查询通道，扩大行政监管部门向公安机关引进供给信息的范围。另一方面，利用互联网公开透明的特点，广泛收集线上与线下、新型金融与传统金融的行业业态信息。同时，寻求与实力较强、基础较好的电子商务、寄递物流、互联网企业合作，向企业"借脑"搭建数据平台。由于绝大多数金融犯罪的涉案资金都无法绕开银行机构，中国人民银行、银保监会要依据《银行机构大额交易和可疑交易

报告办法》，加强技术手段开发利用，设立非法集资监测中心，开展非法集资日常监测，实行非法集资可疑账户报告制度，从资金流动特征超前发现涉及企业风险，从初期萌芽阶段防范风险。

二是建立监测预警侦查模式。充分争取党委、政府支持，以智慧公安建设为契机，加快建立自上而下的多部门协同、多警种配合和系统性、一体化的风险监测预警平台。以人员背景、企业背景、违规行为、网站客户端、网络舆情、涉稳涉访、警情案件、资金特征为指标维度，赋予具体行为合理参数分值，通过碰撞关联分析，触碰要素底线自动生成风险分值，为决策行动提供可视化感官图表和研判结果支撑。完善金融风险预测预警体系，探索"人力＋科技"的金融风险预测模式，提高对金融重点区域、重点部位、重点环节、重点人群的动态监测和实时预警能力；要加强与基层组织、物管企业的交流与协作，建立人员机构信息采集、重大事项报告、联络协作等制度，最大限度地巩固金融犯罪预警防控阵地。压实基层单位主体责任，重点采集楼宇经济发达地区企业入驻和关联人信息，实时关注多警情、多投诉、高风险的楼层小区，并适时开展集中清查整治行动。

三是实行风险分级管理。当前，基于大数据技术的广泛应用和实践积累，公安机关依托分析模型形成金融风险主体名单，通过扁平化指挥平台，将风险提示和预警防控要求直接推送到一线民警手机警务通终端，部署进行风险隐患核查，并及时反馈处置情况到数据后台，从源头上将无效数据排除在外，在最短时间形成业务流程闭环。平台以数据资源整合为基础前提，汇集各类核心要素信息，导入多维度积分数据库，以研发类罪数据分析模型为核心载体，对比碰撞计算关联对象，推演得出目标结果，服务支持决策行动，实行风险分级管理。同时，科学划分设置涉众、涉传、涉诈、涉税等风险黑名单库，按照风险等级对市场经营主体和高危人员进行数据积分管理，达到预警峰值启动案件线索串并，制作形成预警性形势分析报告，推动金融监管部门进行行政前置处置。如地方金融监管部门负责担保公司、小额贷款、典当行等地方金融机构的摸排和金融领域扫黑除恶专项斗争政策宣传工作；银保监部门负责摸排银行业、保险业机构工作人员参与非法放贷线索等。如安徽省旌德县公安局在办理中央督导组督办的"扫黑除恶"线索核查过程中，及时向某商行发出监管建议函，对该行工作和管理薄弱环节发出警示，促进商业银行及时整改，堵塞漏洞。

2. 实时动态监测研判，预警涉企风险

公安机关要加强与移动、联通、电信等运营商，腾讯、阿里巴巴等运营公司协作配合，重点监测"投资、集资、返利、分红"等热门信息，对非法集资活动进行实时的、动态的监测研判，及时防范金融风险。如安徽省宣城市公安局进一步转作风、办实事、求实效，提升服务企业效能，护航"皖苏浙省际交汇区域中心城市"建设，制定《服务企业十项措施》，畅通沟通联系渠道、推送预警风险信息等。深入挖掘涉企经济犯罪线索，及时编发更具针对性、时效性的研判信息，为企业提供预警信息，依托"服务企业平台"以及经侦微博、微信，以点对点的形式，将预警信息发送到重点联系企业的电子邮件、QQ 或者微信上。

3. 以逻辑分析的方法实现精准打击管控金融犯罪

一是从生存逻辑分析人员关系。金融犯罪为什么会存在，存在的基础是什么，这些基础是如何作用的以及演变的，从而知道什么是不变的。充分运用公安大数据对金融犯罪行为、性质做出准确判断，对金融犯罪资金路径进行分析追踪，真实还原完成交易链条，并对涉案环节各个主体进行生存逻辑分析，从而精确打击。要运用大数据分析模型，围绕涉P2P等风险平台公司和人员的股权、身份、社会背景和活动关系等，系统研判甲平台与乙平台之间，以及平台与其子公司的关系，准确判断问题平台及关联机构的实际控制人，理清目标主体在相关层级地位，进而对关键核心人物采取行之有效管控措施。

二是从发展逻辑分析资金关系。发展逻辑一般依据金融犯罪的链条，需要开展横向的分析和纵向的分析。要围绕资金流向、交易分析判断投资群体规模数量、可疑交易行为以及资金池，查明资金的实际去向、数额和用途，重点排查公司控制人及高管非法挪用占有资金，对资金流向高危行业限制领域进行预警通报，对涉嫌金融犯罪的相关账户进行查封、冻结，最大限度追赃挽损。必须斩断链条，打击金融犯罪上下游关联犯罪。金融犯罪诱发了灰黑产业链,滋生了大量上下游关联犯罪。例如盗取贩卖公民个人信息、开办(贩卖)银行卡、利用伪基站发送信息、提供通信线路、专业转账取款、专业洗钱、开发网络改号、网上吸号、分析工具软件、制作木马程序等。打击电信(网络)诈骗上下游关联犯罪,很大程度上可以遏制电信(网络)诈骗犯罪的发展态势。如安徽省宁国市公安局网安部门,对"转账、汇款、银行账号"等敏感词语进行重点监控,并利用技术手段删除、屏蔽"钓鱼网站"、"钓鱼网页"、暗藏木马病毒的链接,有力地遏制金融犯罪的发展态势。

三是竞争逻辑分析涉稳动向。竞争的逻辑分析中有两点比较重要,其一是金融犯罪在一个国家、地区,发生的原因是什么?其二是在当下的时点、未来几年的变化是什么?围绕金融犯罪案件受损群体诉求,及时分析研判涉众涉稳情报,避免更多投资受损群体演化为涉稳对象,与此同时,网络安全监管部门要针对网上出现的串联性、煽动性敏感信息,及时落地查人,实现有效阻止和防范,将矛盾隐患处置在基层,坚决防止局部性风险向社会稳定全域风险传导。近年来,安徽省旌德县公安局主动配合金融监管局约谈警示问题企业主要负责人、财务负责人,全程跟踪问题企业涉稳风险,提前介入协助金融机关开展工作,在矛盾隐患的初期排查、金融风险的前期防范方面进行了大胆的探索。

买卖银行账户案件的打击与治理

李东阳[*]

摘　要：被买卖的银行账户，成为了各类经济犯罪和电信网络新型犯罪的必要犯罪工具；现行打击买卖银行账户的做法，不能有效根治此类违法犯罪活动的发生；多部门联合，集合民事、行政、刑事综合手段，开展全面立体的打击整治专项，是打击买卖银行账户活动的必由之路。

关键词：银行账户；买卖；专项整治

绝大多数经济犯罪活动及当下高发的各类电信网络新型犯罪，犯罪对象主要针对资金而非物品。现代社会通信技术发展，使得资金从仅有的现金（票据）实物，多元化创新出了银行内的电子数据。犯罪分子电脑旁轻轻敲动指尖，通过互联网就可以将账户内的资金转移，但是对于各类犯罪活动而言，单纯的资金转移，并不能实现真正的不法占有，由于司法机关还可以沿着资金数据流向，追查并冻结、追回相应涉案资金，因此，对于已经取得资金的犯罪分子而言，将犯罪所得快速蒸发消失，是其必然选择，这也就催生了互相关联、互为依附关系的洗钱活动，其本质就是帮助资金快速逃窜，快速流转于大量不同账户之中，直至 ATM 机取现蒸发消失，这也就说明洗钱活动必须结合大量银行账户，才能得以实现。2014 年 3 月，郑州某企业被假冒公检法电信诈骗 3866 万元，犯罪分子将该 3866 万元，采用金字塔式的转账结构（洗钱的主

---

[*] 作者简介：李东阳，北京警察学院侦查系讲师。

要模式),通过多级资金通道,最终转入3866张银行卡内,每张银行卡取款约1万元,用时42小时,在台湾岛内ATM机提现3670万元,这个案例足以说明银行账户是洗钱活动的必要犯罪工具,且还有较大的数量要求。实践中,犯罪分子没有也不能使用自己的银行账户,一是容易暴露身份,二是数量不够,鉴于此,也就催生了买卖银行账户的黑灰产业,为洗钱活动提供了必要且充足的犯罪工具,帮助其完成犯罪活动。本文主要针对买卖银行账户等金融工具的活动,探索如何开展打击与治理工作。笔者坚信,毛之不存,皮将焉附?没有这一产业的支持和帮助,洗钱犯罪活动必将迎来灭顶之灾,而在连锁反应的机制下,与洗钱活动相关联、相依附的各类电信诈骗、经济犯罪活动,也必将遭受重创。

一 买卖银行账户活动现状

当下,被买卖的银行账户,包括个人(自然人)账户和对公(法人)银行账户两类。在互联网上公开收购、叫卖个人账户四件套、对公账户八件套,司法机关查获的各类地下钱庄及电信诈骗案件中,都可能顺带起获大量各类银行号账户。近年,公安机关还陆续直接侦破大量买卖银行卡的案件,都足以说明此类案件十分突出,因此,笔者不再赘述。

这里需要强调的是,由于微信、支付宝等第三方新型支付手段的出现,移动二维码支付成为普遍现象,这类扫码支付十分便利,不再需要银行卡、POS等移动终端媒介,但是按规定其必须关联绑定银行账户,因此,其本质还是属于银行账户类的金融工具[①]。

受条件所限,如果想要更有力地说明买卖银行账户的现状问题,就需要利用公安机关现有的各类资金查控平台,统计已被查询的涉案银行账户数量,笔者坚信这个数量将十分的惊人,以前文提到的郑州3866

---

① 目前,互联网上已经发现了查办买卖银行卡和二维码的案例(但认定罪名不详),笔者在跟踪调研的案例中,也已经发现大量被买卖的可用于支付结算的二维码。

万元案例，用卡 3670 张，可以粗略对应 1 万元对应 1 张银行卡，印象中看到 2017 年仅电信诈骗犯罪，被骗金额就高达 190 亿元，按照上面得出的公式，2019 年一年仅被电信诈骗一类犯罪分子，所使用的银行账户就能达到 190 万张，当然，不能排除账户的重复使用，但数量不会太大，这足以说明，被买卖的银行账户数量已经到了十分可怕的程度。

二 买卖银行账户的危害性分析

开篇段落已经提到了买卖银行账户的危害，笔者认为，被买卖的银行账户，主要是用来帮助完成犯罪，如电信诈骗的实现，需要大量账户倒账配合，笔者在拙作《系统论视角下打击电信诈骗犯罪再思考》一文中，曾详细论述了电信诈骗是且只能是远程非接触式犯罪，而银行账户是该类犯罪的必要犯罪工具，因此，买卖银行账户行为的危害之大不言而喻。

买卖银行账户的另一危害，就是帮助部分犯罪逃避追责打击，这里主要是指洗钱，各类地下钱庄从事的非法经营活动，就是帮助各类犯罪赃款洗白、洗没，这里也不再赘述。

三 全力开展打击整治买卖银行账户活动

当前，各级公安机关已经能够准确认识买卖银行账户的危害性，但这种认识未必充分、全面，仅从一点便可做出此项判断，笔者尚未看到开展打击此类犯罪的专项行动，尚缺乏顶层、中层及底层的有效的设计和行动方案。

（一）现行做法及其不足

针对买卖银行账户活动，现行做法至多只能算作开展了一定的打击，但没有任何整治行动。

类似于倒卖发票、假货、毒品等"商品"类犯罪，买卖银行账户犯罪，也存在着生产（上游）、流通（中游）、消费（下游）等环节，也是由最前段的开通账户（生产），到一手经销商倒卖，再到二手经销商倒卖、……（流通环节），最后是使用账户（消费）。笔者调研的现有案例，主要是侦办"消费"（下游）环节的案件，即打击使用账户的电信诈骗等犯罪活动时，发现了不法分子，向其供货，从而进行打击，也有路边巡逻时碰巧发现，不法分子携带大量银行卡，笔者认为全链条打击的案例应当少之又少。

目前，暂不讨论现有做法所取得的成效，此种打击模式，存在非常严重之问题，相当于我们只打击了流通和消费环节，而消费环节的打击，一般还是因为构成其他严重的犯罪，因此，真正因买卖银行账户而被打击的，只有流通环节（也是部分打击），理论上，生产一方的生产欲望和实力没有受到任何影响，仍然可以源源不断供应银行账户。虽然目前，银行已经对个人持有银行账户的数量及种类进行了限制，且不考虑是否严格执行，由于各家银行之间信息不共享，单是4000多家银行的总数，就使得每人能够办理的银行卡（银行账户）数量达到几千个，这个数字再乘以庞大的人口基数，生产实力可想而知。据了解，截至2018年底，我国约15亿人口总量，个人银行卡发卡量75.93亿张，而2017年为66.93亿、2016年为61.25亿、2015年为54.42亿、2014年为49.36亿，攀升速度非常之快，远超适龄人口增长数量。这么庞大的发卡数量，笔者尚未看到针对单人持卡数量及涉刑事案件的银行卡数量的相关研究，如果能够做出相应的数据分析，笔者相信买卖银行账户带来的问题，会一目了然。

拥有超级强大的生产欲望和生产力（且"生产合法"）也就能够说明，只要存在消费需求，银行账户的供应绝对不成问题，实践证明，银行账户的消费一方，即各类经济犯罪、电信网络诈骗活动，是更加难以打击整治的顽疾，换而言之，想通过消灭需求，从而消灭供给，当前的环境下就是天方夜谭，这条路显然达不到禁绝的效果。结合已有的案例，千千万万的零散银行账户开户人（生产方），的确难以和消费方直接取得联系，一定是通过各级流通商，整合生产资源后，然后由流通商与消费方对接，似乎打掉流通商（卡商），也就切断了开卡人与消费方之间的联系，生产的东西卖不出去，不被使用也就失去了商品的意义，时间久了，失去了价值的商品，自然也就失去了被制造的欲望，没人再去生产它了。道理似乎能够说通，但事实上能够真正意义上打掉流通商吗？本人认为，和幻想打掉消费方一样，不可能做到，因为这个环节存在暴利（同样受到条件所限，笔者尚未准确掌握各级卡商的利润，估计为10倍以上），且处罚较轻，且还不说被抓获时，司法机关掌握的证据能够认定多少罪量（共计买卖多少银行账户），最终能够判处什么刑罚。笔者坚信，一定存在大量释放后，重新犯罪的实例，这足以说明，像消费环节的电信诈骗一样，流通环节的卡商，也不可能被根治。再换个思维，即使卡商被根治了，就能确保消费方不会跳过中间环节，直接和生产方相对接吗？"互联网＋物流"，可以使毒品顺利完成交易，更何况银行卡（银行账户）。

综上，笔者认为打击买卖银行账户犯罪活动中，选择流通商和消费者，都不会是有效的途径，实践中买卖银行账户屡打不止，也足以印证了本人的上述观点。因此，必须将现下的关注点，转移到生产环节。笔者提议，打击整治买卖银行账户犯罪，最有效的手段应当就是打击生产环节，切断供应源，即打击每个办卡（账户）销售人，主要有以下几个原因，一是这个群体身份容易确定且行为容易认定，二是这类人相对容易改造，三是办卡（生产）环节容易监控管理。

首先，办卡人的身份容易确定且行为容易认定。办理银行卡（账户）需要使用身份证等有效证件，近些年，银行部门均已和公安机关身份信息系统联网，开卡人出示身份证后，银行网点会相应地进行联网核查，同时，商业银行基本都使用了人脸识别技术，这使得假身份证办卡和冒用他人身份办卡，几乎不可能实现，因此，当下应当都是本人持有本人身份证件开办账户，再出售他人。此种情况下，办卡人的身份只需通过银行查询即可获得，且这些资料也同时可以作为证明其办卡开户的证据材料。当然办案中如果直接起获"四件套"，那么就可以根据身份证件直接确定办卡人身份。

其次，办卡人相对容易改造。犯罪学理论认为，职业罪犯具有几大特征，其中就包括趋利、反侦查能力强以及难以改造、再犯罪率高等。买卖银行账户链条中，笔者认为，流通商和消费者的获利最大，二者都具有职业罪犯的特征，打击难度大，且难以改造，极可能重新犯罪；相反，实践中处于上游生产方的开卡人，多是院校的在校学生、工地的农民工等，更像是一些爱占小便宜的群体，这类人一旦遭受打击，极有可能就龟缩起来，不敢再犯。

最后，是办卡环节容易监控管理。银行卡在买卖流通过程中，一般只可能存在经过掩饰的物流数据，开户银行没有相关数据，监控较难，消费环节虽然存有大量银行数据，但已是犯罪链条的末端，监控的价值不大。相反，处于生产阶段的办卡环节，完全处于银行的管控之下，可以通过不断打击，不断积累违法办卡人员数据，建立相应黑名单数据库，提供给商业银行，这样就能够杜绝违法办卡人多次重复开办银行账户。笔者了解到一案例，宋某军名下银行账户多次在电信诈骗案中被使用，其承认办卡并销售，在公安机关找其谈话后，其仍然采取先注销已办账户（已售出），后重新办理新卡再销售，相信宋某军的手段会被大量"职业卖卡人"所采用。现有规则下，商业银行也许不能阻止宋某军这类人重复办卡，但是黑名单的建立，至少能够第一时间，掌握相关犯罪线索，达到预防管理的目的。①

这里还需要说明，目前我们主要针对流通卡商进行打击处理，但是笔者也未看到相应的行动方案，这说明尚缺少打击的整体规划，更不必说规划是否全面得当，很多案件都是巡逻盘查时，查获了不法人员携带大量银行卡，缺少主动出击的案例。此外，每个破获的买卖银行账户案件，都存在可追查的上游办卡的线索，但较少扩线追查，这也间接说明办案人员缺少相应动力，本人认为这种动力应当来源于专项斗争的统一要求，关于组织开展打击买卖银行账户专项斗争的设想，将在后文详细阐述。

---

① 2019年末，中国人民银行与公安部联合下发了《对买卖银行卡或账户的个人实施惩戒的通知》，其中针对买卖银行账户规定了大量惩戒措施，"对受惩戒者采取5年内暂停其从非柜面渠道主动发起的资金交易，仅允许通过银行网点现场办理有关业务；同时，其支付账户的资金交易也被暂停，并禁止新开立账户……"笔者认为这个惩戒措施的落实，就需要办案机关建立相应的黑名单库。该惩戒措施目的是为了震慑出售个人账户者，但由于该措施刚实行不久，尚无法了解其实际效果。同时，笔者尚未调研该措施的执行情况，也不了解在技术操作层面是否存在漏洞。

（二）买卖银行账户的行为认定

买卖个人银行账户"四件套"和对公账户"八件套"，均涉嫌行政违法和刑事犯罪。

1. 买卖个人银行账户"四件套"

个人银行账户"四件套"是指"银行卡、身份证、U盾（网银工具）、电话卡"，买卖"四件套"实质是买卖上述四个商品的四种行为，现在可以明确的是，买卖身份证行为违反了刑法第二百八十条第三款"伪造、变造、买卖居民身份证、护照、社会保障卡、驾驶证等依法可以用于证明身份的证件的，处三年以下有期徒刑、拘役、管制或者剥夺政治权利，并处罚金；情节严重的，处三年以上七年以下有期徒刑，并处罚金"之规定，涉嫌买卖居民身份证罪，本人尚未看到关于罪量，即买卖数量认定的司法解释。经查询，此罪名已有诸多判例，目前尚未看到"出售自己身份证"的案例，但笔者认为，出售自己身份证件构成此罪，应当不存在任何争议，因此，买卖银行"四件套"，完全可以以涉嫌此罪，作为侦查切入点。

这里需要说明的是，买卖银行账户"四件套"的核心，应当是银行卡和U盾，选择以买卖身份证罪作为切入点，经过一段打击之后，不法分子极有可能去掉身份证件，变成出售银行账户"三件套"，从而规避此罪名。这也足以说明，打击倒卖银行账户"四件套"，核心是打击倒卖银行卡。

关于刑事罚则，出售本人银行账户行为，虽未被现行刑法直接予以规制[①]，但还是可能违反了我国刑法第一百七十七条之一【妨害信用卡管理罪】有下列情形之一，妨害信用卡管理的，处三年以下有期徒刑或者拘役，并处或者单处一万元以上十万元以下罚金；数量巨大或者有其他严重情节的，处三年以上十年以下有期徒刑，并处二万元以上二十

[①] 关于买卖银行账户行为的评价，笔者曾撰文《买卖银行账户的刑法分析》，笔者认为，现有的妨害信用卡管理罪，并非为规制买卖银行账户行为而设计，应当专门设立买卖银行账户罪，内容详见该文；笔者亦认为买卖银行账户问题如此之混乱、严重，均与立法缺位有直接关系，直接立法规制买卖银行账户行为，已经刻不容缓。

万元以下罚金：……（二）非法持有他人信用卡，数量较大的……"，笔者认为出售自己银行卡的行为，其实质是"帮助他人非法持有他人信用卡"，因此构成妨害信用卡管理罪的共犯。

由于法律确定的缺陷，实践中，当下各地司法机关主要按照帮助网络信息犯罪活动罪（以下简称帮信罪）处理出售本人银行账户行为，笔者这条法律，只是间接规制了售卡行为，由于不是量身定制，必然存在一定的问题，主要表现在主观认定的难点和客观数额的限制①，无形中提高了打击此类犯罪的门槛。笔者认为设立帮信罪，是将刑法共同犯罪中的帮助犯，正犯化的结果，如构成此罪，必然因电信诈骗活动的本犯构成诈骗罪，而使买卖银行账户这一帮助行为，构成诈骗罪的共犯②，完全没有必要独立认定帮信罪。试想帮信罪是2015年8月底刑法修正案（九）新规定的罪名，而实质上该罪名直到2019年11月两高出台相应司法解释后才真正能够落地实践，如果认为出售本人银行账户只构成帮信罪，那么就会出现认同该行为在2015年8月之前，不够成犯罪的奇谈；此外，刑法修正案（九）增设帮信罪的同时，也明确"有前两款行为（帮信罪罪状），同时构成其他犯罪的，依照处罚较重的规定定罪处罚"，这里的其他犯罪显然包括了诈骗罪，帮信罪最高刑为三年以下有期徒刑，法条竞合的情况，显然应当适用处罚更重的诈骗罪。反之，如果非得将出售本人账户行为认定为帮信罪，反倒会由于"情节严重"的标准较高，导致放纵了部分犯罪行为③。

买卖本人办理的银行卡，还涉嫌违反行政法规，《银行卡业务管理办法》（1999年）第五十九条，"持卡人出租或转借其信用卡及其账户

---

① 根据两高关于帮助信息网络犯罪活动罪的司法解释，要求出售个人账户违法所得一万元以上，或被售账户支付结算金额二十万元以上，才达到"情节严重"的标准。

② 2016年底两高一部关于电信诈骗等刑事案件的司法解释，明确规定"明知他人实施电信网络诈骗犯罪，具有下列情形之一的，以共同犯罪论处，但法律和司法解释另有规定的除外：1. 提供信用卡、资金支付结算账户、手机卡、通信工具的……"

③ 买卖银行账户可能会涉及帮信罪与诈骗罪的法条竞合问题，但由于前者的"情节严重"的标准高于后者，因此，对于客观上未达到帮信罪的追诉标准，但满足诈骗罪的数额较大（3000元），笔者认为，即使不构成帮信罪，也应当构成诈骗罪。但实践中，此类情况由于难以证明与诈骗主犯间的犯意联络，而难以做出犯罪处理。

的，发卡银行应当责令其改正，并对其处以1000元人民币以内的罚款（由发卡银行在申请表、领用合约等契约性文件中事先约定）。"《人民币结算账户管理办法》（2003年）第六十五条，"存款人使用银行结算账户，不得有下列行为：……（四）出租、出借银行结算账户……非经营性的存款人有上述所列一至五项行为的，给予警告并处以1000元罚款；经营性的存款人有上述所列一至五项行为的，给予警告并处以5000元以上3万元以下的罚款；存款人有上述所列第六项行为的，给予警告并处以1000元的罚款。"

以上两个行政法规，明确了买卖本人办理的银行卡的罚则，但笔者尚未查阅到实践案例，推测商业银行部门，肯定没有执行过上述两个法律。

此外，根据相应的民事责任，除了前文提到的，中国人民银行与公安部联合下发《对买卖银行卡或账户的个人实施惩戒的通知》中，规定的金融信用惩戒措施外，笔者认为，各类电信诈骗被害人完全可以以"返还不当得利"的诉求，民事起诉出售自己账户的个人，或者由检察机关代为提起，追究其民事责任，以达到全面立体惩戒的效果[①]。

2. 买卖对公账户"八件套"

对公账户"八件套"，包括对公账户银行卡、U盾、法人身份证、公司营业执照、对公账户银行申请表、公司公章、法人印章、公司章程。与个人银行账户"四件套"买卖不同的是，对公账户买卖，一定存在一个注册登记公司企业的前置行为，其中，有的公司注册就是以出售"八件套"为目的。按照《公司登记管理条例》的规定，笔者认为不以真实经营为目的而注册公司，都可以认定为广义的虚假注册，该条例第六十五条规定，"提交虚假材料或者采取其他欺诈手段隐瞒重要事实，取得公司登记的，由公司登记机关责令改正，处以5万元以上50万元以下的罚款；情节严重的，撤销公司登记或者吊销营业执照。"而狭义的虚假注册，可以理解为在登记注册过程中，提供了虚假的注册文

[①] 当然，一般情况下电信诈骗被害人只是知晓收款人的姓名和银行账号（开户银行信息），这两项信息还不足以提起民事诉讼，因此，如何协助被害人顺利起诉，也是一个需要研究解决的具体问题。

件。该条例规定，申请设立有限责任公司，应当向公司登记机关提交下列文件：（一）公司法定代表人签署的设立登记申请书；（二）全体股东指定代表或者共同委托代理人的证明；（三）公司章程；（四）股东的主体资格证明或者自然人身份证明；（五）载明公司董事、监事、经理的姓名、住所的文件以及有关委派、选举或者聘用的证明；（六）公司法定代表人任职文件和身份证明；（七）企业名称预先核准通知书；（八）公司住所证明；（九）国家工商行政管理总局规定要求提交的其他文件。法律、行政法规或者国务院决定规定设立有限责任公司必须报经批准的，还应当提交有关批准文件。以上九项内容，为公司注册登记时所需提供的材料，其中任意一项内容虚假，均应当属于"提交虚假材料"的虚假注册行为，应当受到相应的行政处罚。实践中，使用他人身份证件或者找一白手套注册公司的案例比比皆是，笔者认为其中受到行政处罚的案例，应当少之又少。

不法分子完成虚假注册后，下步就是获取银行账户自己洗钱或者出售他人，还有就是虚开增值税发票，以及进行各种诈骗活动，虚假注册的公司难以追查到背后的作案人，因此，本人认为虚假注册是绝大多数经济犯罪之源，应当专门予以打击整治，曾出现"洗浴中心注册地为公安局厕所"的荒唐案例。[①] 建议打击倒卖对公账户，要联合市场部门，同时整治虚假注册行为。

从行政法角度，出售对公"八件套"的八个行为中，除前文提到的可能的虚假注册外，其中，出售营业执照，违反了《公司登记管理条例》第七十一条，"伪造、涂改、出租、出借、转让营业执照的，由公司登记机关处以1万元以上10万元以下的罚款；情节严重的，吊销营业执照"。此外，出售对公账户，同时也违反了《人民币结算账户管理办法》（2003年）的相关规定，应当受到行政处罚，这里不再赘述。

从刑事法角度，本人出售自己虚假注册的对公"八件套"账户，目前已有大量判例，八个行为中两个行为构成犯罪，分别是出售公司营业执照，构成买卖国家机关证件罪；出售银行卡，构成妨害信用卡管理罪，

[①] https://new.qq.com/omn/20190727/20190727A0FER700.html

这两点与出售个人银行账户"四件套"相似。此外，在虚假注册过程中，如果虚报注册资本、虚假出资或抽逃注册资金，可能涉嫌刑事犯罪。

（三）买卖银行账户犯罪的侦查与证据认定

1. 线索排查

确定了以开户人为打击目标后，下步就是研究具体的侦查取证行动方案。买卖银行账户为无被害人犯罪，通常没有直接报案人，这就需要公安机关寻找线索，主动出击，予以打击。首先，可以从已破获的案件入手，多年来无论是侦破地下钱庄非法经营案，还是各类电信诈骗，抑或是直接买卖银行账户的案件，公安机关一定积累了大量已被倒卖的账户数据，先期的打击完全可以从这些已经涉案的银行账户入手。行动前期，须要梳理整理这些账户，目前，公安机关的各类办案平台，都已经沉淀了大量的已涉案银行账户，这个资源十分宝贵，但据笔者了解，各种办案平台的建立，主要是为了便于查询银行交易明细，并不是为了查询开户资料而设计，因此，很难做到批量查询开户信息，自动统计筛查分析，如统计某一身份证名下，有多少张银行卡，某一时段、某一银行网点的开卡情况等，这些都是打击开户人买卖银行账户的有力数据，是此项行动的重要技术问题，但现在的平台难以实现，须要邀请平台建设公司协助调整解决。

此外，还可以通过公安机关的身份证管理系统，调研重复办理身份证的情况，既然出售的"四件套""八件套"都包括身份证件，那么出售人（开户人）一定会重复办理身份证，前文提及的宋某军案例，就是典型代表，该人多次出售本人"四件套"，经了解，宋某军2008年至今共办理身份证件8次，办证地点均为户籍所在地公安机关，其中，2008年首次办理。公安机关人口管理部门的现有数据系统，沉淀了大量重复办卡相关数据，能够支持模糊查询，这为集中打击出售本人身份证件犯罪活动（出售银行账户"四件套"的行为之一），提供了支撑条件。多次重复办理身份证的人，一定是卖卡高危人员，再结合银行开户进行比对，如果开户数量较大，就能确定找到开卡卖卡人。另外，实践表明，出售本人银行卡，一般从开卡到使用存在3—5个月的空档期，这个空档期是在销售的"途中",通过这个特征也可以模糊查询卖卡情况,此外,被卖出的银行卡,还有开户地与使用地不同的特征。总之,买卖银行账户的行为特征还有很多,需要进一步研究发掘,为侦查打击工作提供线索支撑。

2. 证据认定

首先应当强调的是,笔者一贯反对定制较高的证明标准,实践中,大量的案件没有得到应有的审判,大量的犯罪分子没有被绳之以法,就是部分办案单位、部分办案人员,对个案提出了不切实际的证明要求,导致"证据不足"而放纵了犯罪。因此,打击买卖银行账户犯罪,一定要结合该类犯罪活动实际,以及侦查能力和侦查资源的实际,制定相应的证明标准和证据体系。笔者认为,一个个案的证据情况,主要是由犯罪着手后至侦查活动开始前的这段时间所决定,换而言之,一个案件可能拥有的证据,在侦查活动开始时,就已经确定了。实践中,也的确大量存在"先天证据缺陷"的案件,有的案件定案证据在案发后,当即就被犯罪分子所毁灭,有的证据特别是暴露在室外的痕迹物证,在侦查活动开始前,可能会逐渐消亡灭失[1],导致证据无法取得[2]。此外,即使侦查活动开始后,个别证据仍然客观存在,但很可能因为客观条件的限制,使该证据只是个理论上的证据,而实践中却难以取得,甚至根本无法取得,笔者认为,在办案过程中,必须考虑案件"先天证据"的实际情况,对于无法取得的证据(灭失证据),必须放弃;而对于难以取得的"理论证据",在其他证据基本已经能够达到定案标准的情况下,亦应当放弃[3];此外,即使证据不难取得,在已经达到确实充分,重复证明已无必要的情况下,笔者亦建议,停止取证,毕竟大量的取证工作会浪费掉宝贵的司法资源。同时,笔者还建议,此种对个案证据情况的评估诊断,警检机关应当在办案伊始,就开展确定,为案件证据标准

---

[1] 笔者认为,侦查(诉讼)活动开始前,存在的所谓的犯罪证据,不能算作法律意义上的证据,因此,这种证据应称作本不存在的证据。

[2] 当然,侦查工作开始后,如果取证不及时,错过时机,也能够导致证据灭失或难以取得。

[3] 最高人民检察院第十一批指导性案例中,针对性侵儿童案件提出了"性侵案件一直都存在取证难,认定难的问题,且客观证据、直接证据少,被告人往往不认罪的特点",笔者认为,这就是考虑了案件"先天证据"的实际情况。

定向定调。

　　回到本文买卖银行账户犯罪这一主题，笔者认为，一般情况下，证实买卖这种对合行为，需要买卖双方的证词相互印证，然而由于买卖银行账户链条中的每个环节均涉嫌犯罪，均具有一定的隐蔽性特征，这就导致每个环节的犯罪分子均难以被发现抓获，尚且不谈到案后能否保证如实供述（提供证词），因此，办理此类案件，不应该期待能够获得买卖双方的言词证据①。针对出售本人账户的案件②，笔者的诊断是，此类犯罪较易取得的证据，是银行的开户和账户的涉案资料；较难取得的是买卡人（流通商）的证词。如果一味地要求必须取得买卡人的证词，那么就必然会使此类犯罪的打击方法，局限于类似于贩卖毒品犯罪侦查常采用的控制下交付，只能打击现行犯罪，而放纵了既往案件。然而，众所周知，由于毒品的消耗物属性，一旦被吸食后，相应证据就已经灭失，因此，贩毒案件打击现行犯罪，属于不得已而为之的做法③。但是，买卖银行账户与贩卖毒品存在很大不同，一是银行账户的权属明确，且有书证（开户资料）证明，而毒品的权属缺少有效证明途径；二是银行账户属于非消耗物，即使没有卡片（银行卡）证明，银行内部存储的信息完全可以证实相应事实的存在。鉴于此，笔者建议，对于买卖银行账户的行为证明，应当确立以卖卡人供词为核心，银行开户资料以及账户涉嫌帮助犯罪的相应证明材料为补强，不应要求必须获取买卡人证词，进行印证，只有如此设计此类犯罪的证明标准，才可能不放纵买卖银行账户的既往犯罪④。

　　另，讯问开卡人时，其极有可能不承认出售本人银行账户（"四件

---

　　① 笔者认为，买卖银行账户案件中的买卡人证词，就是难以取得的证据，应当予以放弃。
　　② 本文中，笔者仅讨论了出售本人账户案件的证据标准，而流通商环节的证明，应当难度更大，受材料所限，笔者在此暂不做论述。
　　③ 近年，笔者也观察到了一些毒品犯罪案例，侦查机关结合一定的技术手段，突破了毒品犯罪只能打击现行的瓶颈。
　　④ 根据笔者调研案例中卖卡人的供述，实践中多数买卖银行账户的行为，买卖双方都是通过微信等即时聊天工具进行联系沟通，并支付费用。笔者了解到，有关单位会要求侦查机关调取相应记录印证卖卡人的供词。然而，买卖完成后，双方都会本能地毁灭证据，删除相应记录；如果案发时间较长，数据形成覆盖（证据灭失），侦查机关也无法调取或恢复。因此，笔者认为，现实情况下，就应当以银行开户资料作为卖卡人供述的补强证据，各办案单位均不应将无法取得（难以取得）的证据，作为定案依据，杜绝因"证据不足"，而放纵犯罪。

套"),这就要求司法机关在办案过程中,不能纠结于犯罪分子的口供,大胆适用刑事推定规则,对于一人名下多张银行账户的,且已涉案,说不清楚去向的,大胆推定其出售,以免再因为取证难的问题,影响办案人员的工作积极性。

此外,在打击整治过程中,公安机关还应当建立涉案的"身份证件"高危人员库,当高危人员重复办理身份证件时,应当告知其出售身份证件的法律责任和认定标准,并签署相应承诺书,此做法不但可能打消部分不法分子的卖卡动机,而且当其一旦出售完成犯罪,还有利于推定其主观心理状态。

四 刑行合作,开展专项打击整治工作

伴随着洗钱等各类经济犯罪活动,以及大量电信诈骗的兴起壮大,买卖银行账户活动也已存在 20 多个年头,并且案发数量逐年递增,已经成为了难以遏制的社会顽疾,要想彻底解决这一问题,铲除各类上游犯罪赖以生存的土壤,就必须加强顶层设计,多措并举。前文论述了买卖银行账户不仅行政违法,还涉嫌刑事犯罪,因此,应当联合相关行政执法部门,刑行合作,用好用足用全法律武器,行政处罚、民事惩戒与刑事打击联合进行,开展一场声势浩大的专项打击整治斗争。

前文或简或繁论述了买卖银行账户买卖的行为,涉嫌行政违法和刑事犯罪的问题。按照法治精神,一般情况下,具有轻微社会危害性的行为,由行政法律进行规制,只有当该行为造成了十分严重的危害后果时,刑事法律才存在介入的必要,刑事法律应当作为处置严重社会问题的最后手段,这也是刑法谦抑性特征的体现,同时也说明了社会治理体系中,行政管理应当先于刑事司法活动,买卖银行账户的泛滥成灾,其实质也是行政管理缺位的充分体现。对于同一种类行为而言,行政违法与刑事犯罪是一种递进关系,这也导致了行政违法与刑事犯罪存在相应的衔接问题,但是,由于行政罚与刑事罚种类的不同,"两罚"不能够互相替代,而应当各自处罚,这也给刑行联合执法提供了法律支持。关于此部分内容,笔者在拙作《行政执法与刑事司法衔接程序的再思考》

一文中，已详细阐明，这里不再赘述。

公安机关管辖的传统案件也存在行刑衔接，即治安管理处罚法与刑法的衔接，由于此类衔接属于公安机关内部协作，相对较易处理。而大量的经济犯罪，如买卖银行账户行为所违反的行政法的执法主体为银行和市场行政管理部门等外部单位，根据笔者观察，这种外部衔接，始终存在大量问题，因此，要想取得专项整治斗争的胜利，各部门必须加强沟通协作。由于买卖银行账户犯罪活动的流动性、跨司法区域性特征明显，专项斗争组织者的层级不能过低，笔者认为，至少应当在省一级辖区内组织开展，省级司法机关联合省级人民银行、金融监管、市场管理等部门，成立专项工作专班，研究制定工作方案，牵动本部门全省各级下属单位，完全有能力打赢这场战争。

最后，为更加有效地达到专项斗争的预期效果，笔者认为还应当建立有效的行动考评机制。打击整治买卖银行账户一定是多部门、多警种、多层级参与的大规模专项行动，为了实现根治银行账户买卖问题，需要设计有效的行动方案，还应当建立科学的考评机制，考评就是指挥棒。历史经验表明，没有科学的考评，就可能导致整个行动的混乱，最终无法实现预定的目标和效果。

P2P网贷案件资产处置机制研究[*]

张 敏[**]

摘 要：近期以来全国范围内P2P网贷平台集中爆雷，在该类案件的处置中，追赃挽损和资产处置困难，严重影响社会经济秩序的稳定。如何提升追赃挽损比率，更有效地开展资产处置工作，成为治理P2P网贷平台亟待破解的关键点。本文对资产处置机制进行了定义，对P2P网贷平台类案件的涉案资产进行了细化分类。提出了P2P网贷案件的涉案资产处置的主要问题，即刑事处置为主，民事行政缺位；资产关系复杂，清查难度极大；资产损耗巨大，追索控制不易；处置周期冗长，保存成本高昂；群体分化严重，授权确权艰难。针对这些问题，探索P2P网贷案件的涉案资产处置机制的构建。包括围绕现代治理能力，顶层设计处置机制；确立资产处置主体，探索多种处置模式；借助社会第三方力量，外包处理专业问题；区分不同资产权属，全面展开追缴工作；取得投资群体授权，提前处置资产等。

关键词：P2P；资产处置；追赃挽损

一 资产处置机制的定义

"处置"一词，源自《汉书·薛宣传》，意为处理、发落、惩治。[①] P2P网贷平台案件中，狭义的资产处置可以理解为对控制的涉案财物的

---

[*] 已发表于《公安研究》2020年第9期。
[**] 作者简介：张敏，浙江警察学院侦查系经侦教研室主任、讲师。
[①] 《现代汉语词典（第7版）》，商务印书馆2016年版，第196页。

发落。狭义的概念界定明显不足以支撑追赃挽损工作的需求。本文采用广义角度的解释观点，将资产处置定义为对涉及案件的财物的处理和应对。因此，P2P网贷案件资产处置机制是指在治理P2P网贷平台类案件中，确定资产处置主体后，对涉案资产的清查、控制、追索、保管、变现、返还等各项工作和制度的综合，以期达到更好的追赃挽损效果。（见图1）涉案资产的处置过程混杂民事、行政、刑事、司法等多种法律关系，是个有步骤、分环节、系统性的复杂过程。

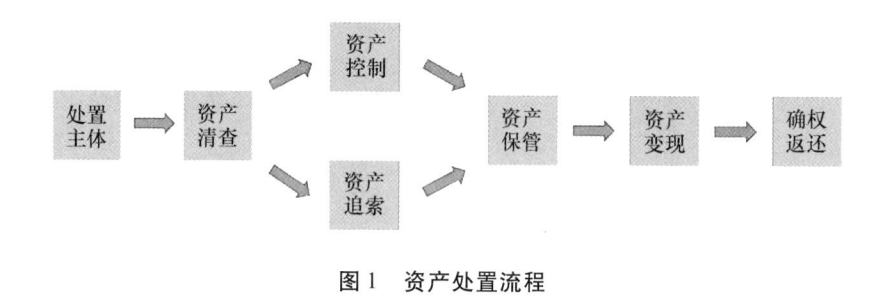

图1 资产处置流程

二 P2P网贷案件的涉案资产分类

P2P网贷案件中，资金流向大致可以分为公司日常运营支出的资产、投资人还本付息支出的资产、平台对外投资的资产、平台控制人控制和挥霍的资产、平台控制人隐匿转移的资产五部分，个案中资金比例各不相同。涉案资产的资产处置主要围绕这五个部分展开。

（一）公司日常运营支出的资产

公司日常运营支出包括广告投放、营业场所租赁、办公用品购置、软件系统开发维护和硬件设备采购、业务人员和高管的工资提成、其他日常支出。

（二）投资人还本付息支出的资产

投资人还本付息支出包括平台按照投资合同约定的回报定期支付的利益、投资到期返还的本金。

（三）平台对外投资的资产

平台对外投资包括借款（已借未到期账款、已借已到期账款）、股权投资、收购的其他平台、固定资产投资、场外配资等。

（四）平台控制人控制和挥霍的资产

平台控制人挥霍资产包括购买奢侈品、汽车、房产、现金、存款、股票、有价证券、虚拟货币、珠宝首饰、飞机、游艇、珍稀动植物、海外资产等。

（五）平台控制人隐匿转移的资产

平台控制人隐匿转移的资产大部分的形式有通过空壳公司虚假贸易、地下钱庄、洗钱、虚假诉讼、无偿赠与、显失公平的交易等。这其中部分资产甚至被转移至海外。

这五类资产分别处于平台控制人及其亲友、平台高管员工、平台借款人、投资人、关联公司、交易对象、政府部门、关联犯罪集团等主体实际控制。

三 P2P网贷案件的涉案资产处置的主要问题

P2P网贷案件的涉案资产处置的矛盾集中体现为：合法的资产处置程序周期长效果差，投资人极度不满；提前处置返还周期短效果好，投资人欢迎，但是法律依据不足，模式尚待突破。造成这一问题的成因是多方面的。当前我国尚处于现代化治理体系的构建过程中，现代治理能力未全面形成，法律规范缺失，政府职能机构协调整合不足，公民自决自治能力欠缺。P2P网贷案件资产处置的问题是全方位的，从宏观的资产处置整体思路到配套的法律体系建设，从顶层的处置模式到各环节操作实施问题，混杂叠加，导致追赃挽损效能低下。

（一）刑事处置为主，民事行政缺位

在现行法律框架下，P2P网贷案件的处置以刑事打击为主。进入刑

事程序后，资产清查、扣押、查封、冻结由公安机关处置，资产返还的程序等审判终结后由法院启动处置。但是部分资产公权力机关无法自行主张追索权，如尚未纳入刑事打击范围的平台资产，被打击平台对外的合法债权等属于纯民事法律关系，难以适用公权力覆盖处置，由平台出面作为追索主体进行民事诉讼最合适。另外，刑事打击与破产程序可以同时展开，但是目前法院基本上都不愿意在刑事案件处置结束前开展资产处置工作。不能因公司涉嫌违法犯罪而规避公司法和企业破产法。[①]行政力量在调动各职能部门优势，打击逃废债等方面有较大空间。民事和行政处置的缺位，使得资产处置能效降低。

（二）资产关系复杂，清查难度极大

P2P网贷案件中，资金的去向异常复杂。除了合法的债权、对外投资、还本付息、日常运营费用比较容易清查外，其他资产的查询都非常难。犯罪分子注册和购买空壳公司，展开虚假贸易，并通过控制的对公账号将资金向外转移。虚假贸易和投资中以连续交易来拉长资金流转层级，利用层层嵌套的资金账户拆分回笼资金。最后通过地下钱庄等灰黑产业洗钱转移。资产的清查面临海量的电子数据、银行账户、多元的单位部门、复杂的法律权属关系、变化的资产类型状态。侦查机关的法律授权、执法力量、专业能力和部门协同等方面都遇到较大难题，追查难度极大。

（三）资产损耗巨大，追索控制不易

P2P网贷案件的处置中投资人最不满意的就是追赃挽损率低。犯罪分子通过网贷平台集资后马上以各种方式消耗资金。包括维持资金链运转支付的本金利息；吸纳资金支付给高管业务员的工资奖金；扩大影响力支付的广告赞助；日常运营支付的房租等行政费用；经营业务支出的项目投资；满足私欲购置豪车房产等挥霍消费；转移隐藏而进行的洗钱等。资金链断裂导致案件爆发之时，资产基本被消耗殆尽，无法追索。

---

① 苗宏安：《非法集资案件处置程序探讨》，《第一财经日报》2012年7月3日第8版。

从公安机关来看，P2P网贷案件频繁爆发，受害人遍及全国各地，人数众多，追索力量严重不足，追索工作无法有效开展。合法民事债权上，作为合格主体的P2P平台被关停、实际控制人被司法部门控制，无法开展追索。同时，由于平台、资金、人员等要素经常异地分离，资金大规模交叉运作，涉案资产可能涉及不同的省份、案件，所以经常出现多地多单位同时对同一涉案资产主张权属，资产控制问题也较多。

（四）处置周期冗长，保存成本高昂

如前文所述，现行法律框架下，资产处置必须等刑事程序全部走完，才能进入最终的返还阶段。整个过程烦琐冗长。投资人急需迅速返还资产用于维持基本生计、归还欠款，提前开展处置返还的诉求强烈。目前虽然对部分引贬损资产提前展开拍卖处置，但是其余涉案资产的提前处置返还，目前各地并没有统一的法律规范。

处置周期长还导致资产保存成本高。涉案资产有的易腐败变质毁损，如名牌衣物、皮包等；有的需要特殊条件保存，如名烟名酒等；有的非常容易贬值，如豪车、游艇、飞机等；有的需要专人特殊照料，如珍稀动植物；有的需要租用大型场地存放，如办公桌椅、设备等。由于硬件上缺乏现代化的保管设备，软件上没有互联网科技等科技手段支撑，在管理和运行上尚欠规范。[①] 这些资产的保存都需要支付场地租用费和人工维护费用，时间过长的情况下，可能会出现保存成本高于资产变卖价格的倒挂现象。处置难度最大俗称"烂尾楼"的在建固定资产投资项目。如果放任现状，无人接盘，或者以极低价格出售；继续建设，完工后尚且可能回笼大量资金，但是谁来投入资金是未定的。因此，总体来看处置效益低下。

（五）群体分化严重，授权确权艰难

涉案资产的处置应坚持程序正义，保障处置的公开性、可参与性和

---

① 田力男：《刑事涉案财物保管与处置新制研究》，《法学杂志》2018年第8期。

可救济性。所以将投资群体纳入处置程序是非常必要的。① 但是投资群体意见分歧严重，成为资产处置的难题。受害人群体大致分化成三类，一是主张严惩型，要求刑事立案处理开展追赃挽损；二是主张保护型，要求公安机关不要介入，企图让平台自行盘活或者筹措资金返还投资人；三是观望型，不明确提主张，也容易被煽动。在大多数平台案件处置过程中，无论何种处置方案，都会因为立场不同而导致部分受害人拒绝登记确权的情况。在协商清退模式下也是如此。

另外，投资人对于资产处置心态失衡，苛求高比例追赃挽损。价值波动较大的资产，如股票等，不论以何种价格处置都会引起投资人的不满。即使暂时达成了授权确权意见，也随时会变更态度。部分资金源于职业放贷人或上游犯罪黑金，害怕公安介入，抵触公权力介入的心理明显。

从客观条件来分析，也有很多不利因素。P2P网贷案件属于互联网案件，犯罪通过网络传播。要想让投资人遍及全国，数量多，成分复杂的受害人完成召集、投票、授权、确权，本身也是件非常困难的工作。

四 P2P网贷案件的涉案资产处置机制的构建

在意图构建全新的P2P网贷案件的涉案资产处置机制时，衡量其成功的价值标准有四个。一是更大的追赃挽损比例，二是更短的处置返还周期，三是更合法的资产处置流程，四是更合理的群众自决规则。对现行框架体制的改革和突破都是围绕上述价值标准的目标展开。

（一）围绕现代治理能力，顶层设计处置机制

1. 强化政府治理能力，整合职能部门

互联网时代，涉网犯罪通过网络技术将通信、金融、产业、媒体等各领域全部整合。以P2P网贷为代表的新型涉网案件的处置，涉及社会中的多重领域交叉，与传统按各自领域分类治理的模式完全不同，所以

---

① 谢锐勤：《涉众型经济犯罪中的涉案财物处置——以参与者的行动选择为视角》，《华南师范大学学报》（社会科学版）2019年第2期。

国家应对互联网时代的各种问题时存在一定的困难。应打通政府职能部门之间的壁垒，加强法治体系的建设完善，以机构职能的整合解决整合的犯罪要素。

2. 顶层设计处置机制，多种路径同步

追赃挽损涉及的利益主体太多，要处理的问题综合经济、法律、社会等因素。所以必须顶层设计处置机制，调动各方面力量，多管齐下，综合解决，完善路径建构，树立民事救济在前、行政介入居中、刑事处置兜底，阶梯递进三位一体的框架，同时开展资产处置工作。针对不同的资产种类、涉案债权、追索对象等进行分类、分层次、分类别区别处理。民事上设计投资人私力救济路径，鼓励协商调解、破产程序、民事诉讼等方式开展追赃挽损。行政上建立高效统一的查询、冻结、扣押通道，辅助清查涉案资产流向、制止资产外流，为后期资产处置工作打好基础。刑事上利用公安机关常规的侦查程序及司法审判后的资产处置；打击平台借款人恶意逃废债，开展追赃挽损。使得资产处置达到系统性、整体性、协调性。

（二）确立资产处置主体，探索多种处置模式

1. 私力救济的自主协商模式

这种模式适用于平台尚未爆雷，资产情况较好，具备协商处置条件的情形。要鼓励投资人和平台双方自行作为处置主体。投资人充分发挥意思自治能力，与有意愿的平台方协商解决，商议退赔方案。最终使投资人与平台方达成合意，投资人最快地拿回资产，平台则良性退出，成本低效率高。

但这种模式也存在很大缺陷。在信息不对称的情况下，平台明显处于优势地位，很容易迫使投资人签订显失公平的退赔方案。若在这种情况下清退，反而成为平台违法犯罪行为的掩护。同时，投资人群体分化严重，难以就退赔比例达成统一的合意。投资人代表被平台方收买的可能性较高。因此，目前在实践中，即便是自主协商，该模式依然在政府强力监管下进行。未来必须不断引导投资人发挥公民自治的能力，严格监管平台，促成资助协商，完成平台良性清退。

2. 民事途径的破产清算模式

在资不抵债的情况下，该类案件应当按照破产清算程序予以处理。[①] 在刑事程序进行的同时对涉案平台采用破产程序，实现案件办理与追赃挽损同步开展。通过破产清算程序的启动，引导投选举产生投资人委员会形成统一意见。引导投资人通过电话、面谈等各种方式协商，论证优选处置方案。引导投资人向法院申请破产，为扣押、冻结的财产及时处置清退提供了条件。通过这种方式，使追赃挽损工作进入民事法律程序，有法可依，充分授权，无法律隐患。法院指定破产管理人专业进行资产追缴处置工作。一方面缩短资产处置周期，达到保值减损的目的；另一方面提高效率、提升办案透明度，有利于维稳工作。最终实现良好的追赃挽损效果。

这种模式的问题在于两点。一是进入破产程序必须由作为股东的投资人召开股东大会投票启动，股东大会的召开和投票决定启动破产程序（即投资人授权）较为困难。二是法院部门在刑事责任未审判终的情况下，便不愿意先行开始破产程序。其实刑事案件的侦办程序与公司破产程序本身没有关联，两者完全可以同步开展。由于该模式的优点非常突出，以后可以大力提倡。

3. 行刑结合的政府主导模式

在破产程序未启动的情况下，政府主导是目前运作最好、操作性最强的一种模式。[②] 组织架构上，由政府成立网贷风险处置领导小组（后简称"领导小组"）后，抽调金融办、公检法、审计、监委等单位力量组建资产处置组，实体化办公。吸纳律师事务所、商业银行、资产处置公司等第三方专业机构力量。具体操作中，将资产处置工作细化成综合协调、核算、法务、催收等。查清涉案资金、梳理资产法律关系，根据

[①] 陈醇：《非法集资刑事案件涉案财产处置程序的商法之维》，《法学研究》2015年第5期。

[②] 《国务院关于进一步做好防范和处置非法集资工作的意见》（国发〔2015〕59号），明确规定"省级人民政府是防范和处置非法集资的第一责任人。要切实担负起第一责任人的责任。地方各级人民政府要有效落实属地管理职责，充分发挥资源统筹调动、靠近基层一线优势，做好本行政区域内风险排查、监测预警、案件查处、善后处置、宣传教育和维护稳定等工作"。该种模式的合法性基础较为扎实，但是具体的操作实施细则尚缺乏。

法律建议开展资产处置。针对不同的平台，开展撮合协商清退或刑事打击处置两种方式的处置工作。在刑事打击的过程中，党委政府成立的平台风险处置小组作为责任人，除涉案资产由公安机关追回外，合法债权由平台风险处置领导小组代为追索或者嫌疑人授权律师代为追索。普通资产通过司法程序拍卖，易贬损财物在取得投资人授权后提前拍卖。应该说刑事诉讼程序的资产处置合法性是比较充分的。

这种模式的问题在于属地党委政府要肩负起重大责任。特别是资产追索与处置的授权上，问题较大。一旦投资人意见反复，无法得到授权，容易产生法律瑕疵。

（三）借助社会第三方力量，外包处理专业问题

1. 银行

与银行的合作目的在于保管涉案资金。以领导小组名义在银行设立专用账户，一案一户。将追到的资金全部汇入专用账户上，做到资金权属清晰，节约办案成本。派专人管理该账户，将监察委员会纳入领导小组，严格监管涉案资金，防止职务犯罪，保护涉案资金的安全。银行还能为处置小组提供资金查询等相关涉案金融业务的服务。

2. 律师事务所

专业律师团队可以接受包括政府、犯罪嫌疑人、投资人等各方的委托。在案件处置方面，能够就专业的法律问题提出意见，对相关问题提供咨询，防止公权力机关在资产清查、控制、处置等方面出现执法瑕疵。梳理债权债务关系，明确权属关系，鉴别非法项目、寻找资产的去向，提出追索方案。在开展具体平台债权追索工作方面，律所接受犯罪嫌疑人的委托，依法采取协商、催讨、民事诉讼等手段进行追索。

3. 会计师（审计师）事务所

平台类案件的资产清理工作非常烦琐复杂。资产处置中需要核算每一笔投资人平台的款项、工作人员提成、工资、对外采购、投资、借款、罪犯挥霍等。犯罪分子为了对抗侦查，以关联交易、嵌套交易、销毁会计资料凭证等多种方式掩盖痕迹。会计师（审计师）事务所的工作在于利用专业的知识，清理复杂的财务账目数据，使得资产状况清楚明确。

4. 资产处置公司

资产处置公司在债务处理市场中拥有广泛的商业终端脉络。资产处置公司帮助解决涉及的法律问题，疏通业务办理渠道，参与评估涉案资产价值，寻找并筛选潜在的涉案资产收购者，参与资产处置价格、处置程序、处置方式的谈判等。国务院明确要求提高不良资产核销和处置能力，拓宽不良资产市场转让渠道。① 必须加强与资产处置公司合作，以资产端、资金端、服务端为抓手，推进互联网不良资产处置平台创新发展。② 更快更多地将涉案资产处置出去。

5. 拍卖公司

对接社会第三方拍卖公司。对于已获授权的待处理资产，特别是易贬损资产，提前开展拍卖工作。由拍卖公司提供专门的线上（如阿里巴巴网络拍卖平台）或者线下（专业拍卖公司）拍卖渠道，联络有意向参与资产竞购的客户，进行全流程的资产拍卖服务。开设专门的拍卖账户，拍卖所得款项汇入拍卖账户后直接转至处置小组账户，安全保管。要大力发展线上模式。线上的"互联网+"模式特有的快速"价值发现"和"市场发现"功能，可以拓宽处置途径并加速处置效率。③

（四）区分不同资产权属，全面展开追缴工作

资产追缴分为平台内部追缴和平台外部追缴。对涉案资产的追缴也要进行分类处置，固定流程。民事、行政、刑事三条路径多管齐下。在法治框架内，通过对话、协商，促使涉事方自行退赃、还款；不配合者行政施压；违法者刑事打击。

1. 平台对外债权

小额债权大多为个人向P2P平台申请借出的小额借款。对小额债权

---

① 2016年10月10日，国务院发布《关于积极稳妥降低企业杠杆率的意见》，鼓励多种模式处置不良资产。
② 陈阳：《互联网不良资产处置模式》，《中国金融》2017年第2期。
③ 何力军、袁满：《"互联网+"背景下不良资产业务模式创新研究》，《浙江金融》2015年第12期。

进行电话、发函、上门等方式催收。面对这部分债权，可以有几种催收方法。一是保留公司原有的催债团队，以公司名义开展催收工作。千万要注意，保留原有催收团队的同时，必须制定新的催收标准，使其合法催收，否则容易滋生暴力催收等问题。二是由处置小组组建新的催收团队，以处置小组名义开展催收工作。制定严格的程序，采用标准化的催收流程催促借款者归还。大额债权一般为公司向平台的借款。对大额债务，预先评估对方企业的发展前景和还款能力。根据评估结合，与借款公司协商合理的还款方案。这样既保护涉事企业健康发展，又能更好收回债权，避免了司法程序的烦琐。打击恶意逃废债和恶意借款人，以打促催收，震慑失信者。对于拒不支付的，由平台控制人委托律所启动民事诉讼，列入法院征信黑名单。

2. 实控人侵吞资产

主要的对内资产就是犯罪分子挥霍转移的资产。一是已套现前平台实控人。这部分群体在平台前期非法集资，在平台未出现兑付危机之前将其转卖给下家，套取巨额资金离场。对于这部分群体，要督促其主动退赃争取宽大处理，否则严厉打击。二是平台现在的实控人挥霍消费及转移的。这部分资产通过自行退赃退赔、公安机关的扣押、冻结等方式追缴。

3. 平台海外资产

一是指平台控制人通过洗钱、地下钱庄等非法方式转移到海外的资产。二是通过海外投资、内保外贷等合法方式转移到境外的资产。由于可能涉及多个国家，所在国的法律体系不同，所以必须借助专业的律师团队。这部分资产目前追索难度非常大，可以通过国际司法协助、"猎狐行动"等管道开展。虽然有成功案例，但是目前开展难度比较大。需要进一步与所在国开展合作，形成工作机制。

4. 日常运营支出

一是高管、业务员的提成和奖金，这部分占据了资产损耗的相当大比重，必须追缴。二是广告费。对广告支出要进行深入调查。如果广告承接方故意为其犯罪提供帮助，则可否定其善意第三人的身份，需追缴广告费用。现在对于已赚取利息并离场的投资人较难处理，司法解释虽有规定，但是由于执行力量短缺的问题，导致难以落实。

（五）取得投资群体授权，提前处置资产

正常刑事程序下的资产处置周期长，必须等到案件全部审判终结后，才能由法院开始处置返还。很多学者对提前处置资产提出了批评意见。但是很多人忽视了投资群体迫切要求才是导致提前开展处置返还的最大因素。因此目前理论界、实务界共同探索如何在案件侦办过程中同步开展处置返还，解决投资人的燃眉之急是非常有意义的。想要在法院审判终结前，提前开展处置返还，必须取得投资人的授权。利益主体参与程序并自主行使权利是程序正义的灵魂所在。① 目前对于易贬损财物的提前拍卖处置的授权已有规定，② 但是其他涉案置产尚为空白。如何在回应现实需求的同时，遏制乃至消解涉案财物的先行处置所带来的负面效应，遂成为先行处置制度以及刑事涉案财物处置机制所无法回避的问题。③ 解决这一问题的关键就是投资群体的授权。

1. 科技办案，透明办案，化解群众心结

开发网络登记平台、APP、微信公众号、短信推送、发布通告、现场交流会等方式，建立线上线下沟通联系的管道。对投资人报案、沟通了解案情进展、防止虚假信息扩散、化解恐慌焦虑情绪起巨大作用。同时针对网贷平台案件投资人人数众多、遍及全国各地的现状，这些网络科技系统的应用，还能同时完成网上在线的沟通、登记、协调、确权、授权的作用，极大解决了现实操作难题。以科技办案的方式，有效实现透明办案。通过切实保护人民群众的合法权利全面推进维稳工作。必须深刻理解维权、维稳都是为了人民群众的根本利益。只有取得人民群众的信任，打开心结，消除疑虑，他们才愿意进行授权。

---

① 宋英辉：《刑事诉讼原理》，法律出版社2003年版，第24页。
② 根据《关于进一步规范刑事诉讼涉案财物处置工作的意见》（中办发〔2015〕7号）第七条，"对易损毁、灭失、变质等不宜长期保存的物品，易贬值的汽车、船艇等物品，或者市场价格波动大的债券、股票、基金份额等财产，有效期即将届满的汇票、本票、支票等，经权利人同意或者申请，并经县级以上公安机关、国家安全机关、人民检察院或者人民法院主要负责人批准，可以依法出售、变现或者先行变卖、拍卖。所得款项统一存入各单位唯一合规账户。
③ 方柏兴：《刑事涉案财物的先行处置》，《国家检察官学院学报》2018年第3期。

2. 制定方案，持续沟通，搭建授权路径

要取得群众授权，还必须让投资人群体达成共识。全部投资人出席表决大会也无现实可能性。所以必须事先制定好方案，先行确定投资人代表，由投资人代表代行部分事项决策。由投资人代表、资产处置小组及其他相关单位共同商议资产处置及授权处置的可行性方案，并分头向投资人群体传达意见，持续沟通。在取得大部分人同意后，可利用已搭建的网络平台进行投票，决定授权。同时必须同步建立涉案财产处置监督程序。[①] 提前处置能达到追赃挽损同步开展，处置退赔提前进行的效果，缩短处置周期。实现以人民为中心的司法理念，达到司法、群众、社会三满意的效果。

追赃挽损工作目前是P2P网贷案件处置的核心难题。探索解决路径，克服复杂难题，不仅有利于保护人民群众的利益，维护社会稳定，更有利于推动我国社会主义法治的整体性、系统性、协调性，推进我国现代治理能力现代化。

---

① 朱艳萍：《刑事涉案财产裁判程序的缺失与司法规制》，《人民司法》2018年第10期。

区块链虚拟币衍生的金融犯罪问题分析

熊建英[*]

摘　要：区块链虚拟币具有去中心化、匿名、安全、跨国界、便捷、低成本等特征，在全世界掀起狂热追捧。新技术的产生也出现很多乱象给国家金融监管带来挑战，如不法分子炒作区块链概念，通过发行 ICO 进行非法集资、集资诈骗、传销，利用可以在全球流通的虚拟币进行洗钱等。基于区块链虚拟币本质、特征和类型的梳理，分析几类虚拟币主要违法现状与行为原理，并结合虚拟币国际环境下对监管、协同、技术、侦查等维度提出几点建议。

关键词：区块链；虚拟币；金融犯罪；ICO 犯罪；洗钱

区块链融合了分布式存储、P2P 传输、共识机制、加密算法等多种计算机技术，具有去中心化、信息公开、开放透明、自治、防篡改等优势，被视为解决互联网价值与信任的重要支撑技术。区块链最早是因为比特币而被人们所认识，区块链虚拟币的出现也使得原有的金融交易机制发生了变化，对以往的交易支付、投资融资等领域都带来了商业模式的变革。而新技术的投入使用除了会改变现有社会行为模式，也会对原有的风险监控体系和技术控制体系产生冲击。一方面，技术灵活性和监管漏洞容易被不法分子利用进行金融犯罪；另一方面，技术的壁垒也给金融犯罪打击带来挑战。因此，为了更好地探索新型金融犯罪的应对策

---

[*] 作者简介：熊建英，江西警察学院安全技术系副教授。

略,本文深入分析区块链虚拟币衍生的金融犯罪类型、犯罪原理,并提出几点应对建议。

一 虚拟币介绍

(一) 虚拟币的概念

虚拟币的概念非常广,目前也尚无统一的定义,一般认为是指不具有物质形态,非真实的货币。与虚拟币相对应就是法币,即中央银行发行的货币,法币进入电子化支付系统后,如银行卡、支付宝、微信钱包里面的资金形式等,但也还是法币,可以称为电子货币。那么我们可以将虚拟币定义为所有非法定形式存在的数字货币,如 Q 币、游戏金币以及后来出现的区块链加密数字货币等[①]。但早期的虚拟币并不能与实体货币进行自由兑换,2008 年比特币产生,这是基于区块链的一种去中心化的加密数字货币,允许与法币进行交易兑换,这也使得区块链虚拟币对现代金融产生了极大的影响。当前学术界和工业界都认为,区块链 1.0 技术所实现的就是将数字加密货币应用于金融领域。所以可以将虚拟币主要分为三类:第一类为游戏币;第二类为门户网站服务商发行的专用货币,如 Q 币;而第三类就是区块链虚拟币,如比特币、以太币等。

(二) 区块链虚拟币原理

2008 年一位署名中本聪的学者发表论文《比特币:一个点对点的电子现金系统》标志着比特币的问世。比特币被设计为一种无需中心服务器与可信第三方保障的点对点的去中心化的电子现金系统,用户只需要掌握自己钱包的秘钥就可以相互交易,比特币社群中所有的节点都将会为每次用户交易进行核查,交易成功的记录将以加密形式与时间戳形成数据区块链接到系统中,使得交易无法被篡改,从而实现了一种安

[①] 罗潇:《去中心化虚拟货币监管问题研究》,华中科技大学,硕士学位论文,2016 年。

全支付系统①。为了直观说明，图 1 和图 2 对客户 A、B 的两种交易过程进行说明，虚线为交易信息发生，实线为资金流数据记录过程。图 1 中心化模式，是以银行为中心节点，A、B 的资金账户数据需要通过银行中心节点，账本数据存储在银行服务器上；图 2 是去中心化的区块链模式，如果客户 A 和 B 发生交易，社区中的矿工节点 A 记录交易信息后，会进行全网广播，社区中各个节点都可以同步保存一份账本信息。

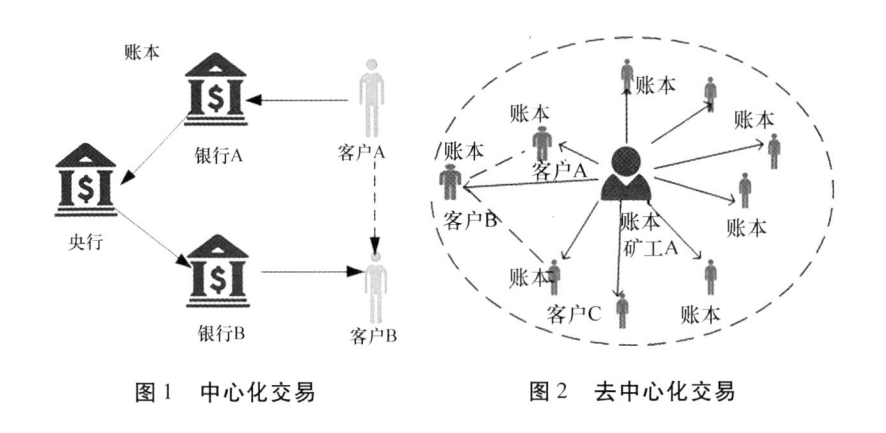

图 1　中心化交易　　　　图 2　去中心化交易

对比传统中心化支付系统，区块链所实现的去中心化模式主要差异如表 1。

表 1　　　　　　　　　　主要特点对比

	中心化支付系统	去中心化支付系统
货币记账主体	银行中心节点	区块链虚拟币社区用户
货币发行	央行掌握货币发行权	算法限制总量，每产生一个区块将作为奖励发给记账节点（俗称矿工）
流通性	通过银行进行外汇清算	全球用户参与，只要交易双方认可，通过算法进行"广播"清算，可在全世界流通
隐匿性	银行实名开户	允许用户匿名支付，钱包地址仅为加密字符串
信任机制	依靠银行与国家	依靠算法实现社区用户自治

---

① 贾丽平：《比特币的理论、实践与影响》，《国际金融研究》2013 年第 12 期。

(三) 区块链虚拟币发展

我们经常在网络上看到的比特币、莱特币、以太币、泰达币都是区块链虚拟币的应用形式，也被称为加密数字货币。现阶段所描述的加密货币，通常也都是指基于区块链，通过算法机制控制发行与流通的货币，对区块链虚拟币发展历程进行简单归纳如下：2009年比特币正式上线，中本聪挖出创世纪区块第一笔50个比特币，后来有人也认定比特币将来可以与法币进行兑换，这种投资期望也促进了比特币的发展。2013年2月比特币发行0.8版本，使其真正支持全网大规模交易，在全球产生极大影响。比特币技术的成熟与流行，也促使了更多区块链虚拟币的产生，从2011年开始，莱特币、Ripple币等相继出现。2013年11月来自俄罗斯的Vitalik Buterin发布了以太坊白皮书，2014年以太坊正式发售，是一种智能合约模式，也成为全球第一个ICO项目，即使用发行自己虚拟货币的方式来进行融资的案例。我国的人民银行并未承认比特币的合法地位，但也意识到区块链虚拟币的优势，在2014年就成立数字货币专家团队，宣布要做自己的加密数字货币。2017年1月完成基于区块链的虚拟币交易测试，同年9月为了防控潜在风险，中央七部门联合叫停ICO，各种虚拟币交易平台在境内所有的人民币交易陆续关闭[①]。

目前，各国家对区块链虚拟币的地位看法存在较大差异，这也是由于区块链具有明显的优势，但在其发展过中也带来很多金融风险。在此，从其公众认可性将其分成以下三种。第一类：借助新技术进行炒作，利用区块链发行的"空气项目"的ICO代币；第二类：得到社会普遍认可的合法发行的区块链虚拟币，如比特币；第三类：由国家背书，中央银行正在研发的区块链虚拟币。而对于前两种，由于存在监管漏洞，容易被不法分子利用，滋生金融犯罪。

---

① 黄瑛：《基于区块链技术的数字货币发展综述》，《中国金融电脑》2019年第6期。

二 ICO 代币犯罪问题

（一）违法行为介绍

ICO（Initial Coin Offering）首次币发行，源自于股票市场首次公开发行（IPO）的概念，最早是由比特币技术圈研发的一种科技项目众筹方式，早期参与者可以获得初始产生的加密货币作为回报[①]。ICO 发行时，一般由科技项目发起人发布白皮书推荐项目，然后在圈内募集比特币或者以太币，同时按照一定比例发放项目本身的代币，发币人再将募集的虚拟币兑换为法币，从而为项目发展提供必要的资金支持，所以早期也被称作"币众筹"。

以太坊也被认为是最早出现的 ICO 项目，如果说早期的 ICO 还相对比较规范，那发展到后面就完全脱离了人们的预期。尤其是进入 2017 年下半年，以比特币为代表的区块链虚拟币暴涨，人们还在疑惑区块链是何物时，一系列打着区块链名义的虚拟币发行层出不穷，各类 ICO 项目的报道不断升温，有的宣传中甚至出现的"一币一别墅""一觉醒来账户里多了几千万"等字眼不断刺激着人们的眼球。虽然也引发了人们对是否合法合规问题的质疑，但同样也因为很多人对新概念的不理解，或者对发行者鼓吹的项目盲目地支持，很多不正规的 ICO 同样吸引大量投机者加入，演化为庞氏骗局和非法集资金融乱象，比如"光锥 LCC"案、"普洱币"案以及"大唐币"案等。这些涉及区块链融资的 ICO 不需要注册经营牌照，一般由投资者自己承担风险，也具有较大的涉案金额，对当前互联网金融业务发展产生了一定的负面影响。

（二）犯罪原理

在现实生活中如果某创业者有一个有前景的项目但缺少资金，如果不通过银行贷款，则可以寻找风险投资人或者以众筹的形式完成，但会

[①] 钱隽逸：《虚拟货币融资发行行为的性质认定与罪名适用问题研究》，《上海公安学院学报》2019 年第 6 期。

给投资人一个承诺，日后项目盈利则给予相应报酬。而 ICO 的出现，正是从技术上保障了这种项目众筹的合约，首先项目发起人同样是以运营一个项目为由，通过发布白皮书形式向公众介绍项目，吸引公众投资意愿，以发行代币形式对投资人资金数量进行认定。如果将来项目盈利了，代币价值就会升值，公众可以将代币兑换成更多法币，获取利润；反之，如果项目亏损了，代币价值就会下降，利益也将受损。现实中正常的融资需要更多的审批，可能还涉及跨境汇兑，而基于区块链的 ICO 技术让融资就变得非常容易，只需要购买相应的虚拟币，合约就会按比例记录投资人份额，可以跨区域、跨国籍。而区块链的特点是没有一个中心能够控制这个系统，数据加密、不可篡改，只要整个商业模式可行，就可以让投资者产生强大的信任，这看似是一种金融创新。

如图 3 所示，整个违法过程可分为项目推广、ICO 代币发行、募集资金、套利几个关键环境。

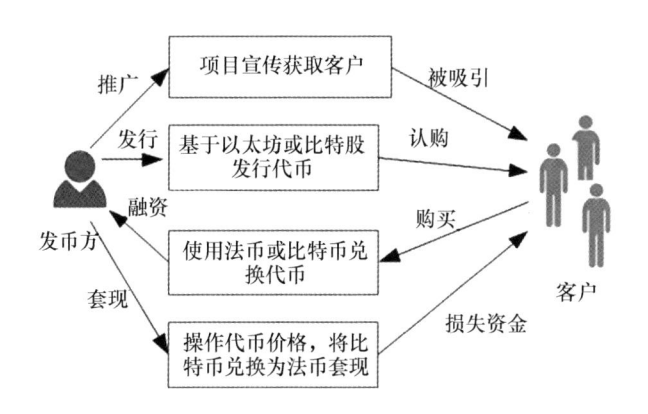

图 3　ICO 代币资金过程

首先，这整个项目宣传推广时，正常需要发布项目白皮书，即项目融资说明书，但很多违法分子只是通过虚构背景、夸大收益等方式，从而获取大量用户信任，实则根本没有真实有价值的投资项目。其次，在发币阶段，ICO 代币发行技术是可以基于现有的区块链，常见的是基于以太坊（ETH）和比特股（BTS），由这些已有的区块链技术提供记账服务和价值共识，实现全球发行和流通，这种低成本、低技术门槛区块链代币发行方式让违法更加便利。接着,在融资阶段,用户购买代币后,项目发起人则完成资本的筹集过程。最后,在套现阶段,发币方通过多种方式逃避监管,或者以接近零成本融资上市后再抬高价格,待大量购买者接盘后弃之不顾,骗取投资者的大量资产。

（三）违法分析

针对很多地区出现的涉及不法分子利用ICO诱骗投资者的违法行为的界定,一般可能涉及的罪名包括非法吸收公众存款、集资诈骗、传销等。(1)对于非法吸收公众存款罪的认定,如果发币方主观上具有明显吸收资金的故意,分析犯罪行为的表象具有"公开性""利诱性""社会性"三个特征,但无法证明其具有非法占有的情节,会认定其基本符合非法吸收公众存款罪的构成要件。(2)对于集资诈骗罪的认定,非法吸收公众存款罪与集资诈骗罪认定的主要区别在于虚构事实、非法占有情节认定。以比特币为例,在设计之初所发布的白皮书中论证了其可持续发展的计划,并得到全球范围认可,同时由于其分散于全世界投资者,币价的波动可能作为一种正当的市场行为。如果发币方没有一套完整可行的项目实施方案,以ICO形式发行的"山寨币"则可能是发币方控制炒作,人为拉升价格后伺机卖出套现,而非长期经营,这种行为属于发币方虚构事实、单方面价格操作,具有明显侵占故意,应以集资诈骗罪认定。(3)对于传销活动罪、非法经营罪认定,虚拟币发行过程中,发币方本身并无经营实力,无法通过合法宣传手段获取投资者,但为了宣传拓展业务则会采取代理层级以返利形式诱骗更多投资者,即在全国范围内发展多级代理商,捆绑各层级的投资者,使投资者被动或主动持有虚拟币,演化为传销活动①。

2017年9月4日,中国人民银行等多个部门联合发布《关于防范代币发行融资风险的公告》,公告规定指出:代币是一种非法的公开融资行为,要求自公告发布之日起,各类代币发行融资活动立即停止,同时,已完成代币发行融资的组织和个人做出清退等安排。而对于中央给

---

① 王志祥、融昊:《区块链领域非法集资犯罪的认定》,《人民检察》2019年第22期。

出的管制是否过于严厉，中国金融改革研究院院长刘胜军曾指出："中国认真做事的 ICO 项目比较少，财新也报道说央行人士研究后认为 99% 是假的，所以中央对 ICO 态度严厉。"目前虽然国家已经明确对 ICO 业务进行禁止，但始终没有颁布相应法律予以强制规范。有学者筛选了近年的典型的虚拟币案例样本发现虚拟币领域犯罪认可度较低，ICO 业务开展处于"虽有监管、但无压力"的形势，而在类案情节上难以准确界定是否具有主观故意非法占有，导致罪名适用性存在较大差异。而相对于高额的获利，很多不法分子也无视此类罪名违法成本，不断以各种新的名目翻新代币发行，如"IFO""IEO""IMO"，或共享经济等形式炒作虚拟币，甚至打着"学术研究""研讨会""论坛"形式进行线下违法宣传，融资路演等活动开展非法金融活动[①]。

三 虚拟币洗钱问题

（一）违法行为介绍

对于合法发行的区块链虚拟币，由于其交易具有便捷、隐蔽、匿名、防篡改、全球公认等属性，也给现有的金融监管带来了全新挑战，尤其是给全球反洗钱、反恐怖融资方面产生深远影响。传统的采用空壳公司洗钱容易被监测到资金异常，而选择更为隐蔽的虚拟币方式成为一个趋势[②]。2019 年中国区块链安全公司发布一份洗钱报告指出通过加密货币从中国流出 114 亿美元，涉案金额与案件数量是往年的几倍。利用区块链虚拟币进行反洗钱活动主要可归纳为三类：（1）通过虚拟币买卖交易洗钱，即不法分子通过在交易市场多次"买入"和"卖出"虚拟币使交易过程复杂化，模糊资金交易来源去向。（2）以虚拟币直接作为支付手段进行洗钱，由于网络支付服务商在反洗钱义务监管存在的漏洞和审核不严问题，不法分子常常利用虚拟币进行非法交易，如要求

---

① 邱峰：《ICO 新型融资模式发展及其监管研究》，《北方金融》2018 年第 2 期；虚拟货币炒作手段之 ICO、IFO、IMO、IEO 是什么？》，(2019-03-22) [2020-03-15]. https://www.chainnews.com/articles/408171867963.htm.

② 范拓源：《区块链技术对全球反洗钱的挑战》，《科技与法律》2017 年第 3 期。

受害人以比特币的形式支付网络勒索赎金，进行资助恐怖主义的融资、利用比特币进行支付毒品、武器等暗网交易，使得这些违法所得难以追踪。（3）虚拟币结合其他方式洗钱，由于虚拟币交易追踪较为困难，在传统洗钱中，不法分子也会将其作为中间的一个环节达到复杂化资金链逃避侦查打击或协助违法人员套现的目的。如通过"钱骡"方式洗钱，即通过"转账代理"方式，招募大量应聘者开设银行账户接受其他账户转入的非法资金，通过虚拟币兑换方式将非法资金再次转移；将虚拟货币与支持虚拟币充值的预付卡结合进行洗钱，不法分子将违法所得购买虚拟币，再用虚拟币充值到预付卡中用于其他商品支付可以有效隐藏非法交易[①]。

在反洗钱领域主要关注的虚拟币两种兑付形式：（1）与人民币法币的兑付，即虚拟币与法币之间的转换会切断资金的来源或去向追踪。（2）与外汇的兑换，即无论是兑换成国外的法币，还是兑换国外人持有的虚拟币，资金的交易方式都未经过国家外汇管理部门，除去正常的交易手续费外，多使用的是汇兑型地下钱庄常用的"对敲"方式，甚至会形成离岸人民币数字货币市场，增加了国家正常货币发行风险[②]。

（二）洗钱原理

典型的洗钱过程分成入账、分账、融合三个步骤，利用虚拟币进行洗钱过程相对比传统现金模式稍微烦琐一些，需要解决的问题保障多次流通"洗干净"地址，使警方难以追查。如图4所示，利用虚拟币洗钱第一步就是将资金注入虚拟币市场，也就是购买虚拟币。第二步需要做的是分流，但是不同于开设空壳公司或其他实体投资，而是利用搅拌器（mixers）或滚筒器（tumblers）、共有地址（shared address）以及区块链往复交易转移的方式将虚拟币从其他用户转到洗钱者拥有的"干净"地址上，或者将虚拟币分为多个小额交易转到洗钱者的地址上，增加了调查人员资金查找源头的困难。现在互联网有很多专门提供比特

[①] 钟加海：《反洗钱视角下的比特币监管对策研究》，《时代金融》2018年第27期。
[②] 兰立宏、庄海燕：《论虚拟货币反洗钱和反恐怖融资监管的策略》，《南方金融》2019年第7期。

币、以太币、莱特币搅拌服务的网站，只需要用户在网站输入需要发送比特币的地址，选择延迟时间，服务提供商就可以从不同地址给用户转回相同金额的比特币，而网站也不会保存任何转移日志信息，确保交易无法被追踪。第三步就是整合，不法分子在将非法资金注入虚拟币系统之后不断转移，将这些虚拟币整合进入主流的二级交易所重新融入市场，通过虚拟币买卖最终拿到"洗白"的钱。虽然虚拟币与法币兑换过程中会产生一定的交易费用，但洗钱成本还是较低的。不法分子更关注的是虚拟币本身的波动性问题，如果选择波动性较大，难以预期最后整合得到的资金，所以更倾向于选择较为稳定的虚拟币。如泰达币，发行者承诺该币每发行一枚币，就往银行存入一美元，是一种与法定货币美元挂钩的虚拟币，所以价值相对稳定，也更容易成为洗钱手段[①]。

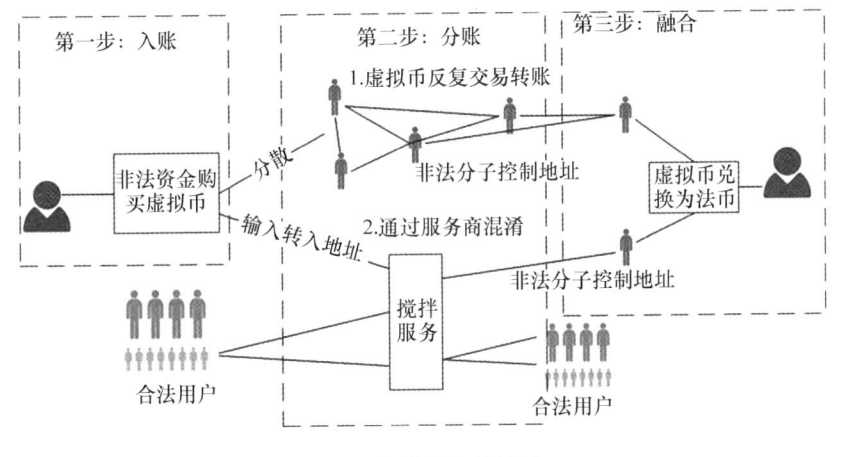

图 4 虚拟币洗钱过程

（三）违法分析

区块链虚拟币的特征打破了传统的反洗钱监管思维，必须从洗钱各个环节考虑新型洗钱模式中的风险点。虽然去中心化虚拟货币市场中的

---

① 佚名：《如何了解数字货币的各类洗钱手法》，(2020 - 06 - 01) [2020 - 03 - 15]. https：//www.qklw.com/specialcolumn/20200601/86356.html；区块链智库：《两年洗钱 80 亿，详细揭秘虚拟货币洗钱全过程》(2018 - 07 - 12) [2020 - 03 - 15]. https：//www.sohu.com/a/240713024_ 100150628.

大额交易活动能够引起有关部门的怀疑，但由于虚拟货币交易的去中心化和高度匿名性，此类案件在侦查过程中不可避免地存在诸多困难。利用虚拟币进行洗钱时，主要有洗钱交易方、交易市场的管理方、交易对手，交易市场的管理方和被交易方可能只是被洗钱者利用，但也可能是洗钱者的同谋。

如在2013年5月，位于哥斯达黎加的在线支付公司"LibertyReserve"就利用虚拟币进行复杂的交易，帮助世界各地的犯罪分子洗钱，非法获利超过60亿美元。LibertyReserve允许客户匿名、假名开户，为帮助非法资金转移，甚至通过第三方"交易人"完成用户的资金存取，将这些合法账户作为洗清非法收益的"中转账户"，以此来模糊非法资金的来源和性质。而是对每笔交易收取1%的手续费，外加75美分的"保密费"来保证交易无法追踪。网站提供虚拟币"LR元"，旗下全球拥有100万用户，网站查封后，很多用户从来没有参与过非法活动，也都成为LR的受害者。

所以在虚拟币洗钱中，交易服务商是可以记录与监控虚拟币交易过程，异常交易活动仍然可能被交易所或第三方OTC等金融体系监控和预警。将虚拟币交易服务提供商纳入反洗钱监管范围也是《金融行动特别工作组建议》中的内容，国家如果将虚拟币服务商合法化时，则应该要求其获得许可或登记，设定严格的交易监管措施，并纳入现行监管体系之中。

四 几点区块链虚拟币监管建议

通过理解区块链虚拟币原理及其可能带来的金融科技创新，从现有状况来看，监管不力的虚拟币更容易被不法分子利用，滋生违法犯罪问题。为了有效地防范虚拟币犯罪风险，有必要对虚拟币市场交易进行全方位监管。

（一）从国际视角制定虚拟币交易行为监管

虽然我国已经明确禁止了虚拟币服务商在国内提供交易服务，但虚拟币犯罪是通过互联网就可以实施的全球犯罪活动,只有制定更加明确的法律依据、积极参与国际金融行动才能更好地推动国际监管合作。所以在境内外国家存在较大监管差异情况下,国内监管部门仍然需要强化风险意识,特别是在国外对区块链监管宽松,甚至合法的政策下,也使得一些虚拟币服务商违规出海运营,利用境外服务器提供交易网站给国内用户,利用代币和代充手段进行诈骗,翻新ICO融资手段等现象都需要密切监测。

(二) 明确交易主体反洗钱与恐怖融资义务

虚拟币交易过程中涉及主体有交易商、兑换商、电子钱包服务提供商、ICO融资服务提供商,这些服务在境外很多国家也都是合法的。为了更好打击这类利用公众普遍认可的虚拟币进行洗钱和恐怖融资活动,需要明确区块链服务商具有反洗钱和反恐怖融资义务,要求其加强虚拟币交易审核制度,构建异常交易行为预警机制,发现有虚拟币有关违法线索时,有责任及时向相关部门报告,从而形成国家与企业联合防控的合力。

(三) 完善虚拟币犯罪跨部门协作机制

虚拟货币的监管主要涉及中国人民银行、国家网信办、银保监会、公安部、工业和信息化部、证监会6个部门,为了对虚拟货币实施有效的反洗钱和反恐怖融资监管,有必要明确和强化中国人民银行的协调职能,加强不同监管部门之间的相互配合,按照实质重于形式的原则落实功能监管要求,将"穿透式"落实在监管实践中,形成部门监管合力。

(四) 提高违法行为电子取证能力

虚拟币可以在全球流通,交易匿名,以及一些搅拌服务,使得违法资金流通变得错综复杂,资金来源与去向难以查控。同时,由于虚拟币的匿名加密特征,很多信息也是无法直接解析,难以关联实际账户控制人。此外,虚拟币所有的交易的信息都在网上,电子证据也存在于各个犯罪环节,涉案人员的虚拟币钱包地址、个人电脑网络浏览记录及缓存、虚拟币服务器系统等都记录相关证据。存储在用户端的数据，如果没有及时提取和保全，犯罪人员很可能在很短的时间之内对数据进行破坏；而存储在区块链上的数据，交易服务商是否可以有效提供交易电子数据等都是侦查取证人员面临的难点。侦查取证中的技术门槛和数据权限问题，就需要侦查取证人员加强与专业技术公司合作，提高服务器数据破解能力，加强与第三方支付平台合作，获取部分资金交易信息；在实际侦查取证中，需要充分利用大数据侦查思维，通过关联交易中更多数据痕迹进行交叉证据验证，如 IP 地址、MAC 地址的分析关联犯罪分子。

（五）加大政府背书的区块链技术研发

区块链有着自己独特的优势，2020 年也被纳为"新基建"项目。而金融是现代经济的核心，区块链技术具有的金融创新价值可以有效应用于现有金融管理中，央行也称将积极稳妥推进法定数字货币研发。加强有政府背书的区块链金融科技研发，一方面可以将其公开、便捷、可信、低成本等优势融入政府金融服务中，给民众提供金融便利；另一方面主动向公众发布非法虚拟资产风险提示和警示，做好投资者宣传，警示教育。此外，区块链并非天生的金融犯罪工具，通过对区块链技术的改造甚至还可以成为反洗钱工具，通过设计跨平台、跨部门、跨机构的参与方协议设计区块链反洗钱系统，侦查人员可以通过查询交易系统就可以反查虚拟币转移过程，进行事实认定。

五 小结

现阶段，区块链虚拟货币都是由非官方机构通过算法技术进行发行交易，尚无明确合法的使用价值及社会认可度，价值完全取决于虚拟币持有者对其信任程度。而这种新事物很快被不法分子所利用，通过发行"山寨"虚拟币蛊惑民众参与，最终演化为非法集资、集资诈骗、传销等不法行为；即使是在全球具有一定认可度的虚拟币，也会被不法分子用来进行洗钱、恐怖集资、黑市交易等违法交易。即使在国内已经禁止

ICO 虚拟币发行，关闭虚拟币交易所，但也防止不了不法分子利用海外交易所、发币机构等服务商进行金融犯罪，只有结合国际大环境下全方位进行监管打击，同时发展具有政府背书的区块链虚拟币以满足金融需求。

擅自发行股票罪的实务认定研究

顾 佳 季敬聚[*]

摘 要： 擅自发行股票罪是非法集资类案件中的一个罪名，实践中，由于非法集资类案件的犯罪目的具有相似性、犯罪手段具有多样性，所以在罪与非罪，此罪与彼罪之间存在较大争议。本文结合公司法和证券法等相关行政法律法规，探讨擅自发行股票罪的客观行为特征，就擅自发行股票罪的认定标准提出一些个人观点，以期对司法实务认定该罪能起到一定的帮助作用。

关键词： 股票；公开发行；特定对象；不特定对象

近年来，我国非法集资类犯罪手段不断翻新，很多所谓的"理财产品"开始频频打着出售"原始股"或"增资扩股"旗号来非法募集公众资金，擅自发行股票罪在司法实务适用中的频率也开始逐渐增多。擅自发行股票的相关规定最早出现在1993年国务院发布的《股票发行与交易管理暂行条例》中的"未经批准发行或变相发行股票"规定，接着1993年的《公司法》和1995年的全国人大常委会《关于惩治违反公司法的犯罪的决定》，都规定擅自发行股票的行为构成犯罪的，需要依法追究刑事责任。1997年我国刑法首次设置了擅自发行股票罪，随后证券法和相关行政法规及司法解释都对该行为做出了相关规定。刑法第一百七十九条规定的罪名是擅自发行股票、公司、企业债券罪，其实在《关于惩治违反公司法的犯罪的决定》规定的擅自发行的对象是股票和公司债券，刑

---

[*] 作者简介：顾佳，上海市人民检察院第一分院第三检察部主任、三级高级检察官；季敬聚，上海市人民检察院第一分院第三检察部四级高级检察官。

法是在此基础上增加了"企业债券",而企业债券不属于《公司法》调整范畴,所以刑法将《关于惩治违反公司法的犯罪的决定》第七条"未经公司法规定的有关主管部门批准"修改为"未经国家有关部门批准",本文着重论述擅自发行股票罪。擅自发行股票罪是指未经国家有关主管部门批准,擅自发行股票,数额巨大、后果严重或者有其他严重情节的行为。[①] 根据最高人民法院《关于审理非法集资刑事案件具体应用法律若干问题的解释》和最高人民法院、最高人民检察院、公安部、证监会四部门联合印发的《关于整治非法证券活动有关问题的通知》规定,擅自发行股票罪和欺诈发行股票、债券罪、非法吸收公众存款罪和集资诈骗罪都被归入打击非法集资类犯罪的刑事法网络。为更好地保护金融证券市场的健康发展,准确打击证券类犯罪,笔者认为很有必要对以发行"股票"为名募集资金的行为性质做出准确认定。本文将结合《公司法》和《证券法》等相关行政法律法规,对擅自发行股票罪的股票认定、发行对象认定、人数认定以及与集资诈骗罪、非法吸收公众存款罪等罪的区别和股票发行审核制度改革后的该罪名认定做一些探讨和研究,以期在实务中能准确认定擅自发行股票罪。

一 擅自发行股票罪的"股票"认定问题

擅自发行股票罪区别于其他集资类犯罪的一个最重要的特征就是在募集资金时发放给投资人的书面凭证是否是股票。如果是股票,可以开始考虑是否构成擅自发行股票罪。如果不是股票,就不用考虑该罪名。所以股票的认定至关重要。擅自发行股票罪是行政犯,因此在追究刑事责任时,有必要对罪状中的部分构成要素参考行政法律法规,借助行政法律法规界定相关概念术语内涵。根据相关行政法规定,股票是指股份有限公司发行的、表示其股东按其持有的股份享受权益和承担义务的可转让的书面凭证。[②] 该定义有两个概念需要厘清,一是股票的发行主体,二是股票的要件特征。

[①] 张明楷:《刑法学》,法律出版社2007年版,第588页。
[②] 参见国务院《股票发行与交易管理暂行条例》第八十一条。

（一）股票的发行主体必须是股份有限公司或经批准拟成立的股份有限公司，且具真实性

我国公司主要分为股份有限公司和有限责任公司。从股票的定义上看，股票发行人是股份有限公司，包括上市的股份有限公司和未上市的股份有限公司。有限责任公司一般情况下不能发行股票，但在发起设立和募集设立股份有限公司的前期，其公司并不已然是股份有限公司，因此《股票发行与交易管理暂行条例》规定股票发行人所称股份有限公司，包括已经成立的股份有限公司和经批准拟成立的股份有限公司。① 有限责任公司在改制成为股份有限公司的过程中，如果符合股份有限公司的设立条件且经过批准的，属于股票发行主体。但是如果不符合条件，其就不存在获批核准或注册发行股票的可能性，该类公司就不是发行股票的主体。没有发行股票资质的有限责任公司，投资者"股东"所拥有的"股份凭证"就不是股票，换言之，有限责任公司转让股份或者增资引入新股东的行为并不是发行股票的行为，该行为涉及资合兼人合因素，并不需要报请主管部门审批，不涉及擅自发行，只要所有股东同意，股东数量不超过50人，都可以引进公司。因此擅自发行股票罪的犯罪主体应该是股份有限公司和经批准拟成立的股份有限公司的个人或单位。另外，在认定股票的发行主体时，还应认真审查该类公司是否真实存在，是否是自行设立的空壳公司。如果公司根本不存在或是空壳公司，则不宜认定其发放的书面凭证是股票，不宜认定为擅自发行公司股票罪。2013年陕西省高级人民法院对被告人张小平非法吸收公众存款罪一案做出了维持原判的裁定。② 该案被告人张小平使用伪造的资产评估报告书、虚列公司股东，虚报注册成立了陕西菲林格尔实业发展股份有限公司（下称菲林格尔公司），违反国家金融管理制度，以转让股权的方式变相非法吸收公众存款，数额巨大，检察院以擅自发行股票罪提起公诉，法院改

---

① 参见国务院《股票发行与交易管理暂行条例》第七条。
② 参见陕西省高级人民法院刑事裁定书，（2013）陕刑二终字第00142号。

判其犯非法吸收公众存款罪,其原因之一就是菲林格尔公司并非是真实的股份有限公司。

(二)股票应具备实质要件和形式要件

倘若公司真实存在,则要进一步审查其发行的是否是真实的股票。擅自发行股票罪中的股票须为违法发行的真实股票,要有一定的股权对应性,仅有股票之名或连股票形式都不符合的虚假股票不应被认定为擅自发行股票罪的股票。根据我国公司法规定,股票应采用纸面形式或者国务院证券监督管理机构规定的其他形式。股票分为簿记券式股票和实物券式股票。股票的每股金额相等。股票应由法定代表人签名,公司盖章,并载明股票种类、票面金额及代表的股份数和编号等内容。① 2019年7月,黑龙江省牡丹江市中级人民法院对被告单位牡丹江友邦生物科技股份有限公司、被告人赵连友犯擅自发行股票罪一案做出了维持原判的决定。② 牡丹江友邦生物科技股份有限公司系未上市的股份公司,赵连友作为该公司的董事长,为筹集资金,未经国家主管部门批准,擅自制作带有"股票"字样和股票特征的原始股权凭证予以发行,构成了擅自发行股票罪。在非法集资类犯罪中,除了有上述符合规定的股票形式外,往往还会有增资扩股股权代持协议书、股权转让协议书或公司自行印发的股权认购书来作为投资人认购"股票"的凭据。有些观点认为,对这些书面凭证可以"穿透"看实质,认定为股票。笔者认为增资扩股股权代持协议书和股权转让协议书都不能视为股票。增资扩股股权代持协议书,在有限责任公司中,因其转让必须要经过其他股东同意,签由原股东代持的协议不一定有效,即便有效也不能与股票权利相同,只是以股权为标的的债权而不是物权。在股份有限公司中签由原股东代持的协议,不符合公司法的显名原则。委托投资人由于没有被登记在股东名册,其是无法行使股东权利义务的,监管部门也无法对该类隐性投资人作为股东予以监管,所以该协议对外是无效的。股权转让协议

---

① 参见《中华人民共和国公司法》第一百二十八条。
② 参见黑龙江省牡丹江市中级人民法院刑事裁定书,(2019)黑10刑终28号。

书，由于根本无法在资本市场上自由流通，所以也不属于股票。公司自行印发的股权认购书，如果没有总量控制和准确的单股定价，认购者就无法实际掌握自己所持公司股份比例，股权对应就具有不确定性，不能准确行使股东权利，所以也不能认定为股票。发放上述三类认购书面凭证只是非法集资的一种手段，可转让的认购书面凭证相当于私自签订的债权文书，没有对外效力。故使用上述认购书面凭证的只是打着发行股票的幌子实施的非法集资行为。

二 擅自发行范围即特定对象与不特定对象的认定

擅自发行股票仅是针对未经主管部门批准，公开发行股票的行为。[1] 发行的公开性是该罪的一大特征。2014年证券法规定，未经依法核准，任何单位和个人不得公开发行证券。2019年修订的《证券法》，改成"未经依法注册"，任何单位和个人不得公开发行证券。不管是核准还是注册，擅自发行股票罪针对的都是公开发行的行为。

（一）擅自公开发行股票的认定与发行对象是否特定有关

股票发行分公开发行和非公开发行。我国只对公开发行股票进行审核或注册，非公开发行股票不需要审核和注册。我国《证券法》第九条列举了公开发行的情形，明确向不特定对象或200人以上特定对象发行证券的，视为公开发行，需要依法报经主管部门注册；对非公开发行股票则没有规定要依法报经主管部门注册，仅规定不得采用广告、公开劝诱和变相公开方式。[2] 由于擅自发行股票罪对特定对象和不特定对象

---

[1] 参见《中华人民共和国证券法》第九条第一、三款：公开发行证券，必须符合法律、行政法规规定的条件，并依法报经国务院证券监督管理机构或者国务院授权的部门注册。未经依法注册，任何单位和个人不得公开发行证券。证券发行注册制的具体范围、实施步骤，由国务院规定。……非公开发行证券，不得采用广告、公开劝诱和变相公开方式。

[2] 参见《中华人民共和国证券法》第九条第二款：……有下列情形之一的，为公开发行：（一）向不特定对象发行证券；（二）向特定对象发行证券累计超过二百人，但依法实施员工持股计划的员工人数不计算在内；（三）法律、行政法规规定的其他发行行为。……

人数有不同的入罪标准，因此发行范围对象是否特定也是是否构成擅自发行股票罪需要考虑的一个要素。

（二）特定对象与不特定对象的认定应考虑三个条件

我国证券法律法规对于特定对象和不特定对象的概念并没有明确的界定。是否可以参照非法吸收公众存款罪对特定对象的司法解释。笔者认为，在参考的同时还应考虑股票的证券特点。非法吸收公众存款罪的特定对象一般包括亲友和单位内部人员。[①] 擅自发行股票罪的特定对象应该包括但不限于亲友和单位内部人员，是否是特定对象还应该考虑三个条件：一是具有丰富的投资经验；二是与发行人存在一定的关系；三是具有一定的财富基础。亲友和单位内部人员属于与发行人存在一定的关系。投资经验和财富基础的条件提出，首先是因为按照各国区分公开发行与非公开发行的传统思路，界定发行对象是否特定，主要依据的不是该发行对象范围事先是否可以确定，而是该发行对象是否符合成熟投资者的要求，从而不需要证券法的保护。[②] 股票发行审核制或注册制的立法目的在于适当保护投资者，所以认定其是特定对象还是不是特定对象，应当看该对象是否需要发行审批或注册程序保护、是否是成熟投资者，而不是看发行对象范围是否事先确定。其次，成熟投资者在美国被称为"获许投资者"（accredited investors），其适用标准就是以上三点。再次，成熟投资者反映在我国的行政法规中，是"合格投资者"。《私募投资基金监督管理暂行办法》第三章全部都是合格投资者的规定。其明确合格投资者要具备相应风险识别能力和风险承担能力。风险识别能力就是对投资经验的要求；风险承担能力就是对财富基础的要求。所以擅自发行股票罪的特定对象界定要参考上述三个条件。符合这三个条件的，就是特定对象，不符合的，一般就不是特定对象。

[①] 参见2010年12月最高院《关于审理非法集资刑事案件具体应用法律若干问题的解释》第一条第二款：未向社会公开宣传，在亲友或者单位内部针对特定对象吸收资金的，不属于非法吸收或者变相吸收公众存款。

[②] 彭冰：《构建针对特定对象的公开发行制度》，《法学》2006年第5期。

三 擅自发行股票罪的投资人数入罪标准认定

擅自发行股票罪是情节犯，要达到数额巨大、后果严重或者其他严重情节的，才能构成犯罪，因此相关司法解释对追诉标准做了规定。

（一）擅自向30名以上不特定对象和200名以上特定对象发行股票应予立案追诉

最高人民检察院、公安部《关于公安机关管辖的刑事案件立案追诉标准的规定（二）》对擅自发行股票罪的入罪情节做出了规定，擅自发行致使30人以上的投资者购买了股票的，应予以立案追诉。但最高人民法院《关于审理非法集资刑事案件具体应用法律若干问题的解释》规定，未经国家有关主管部门批准，向社会不特定对象发行、以转让股权等方式变相发行股票或者向特定对象发行、变相发行股票累计超过200人的，构成犯罪的，以擅自发行股票罪定罪处罚。[①] 乍一看，两者对入罪情节关于投资者人数似乎产生了矛盾。但其实两者是没有冲突的。"30人"针对的是不特定对象人数，"200人"针对的是特定对象人数。理由就是《证券法》对公开发行的特定对象有200人的最低人数限制，对不特定对象没有人数限制。如国务院办公厅文件明确规定严禁擅自公开发行股票。向不特定对象发行股票或者向特定对象发行股票后股东累计超过200人的，为公开发行，应依法报经证监会核准。未经核准擅自发行的，属于非法发行股票。[②] 由于行政违法并不必然构成刑事犯罪，只有达到一定严重程度，违法行为才可以入罪。擅自发行股票罪是情节犯，要有严重的后果或情节，才能构成犯罪，所以针对发行对象是不特定人时要有一个人数的入罪门槛，并且要区别于特定对象的人

---

① 参见2010年12月13日最高院《关于审理非法集资刑事案件具体应用法律若干问题的解释》第六条。
② 参见2006年12月12日《国务院办公厅关于严厉打击非法发行股票和非法经营证券业务有关问题的通知》。

数,故会有30人的最低人数限制。另外,值得注意的是最新的证券法规定特定对象如果是依法实施员工持股计划的员工,则不受200人的人数限制。

(二) 人数认定的计算方式应以名义股东人数累计

实践中,存在直接持有股票和间接持有股票的投资者,直接持有股票就是以自己名义登记持有股票,间接持有股票是指以他人名义登记为股东,有时还会出现数人共同出资却仅以一个人名义登记的情况,这亦属于间接持有股票。对擅自发行股票的对象人数计算方式,目前有两种观点,一种观点认为应以最终实际受益人人数计算,要穿透。另一种观点认为应以名义股东人数计算。笔者认为,应以名义股东人数计算统计。一是因为受托人如果不主动披露受益人的存在,监管者就无法发现委托的投资者。且擅自发行人也没有向未经披露的多数受益人发行股票的故意。一个案件中,如果有的受托人有披露,有的受托人没有披露,且由于投资者人数众多,司法机关不可能穷尽全部投资人的详细资料,就会造成执法不一,不利于体现司法公正。二是因为惯常操作。购买股票的投资人既有自然人、法人,也有其他经济组织。法人和其他经济组织往往由多个股东或个人组成,无论上是在公司法层面,还是在刑法层面,我们都是将其作为一个个体来设置相应的权利和义务的。那么作为自然人股东,其既然是以一个个人名义进行购买并登记在公司名册上,享受权利和义务,就应该按一个个人人数进行统计。所以,笔者认为人数认定的计算方式应以名义股东人数累计。

四 擅自发行股票罪与集资诈骗罪、非法吸收公众存款罪和欺诈发行股票、债券罪的主要特征区别

擅自发行股票罪与集资诈骗罪、非法吸收公众存款罪、欺诈发行股票、债券罪同属非法集资类犯罪,在实务认定中,一定要正确处理好此罪与彼罪的界限。

（一）与集资诈骗罪的区别

集资诈骗罪是指以非法占有为目的，使用诈骗方法非法集资，数额较大的行为。[①] 其与擅自发行股票罪最大的区别在于是否有非法占有目的。集资诈骗罪有非法占有目的，擅自发行股票罪没有非法占有目的。一般是将非法募集的资金用于可以实现或打算实现出资人股权的生产经营活动中。2009 年福建省厦门市中级人民法院对陈文安等人犯集资诈骗罪一案做出了维持原判的裁定。陈文安系厦门奥星生物科技有限公司法人，谎称该公司即将在美国上市，非法出售股权信托受益权骗取他人资金。辩护人认为该案构成擅自发行股票罪，法院认为陈文安使用化名对外联络、募集资金初始亦没有偿还能力、资金也未用于约定的生产经营用途，具有非法占有的目的，转让股权信托受益权仅是变相向社会募集资金的幌子，故判决其构成集资诈骗罪。

（二）与非法吸收公众存款罪的区别

非法吸收公众存款罪是指非法吸收公众存款或者非法变相吸收公众存款，扰乱金融秩序的行为。[②] 擅自发行股票罪与非法吸收公众存款罪都没有刑法意义上的非法占有目的，所以有必要对以"股票"为名非法募集资金的行为在该两罪中做一个区分分析。最高人民法院《关于审理非法集资刑事案件具体应用法律若干问题的解释》，对非法吸收公众存款罪的特征做了归纳，即非法吸收公众存款罪具有"非法性""公开性""利诱性"和"社会性"四个基本特征。擅自发行股票罪与非法吸收公众存款罪有以下三方面不同。一是非法性不同。两罪都是未经主管部门批准，但非法吸收公众存款罪的主管机关是负责对银行业金融机构及其业务活动进行监督和管理的银监会，主要违反的是银监会关于监管信贷秩序的业务活动法律规范；擅自发行股票罪主管机关是负责对国

---

① 宋晋勇：《陈文安等集资诈骗案——擅自发行股票非法募集资金构成集资诈骗罪》，《人民司法·案例》2011 年第 4 期。

② 金雅培：《论擅自发行股票、公司、企业债券罪的犯罪构成》，北方工业大学，硕士学位论文，2015 年。

家证券市场进行统一管理的证监会及其授权的部门,主要违反的是证监会关于监管股票发行的业务活动法律规范。二是利诱性不同。有否承诺"还本付息"是区分擅自发行股票罪和非法吸收公众存款罪的关键。非法吸收公众存款罪的"利诱性"表现在承诺在一定期限内还本付息。而擅自发行股票罪的"利诱性"则表现在公司的良好业绩和前景以及将来可能会依此获得的收益,不会有还本付息的承诺。三是社会性不同。非法吸收公众存款罪必须是要向社会不特定对象吸收资金,如果吸收资金的对象是特定对象,无论人数多少都不构成非法吸收公众存款罪。擅自发行股票罪的吸资对象包含特定对象和不特定对象,只要特定对象人数超过200人(不包括依法实施员工持股计划的员工),就可以构成擅自发行股票罪。

(三)与欺诈发行股票、债券罪的区别

欺诈发行股票、债券罪,根据刑法第一百六十条规定,是指在招股说明书、认股书、公司、企业债券募集办法中隐瞒重要事实或者编造重大虚假内容,发行股票或者公司、企业债券,数额巨大、后果严重或者有其他严重情节的行为。两罪在主观上都是出于故意,侵犯的客体都是国家对证券市场的管理制度。但两罪的不同之处有以下几点:(1)主体不同。擅自发行股票罪的犯罪主体是股份有限公司或股份有限公司发起人及相关的自然人或单位;而欺诈发行股票、债券罪的犯罪主体是一般主体,无特殊限制,单位或自然人均可构成该罪主体。(2)客观方面不同。欺诈发行股票、债券罪,其招股说明书、认股书、公司、企业债券发行办法的内容往往是虚假的,尤其是最能反映一个公司经营状况的财务报表和审计报告里面的营业收入、利润呈虚高现象。欺诈发行股票和公募债券时需要经过主管部门批准,发行私募债券时可以向主管部门备案也可以不备案直接发行。重点是在内容虚假欺诈发行,不在于程序的未批准或未备案。而擅自发行股票、公司、企业债券罪主要是程序上不合法,未经有关主管部门批准擅自发行股票、债券。在擅自发行股票、公司、企业债券过程中,有可能没有制作虚假募资文件,也有可能制作了虚假的招股说明书、认股书、公司、企业债券募集办法,欺诈性

不是必要条件。如果行为人既实施了擅自发行股票、债券行为，又采用虚假的招股说明书、认股书和公司企业债券募集办法欺诈发行股票、债券的，对此，应择一重罪从重处罚，不实行数罪并罚。

五　证券发行审核制度改革后对本罪犯罪构成的影响

2020年施行的新证券法将股票发行由"核准"改为"注册"。有观点认为，证券试行注册制以后，就不需要证券主管部门审核核准了，所以擅自发行股票罪就没有存在的必要，有可能会被删除掉。笔者认为，厘清以下概念和区别，答案就会呼之欲出。

（一）证券发行核准制与证券发行注册制的概念

证券发行核准制要求拟公开发行有价证券的申请人，首先要确保其能够依法公开一切与公开发行有价证券有关信息的真实性，同时还要由证券发行主管部门审核公开发行的实质性条件是否符合法律、法规和证券监督管理机构的规定，并最终由该部门审查决定是否发行该证券。证券发行注册制是指证券发行申请人依法将与证券发行有关的一切信息和资料公开并依规制成法律文件并送交证券发行主管机构进行审查，主管机构只负责就发行申请人信息披露义务进行形式类型的审查。

（二）证券发行核准制与证券发行注册制的区别

两个证券发行制度最大的区别在于主管机关是否对证券发行行为及证券本身进行实质审查、做出价值判断。如果不进行实质审核，只涉及形式审查，那就是证券发行注册制。但即便是注册制，根据证券法第二十二条规定，国务院证券监督管理机构或者国务院授权的部门还是应当依照法定条件和法定程序做出予以注册或者不予注册的决定。无论是核准还是注册其实都有主管部门的核查过程，只是审查方式发生变化，由原先的实质管理变为只对注册文件进行形式审查。要发行证券，提交的材料必须要满足证券法的相关规定，否则还是不能公开发行股票。如证券法第二十二条的规定即表示存在不予注册情况。第二十三条还规定发行人不得在公告公开发行募集文件前发行证券。综上，即便是证券发行注册制，还是由证券主管部门决定是否予以注册。

（三）擅自发行股票罪会继续保留，但会做一些微调

主要理由如下：（1）证券发行核准制与证券发行注册制，初衷都是一致的，都是为了保护证券市场的繁荣稳定，保护投资者利益。采用证券发行核准制，是担心证券市场刚开放，老百姓对此新生事物比较陌生，所以政府需要给老百姓把把关，因而证券发行采用核准制。随着市场和政府关系的理顺，政府将逐步减少对证券发行的干扰，对于信息披露的审核把关要求会更加严格，除此之外，对于证券的优劣、价值则由投资人自行判断。所以证券发行审核制度会演变为证券发行注册制。（2）无论是核准制下的擅自发行股票还是注册制下的擅自发行股票罪都破坏了国家对证券发行市场的管理秩序，均具有社会危害性。强调市场自行优化配置的证券发行注册制并不意味着证券市场上就少了证券犯罪，相关法律监管制度仍需予以配套完善，故擅自发行股票罪还是会继续保留。但随着证券发行注册制改革的推进，笔者认为在不久的将来，有可能会对刑法进行修正，将该条款由"未经国家有关主管部门批准"，改为"未经国家有关主管部门注册"。

涉众类经济犯罪中潜在被害人财产权救济研究

宋振宇[*]

摘　要：目前涉众类经济犯罪案件呈现高发态势，此类犯罪所涉及的当事人人数众多，证据繁杂，被害人经济损失惨重。在司法实践中，利用传统规则解决此类案件，可能导致被害人的合法权利不能得到有效保护，进而引发一系列关乎社会稳定的问题。本文以涉众经济犯罪为背景，以潜在被害人的财产权救济为切入点，设计了被害人追加认定程序。本文除结语外，共分三个部分：第一部分主要通过对涉众类经济犯罪案件的司法实践状况的分析，进而以财产权救济为视角，概括出这类案件所存在的突出问题；第二部分分析了潜在被害人财产权救济困境产生的深层次的原因；第三部分详细阐述了被害人追加认定程序。

关键词：涉众类经济犯罪；潜在被害人；财产权救济

一　问题的提出：涉众类经济犯罪潜在被害人如何获得救济

（一）涉众类经济犯罪的范畴

涉众类经济犯罪并非我国刑法所规定的一种或一类罪名，主要是根据司法实践中高发的某些犯罪进行归类而抽象出的概念。将涉众类经济犯罪归为一类犯罪进行研究主要价值是为了解决下述三个问题：第一，

---

[*] 作者简介：宋振宇，北京大成律师事务所顾问（合伙人）。

涉众性成为目前经济犯罪的重要形式之一，应当如何定义；第二，该类犯罪容易引发群体性事件，危及社会稳定；第三，此类案件的办理难度大，对刑事公正和效率提出巨大挑战。因此，对于"涉众"的理解，我们认为并非单纯与被害人人数相关，而至少要达到可能造成民怨起伏甚至引发群体性事件，影响政治稳定和社会稳定的程度；而对于"经济犯罪"，则应理解为以获取财物为直接目的，直接危害被害人经济利益的犯罪行为。因此，本文中的涉众类经济犯罪是指针对众多不特定的被害人实施的，以获取财物为行为的直接目的，直接危害被害人经济利益且可能引发群体性事件的经济犯罪。涉及刑法分则第三章和第五章所规定的罪名。

如果将涉众类经济犯罪按照犯罪构成的内容为依据，可以分为两类：一是以"涉众"作为构成要件的经济犯罪，如集资诈骗罪、非法吸收公众存款罪、组织领导传销活动罪等，本文暂称之为"法定涉众类经济犯罪"；二是不以"涉众"为构成要件的犯罪，如合同诈骗罪、非法经营罪、诈骗罪等。对于该部分罪名，如要成立涉众犯罪，还需形成规模，本文暂称之为"其他涉众类经济犯罪"。

（二）涉众类经济犯罪的发展趋势

经统计中国裁判文书网上的相关数据，全国法院在2013年至2019年公开的集资诈骗罪、非法吸收公众存款罪、组织领导传销活动罪的一审刑事判决书的数量和其所占刑法第三章的一审刑事判决书的数量的比例均呈上升趋势，能够反映出法定涉众类经济犯罪基本呈逐年上升趋势。（见表1）

此外，根据司法大数据研究院、司法案例研究院于2017年4月公布的"司法大数据专题报告——电信网络诈骗"中的数据，2015年至2016年，全国电信网络诈骗案件审结量呈上升趋势，2016年较之2015年同比上升51.47%。[1] 而2018年司法大数据专题报告之电信网络诈骗

---

[1] 《最高法：2016年电信网络诈骗同比上升51.47%》，http://www.xinhuanet.com/legal/2017-04/13/c_129532336.htm，2020年7月24日。

则指出，2017年全国已结一审电信网络诈骗案件较2016年又增长了70.34%。[①] 通过上述数据统计，可以得出涉众类经济犯罪的数量呈上升趋势的结论。

表1　　　　　　　　法定涉众类经济犯罪的趋势

年份	破坏社会主义市场经济秩序类犯罪（件）	集资诈骗罪（件、比例）	非法吸收公众存款罪（件、比例）	组织领导传销活动罪（件、比例）
2013	8535	62（0.73）	339（3.97）	180（2.11）
2014	41725	247（0.59）	1164（2.79）	799（1.91）
2015	42167	405（0.96）	1869（4.43）	1021（2.42）
2016	46268	670（1.14）	3694（7.98）	1230（2.66）
2017	49015	908（1.85）	5430（11.1）	1523（3.11）
2018	48793	902（1.85）	5970（12.2）	2651（5.43）
2019	53413	934（1.75）	7283（13.6）	2560（4.79）

（三）涉众经济犯罪中潜在被害人寻求财产权救济的实践样态

涉众类经济犯罪具有被害人数量众多、涉及社会面宽、极具隐蔽性、社会危害性大、犯罪手段复杂多变等特点。而刑事诉讼则受取证手段、办案期限、司法资源等条件的限制，上述特点和客观情况决定了在司法实践中必然会存在一些涉众类经济犯罪案件，在法院做出生效判决后仍有"新的被害人"采用刑事报案、民事起诉、信访等途径主张财产权利，本文将这些"新的被害人"称之为涉众类经济犯罪的潜在被害人。上述情况在司法实践中并不少见，例如，北京一中院办理的被告人石某等62人合同诈骗罪一案[②]，生效判决确认，被告人石某伙同其他被告人以网络关键词的名义实施合同诈骗行为，共骗取259名被害人钱款共计人民币8442万余元。该案判决生效后，不断出现新的被害人

---

① 《2018年司法大数据专题报告之电信网络诈骗（全文）》，https://www.sohu.com/a/252225525_488937，2020年7月24日。

② 北京市第一中级人民法院（2015）一中刑初字第2420号刑事判决书。

到各地公安机关报案,截至2017年12月,已有17人向公安、司法机关提供了证明其也被石某等人合同诈骗的相关证据材料。又如,北京二中院在办理中被告人杨某等五人非法经营一案①时,也曾出现过与前述案件类似的情况。② 然而,对于这一现象如何解决,实践当中做法并不统一,且尚无较为完善的经验可以借鉴,且潜在被害人往往无法有效获得救济。

公检法三机关往往都不倾向于再行启动刑事诉讼程序,致使潜在被害人的损失无法在法律范围内得到妥善解决。根据笔者了解的情况,公检法三机关往往存在互相推诿的现象,致使潜在被害人的损失无法通过法定程序得以弥补,引发社会稳定的二次风险。例如,某潜在被害人到公安机关报案自称是某已生效的涉众类经济犯罪的被害人,如果此时公安机关并非原案的侦查机关,则往往让其到原案的侦查机关报案;当潜在被害人到原案侦查机关报案时,原案侦查机关又以案件已侦查终结,相关案件正在执行阶段,要求其直接到原案审判机关主张权利;当潜在被害人到原案审判机关主张权利时,刑事审判庭又以刑事判决未确定其被骗的事实,让其另行主张民事权利;当其提起民事诉讼时,又面临民事审判庭认为相关事实涉及刑事犯罪要求其报刑事案件的风险。

二 潜在被害人财产权救济困境之深层原因分析

(一)刑事诉讼实体正义理念和程序正义理念之间的矛盾被放大

刑事诉讼实体正义和程序正义是刑事诉讼理念中的一对概念。实体正义是一种结果正义,它要求无辜不被定罪、实施犯罪当被判有罪以及罪责刑相适应。程序正义则是一种不依赖于诉讼结局的过程化的正义,主要包括程序参与、程序对等、程序理性、程序自主以及及时终结等内容。在抽象层面,二者看似可以并行不悖,但在刑事诉讼领域,"无论

---

① 北京市第二中级人民法院(2009)二中刑初字第210号刑事判决书。
② 朱江等:《涉众型经济犯罪剖析与治理》,法律出版社2014年版,第224页。

是实体正义还是程序正义,作为制度完善的指导性观念形态只能是一种个别化的正义。"① 它们之间会因为诉讼成本、诉讼利益、合作性司法以及非司法程序等具体条件的限制而产生矛盾。刑事诉讼法第 2 条为公检法三机关设立了"准确、及时地查明犯罪事实"的首要"任务"。发现事实真相、追求客观真实是以认识论为基础的刑事诉讼目的理论的主要内容,理想的刑事诉讼程序应当保证"不错不漏,不枉不纵",但是司法实践表明,这终归是一种理想,它与程序正义要求的理性、及时等内容无法同时实现。在涉众类经济犯罪中,这一矛盾从两个方向被放大。

一方面,为了实现实体正义而导致程序过于烦琐而不具备可行性。在涉众类经济犯罪中,遭受犯罪行为侵害的人数众多,涉及面广,犯罪行为可以在短时间内扩大至很大的范围。因此,获取证据的难度很大,有时侦查机关不得不依靠有限的警力奔波于全国各地,但即便如此,也不能保证在案件判决生效之前查清所有被害人遭受侵害的事实。该现象更加凸显出实质正义和程序正义之间的矛盾。最高人民法院、最高人民检察院、公安部《关于办理非法集资刑事案件适用法律若干问题的意见》第六条的规定也从证据收集的角度反映出涉众类经济案件事实认定的客观限制。如果每一涉众类案件做出生效判决之前均要求查清每一名被害人的具体情况,则无法实现案件的及时终结,间接影响实体正义的实现。

另一方面,为了实现实体正义,忽视程序正义中如控辩对等、中立裁判等基本要求,采用非诉讼方式解决诉讼问题。"在司法活动充满着追求真相、实事求是、不枉不纵、有错必纠观念的今天,法院被赋予相当多的公正裁判以外的责任,这种责任经常不可避免地走向刑事追诉,从而导致法院承担大量混同于警察、检察官的义务。"② 前已述及,涉众类经济犯罪潜在被害人的认定和追加需要耗费大量的司法资源,效率低下致使问题久拖不决,甚至形成维稳压力。有些地方为了解决这一问

---

① 宋英辉等:《刑事诉讼原理》,北京大学出版社 2014 年版,第 9 页。
② 陈瑞华:《刑事诉讼中的问题与主义》,中国人民大学出版社 2011 年版,第 301 页。

题，主动选择忽视刑事诉讼应有的结构特征，而采取一些行政化倾向严重的方法加以解决。在某些情况下，这一方式的确有助于效率的提高，但忽视了基本程序正义理念的要求，走向了另一极端。

（二）刑事诉讼客体单一性理论与现行法律规范的矛盾被放大

刑事诉讼客体又称刑事诉讼标的，"这一专有名词及其理论，是现代刑事诉讼理论中不告不理原则的产物"[①]。它是法院审判的最小和最基本的单位，是国家针对每一个犯罪人的每一个犯罪事实体现具体刑罚权的过程，即一个案件。刑事诉讼客体的单一性，是指单一刑事案件的不可分性，表现为被告人的不可分和事实的不可分。凡是能够在刑法上产生一个具体刑罚权的行为事实，就是单一事实，系不可再分的起诉单元。在案件被起诉后，案件单一性会产生两方面的效力：一是起诉的效力及于单一案件的全部，如果起诉事实仅是构成一个刑罚权的部分事实，法院也应当把该刑罚权对应的全部事实作为诉讼客体；二是有罪判决的效力及于单一案件的全部，即如果该部分被判决有罪，那么既判力及于未经判决的部分。

根据现行有效的《最高人民法院关于判决宣告后又发现被判刑的犯罪分子的同种漏罪是否实行数罪并罚问题的批复》（法复〔1993〕3号，以下简称《数罪并罚批复》）的规定，人民法院的判决宣告并已发生法律效力以后，刑罚还没有执行完毕以前，发现被判刑的犯罪分子在判决宣告以前还有其他罪没有判决的，不论新发现的罪与原判决的罪是否属于同种罪，都应当依照刑法第六十五条的规定实行数罪并罚。依照上述批复，对于涉众类经济犯罪案件，如果判决生效后且罪犯在服刑期间，只要潜在被害人向公安机关报案，公安机关就应当另行启动刑事诉讼程序，再次将原审被告人即服刑人员解回"再审"，但是，在涉众类经济犯罪中，当潜在被害人在原判生效之后再向公安机关报案时，对于"其他罪"的理解的不同，将会直接导致案件走向的不同。刑法上单纯的一罪自然属于单一事实。此外，在刑法上能产生刑罚权的实质的一罪

[①] ［德］克劳思·罗科信：《刑事诉讼法》，吴丽琪译，法律出版社2003年版，第179页。

和处断的一罪，也属于单一事实，有罪判决的效力应当及于未经判决的部分，故关键在于如何判断涉众类经济犯罪是否属于一罪。不可否认的是，大多数涉众类经济犯罪是以单纯的一罪、集合犯、连续犯的形式存在的。在法定涉众类经济犯罪中，非法吸收公众存款罪属于单纯的一罪，集资诈骗罪属于集合犯；在其他涉众类经济犯罪中，如合同诈骗罪，则具有犯意同一概括性、行为同质性、行为连续性以及数次行为必须触犯同一罪名的特征[1]，属于连续犯。对于属于一罪的涉众类经济犯罪，如果潜在被害人所报遭受侵犯的事实被"排除"在原生效判决之外，而单独评价构成犯罪时，在实践操作中容易引发追诉与否的困惑。此外，一旦潜在被害人所报案件并不独立成罪，则除了提起审判监督程序外，似乎也没有其他途径将之纳入刑事诉讼程序中。面对这一矛盾，检察院和法院往往不愿付诸实质性的行动，致使潜在被害人的权利长期被搁置。

三　潜在被害人财产权救济保障之进路
——被害人追加认定程序

（一）现行解决路径及简要评价

为了解决前述困境，部分地方尝试了一些新的变通做法。例如，有地方建立了涉众类经济犯罪的公示催告制度，由办案机关主动通过媒体向社会公众通报案情，并督促涉案被害人及时到办案机关报案或登记，配合案件办理，同时，明确公告报案的截止期限，对于逾期未报案的被害人，之后报案将不予立案受理，而是建议提起民事诉讼。虽然这一做法提高了刑事诉讼的效率，并为潜在被害人提供了寻求救济的其他"出口"，即另行提起民事诉讼，但该做法剥夺了被害人参与刑事诉讼的权利，而且同一案件出现截然不同的性质认定，不利于案件的妥善处理。实际上，对于潜在被害人另行提起民事诉讼是否应予受理，也存在截然相反的认识，如有观点认为，对竞合关系的刑民交叉，民事案件必

---

[1] 参见张明楷《刑法学》，法律出版社2016年版，第478页。

须以刑事案件的审理结果为依据，即坚持"先刑后民"原则，应当终止民事审理，移送相关司法机关一并处理。① 故该做法虽然为潜在被害人提供了看似通畅的救济路径，但理论上尚存争议，且实践中亦未形成统一的做法。

此外，还有地方建立了涉众类经济犯罪的债权登记制度，对潜在被害人的报案行为按照债权登记的方式进行处理，经审判业务庭和执行部门审查后，认为证据充分且属于同一案件中同种性质的被害人的，就直接将这些潜在被害人纳入原生效判决的发还对象，而不再重新进入刑事诉讼程序。虽然这一做法既节约了司法资源，也兼顾了潜在被害人权益的保护。这种做法是一种以行政化的手段解决刑事诉讼问题有益尝试，也在实践中解决了相当一部分问题，但这种方式恰恰体现出司法实践中对诉讼构造基本理论的忽视。诉讼与行政手段的区别，主要在于构造不同，而且不可否认的是，行政手段较之于诉讼更为高效，它不必由侦查或者公诉机关提起，不必采用开庭审理的方式进行，不必征询辩方的意见，直接由决定机关审核后做出对一方权利实质性的处分。更为遗憾的是，这些尝试并未对做出"行政决定"②的期限进行规制。而且，公民的某一权利在受到侵犯之后，只有可以诉诸司法裁判机构获得有效的司法救济，该权利的存在才能具有法律上的意义。③ 但这些尝试也未对不利益人及潜在被害人不服决定时的救济途径进行规定。虽然前述问题看似程序问题，但程序的不正当将会引起实体事实的不确定，最终侵害的还是潜在被害人以及被告人的权利。

因此，笔者拟提出一种新的解决路径，即被害人追加认定程序。

（二）被害人追加认定的基本程序设计

第一，被害人追加认定程序的具体适用条件。适用被害人追加认定程序的案件仅包括涉众类经济犯罪。根据前文所述，涉众类经济犯罪包

---

① 参见张坚主编《涉众型经济犯罪案件疑难问题研究》，法律出版社2017年版，第41页。
② 例如，有地方由原案审判庭以"工作说明"的形式做出，有地方以"决定书"的形式做出。
③ 李奋飞：《失灵——中国刑事程序的当代命运》，上海三联书店2009年版，第186页。

括刑法第三章、第五章所规定的经济犯罪中具有涉众特征的案件，且涉众类经济犯罪业经生效判决判处。

第二，受理此类案件的审查内容和具体处理。潜在被害人通过公安机关报案后，统一移送至对原审案件进行侦查的公安机关处，由原侦查机关进行比对原审案件证据进行审查，经审查后认为潜在被害人所报案件与原审案件乃同一案件的，应当在三十日内制作追加被害人意见书，并将相关证据移送原审公诉机关；认为不符合受理规定的，制作不予受理决定书并送达潜在被害人。公诉机关审查后，应当在三十日内做出是否提出追加被害人申请的决定，经审查符合申请条件的，制作追加被害人申请书移送原审人民法院；经审查不符合申请条件的，应当做出不追加被害人的决定，并通知原侦查机关和潜在被害人。

第三，追加被害人程序的审理裁判方式和审理期限。由原涉众类经济犯罪案件的一审法院进行书面审理（在可能的情况下应当由原合议庭审理），在两个月内，按照原审证据标准认定案件事实，对于不符合追加条件或证据不足的，裁定不予追加；对于符合受理范围且证据确实、充分的，做出追加被害人的裁定。

第四，救济程序。潜在被害人对原审侦查机关不予受理的决定不服的，可以向原公诉机关提出异议，原公诉机关审查后，认为原侦查机关应当受理而不受理的，可以要求原侦查机关在七日内书面说明理由，理由不能成立的，应当通知原侦查机关启动追加被害人的程序；潜在被害人对一审法院做出的裁定不服的，可以在收到裁定书的第二日起十日内向上一级人民法院提出上诉。

（三）被害人追加认定程序的现实可行性论证

第一，符合现行司法实践的基本框架，改革难度相对较小。对于涉众类经济犯罪潜在被害人报案的情况，笔者尚未发现通过审判监督程序对原审生效判决确认的被害人数量和犯罪金额进行纠正的情况；即便存在将原审被告人解回再审追加起诉事实的情况，这一情况发生的概率较之于潜在被害人报案数量也极低。就笔者所接触到的类似案件，大多数潜在被害人首先选择到公安机关报案，但最终基本都是通过法院书面审查证据材料并追加执行的方式弥补潜在被害人的损失。笔者所构想的被害人追加认定程序，从宏观流程上符合"由侦查到审判"的流程，从微观的证据审查层面，亦沿用了书面审查的方式，基本符合现有实践框架，改革难度相对较小。

第二，能够增加各方利益，推进可能性较高。对于潜在被害人而言，这一程序能够使他们的损失尽可能得到有效弥补；对于侦查机关而言，避免了将原审被告人解回再审的"顾虑"；对于检察机关而言，避免追加起诉或者再审抗诉的诉累，而通过较为简便易行的方式将案件移送法院；对于法院而言，能够"名正言顺"地通过书面审理的方式，将潜在被害人纳入案件执行的范围之中。最重要的是，上述程序上的高效移转，能够避免涉众类经济犯罪的社会维稳的风险，有效释放本就有限的资源。因此，无论是潜在被害人、侦查机关、公诉人、法院甚至是党委和政府，都应当积极推进这一制度的构建。

第三，实践中已有类似做法。仍以被告人石某等62名被告人犯合同诈骗罪为例，目前，侦查机关、公诉机关和法院已经尝试进行了部分潜在被害人的追加，虽然没有通过前述程序实际提到的制式法律文书进行移送，但是公检法三机关的卷宗和工作说明的移转和审查判断，实质上体现了前述设计的程序，在实践中也起到了良好的效果。

（四）被害人追加认定程序的理论正当性论证

一方面，要明确诉讼客体单一性理论与罪责刑相适应原则如何取舍。罪责刑相适应原则的基本含义是："犯多大的罪，便承担多大的刑事责任，法院也应判处轻重相当的刑罚。"[1] 但是，该原则的适用并不是绝对的，惩罚犯罪并不是刑法的最终目的，其根本目的在于维护社会秩序的稳定，如果适用该原则造成了对社会秩序新的破坏，就异化为妨碍自身目的实现的阻碍。实际上，职权侦查原则和强制起诉原则是惩罚犯罪、实现罪责刑相适应的重要途径，但前述两个原则都具有不同程度

---

[1] 王作富：《刑法》，中国人民大学出版社2009年版，第23页。

的相对性，例如，与强制侦查原则相对应，有些犯罪只有在被害人提起告诉的情况下才可进入刑事诉讼程序；又如，在刑事追究利益不大，优先考虑程序的经济性或者有其他的法律政治利益同刑事追究相抵触时，尽管存在着行为嫌疑，检察院仍可以不立案侦查和提起公诉。这也能反映出实现罪责刑相适应的实体目标也只能是相对的。相反，为了维护被告人利益和社会稳定，维护法的安定性，基于国家处罚权已经耗尽的观念，现代法治国家一般禁止法院对已经做出裁判的事实进行重复审判，法官或陪审团所"发现"的"事实"，随即被确认为真实的[①]，以防止国家公诉权的滥用。诉讼客体单一性理论则通过影响起诉与审判的关系，实现上述目的。因此，罪责刑相适应原则对个案公正有重要意义，但在与诉讼客体单一性理论相冲突时，应优先适用诉讼客体单一性理论，维护裁判的既判力。

对于现行有效的《数罪并罚批复》的理解，实务部门多持如下观点：根据罪责刑相一致的原则，除了注重刑罚与犯罪行为相适应外，还应注重刑罚与犯罪人个人情况（包括主观恶性与人身危险性）相适应。被告人有如实供述自己所犯全部罪行的义务，否则其主观恶性与人身危险性相对较大，本就应在量刑时予以体现。因此，在侦查机关办理案件时，如果被告人不交代自己所犯的全部罪行，导致在其被生效判决处以刑罚后又被发现漏罪的，不论是否同种罪行，都应予数罪并罚或者另行起诉，作为对其拒不交代全部罪行的惩罚。依现行观点来看，这一理解不无问题。因为，根据自愿自白原则，被告人不受强迫自证其罪，不应为此承担不利后果，而且，涉众类经济犯罪的被告人即使希望如实供述与所有被害人相关的具体行为，也会因其罪行的涉众性而无能为力。一般情况下，涉众类经济犯罪涉及的范围广、数额大，而且在侦查、起诉和审判阶段，实践中也建立了较为完备的网上公告程序，大多数被害人的权利都能在第一次刑事审判程序终结时得到确认，并在执行过程中得到弥补。在案件生效后报案的潜在被害人无论从人数还是金额都相对较

---

① ［英］尼尔·麦考密克：《法律推理与法律理论》，姜峰译，法律出版社 2005 年版，第 25 页。

少，对于大多数原审被告人被判处的刑罚实际影响不大。① 此外，"刑事诉讼中的当事人和社会公众都期望司法机关尽快处理案件，如果案件久拖不决，将造成有限司法资源的浪费，也会损害司法机关的形象。"②

上述理论和原则的取舍，在实践中的表现形式多种多样，但其背后体现出的仍是实体正义与程序正义之间的取舍问题。"法律人必须充分认识到法律观念变革的艰难性和渐进性。"③ 因此，可从涉众类经济犯罪入手，逐步增强程序正义的理念，依照诉讼客体单一性理论，对于原审被告人的"漏罪"不予刑事处罚。

另一方面，要分析如何遵循和突破诉讼构造理论。刑事诉讼构造，"是指刑事诉讼法所确立的进行刑事诉讼的基本方式及控诉、辩护、裁判三方在刑事诉讼中形成的法律关系的基本格局。"④ 按照现代刑事诉讼理论，刑事诉讼构造应当遵循控审分离、裁判者中立、控辩平等对抗等原则。"在刑事诉讼中，嫌疑人、被告人是权利最容易受到损害的群体，加强对他们的保护，就会在整体上提升刑事诉讼的人权保障水平。"⑤ 刑事诉讼程序主要针对被告人的定罪和量刑，故刑事诉讼基本原理中的大部分内容均与此有关。在涉众类经济犯罪的潜在被害人报案后，为了追偿、弥补被害人的损失而进行的程序，并不与原审被告人的定罪和量刑产生关联，而仅针对原审被告人的财产权利，并不涉及无罪推定原则、正当程序原则和一事不再理等刑事诉讼原则的约束。对这一程序的设计，偏重于诉讼效率。也许正是基于前述理由，实践中多有通过类似于行政决定的"手续"直接将潜在被害人纳入责令原审被告人退赔的范围之中。但是，刑事诉讼的基本结构能否突破，如果突破，又当遵循何种限度，值得研究。

刑事诉讼结构可以分为纵向诉讼结构和横向诉讼结构，前者在刑事

---

① 例如，在有多被告人的案件中，潜在被害人报案虽对主犯刑罚影响不大，但也可能使某些从犯的刑期"上档"。
② 崔晓丽、管益胜：《对当前刑事诉讼中影响诉讼效率问题的思考》，载《政治与法律》2005年第4期。
③ 李奋飞：《失灵——中国刑事程序的当代命运》，上海三联书店2009年版，第198页。
④ 宋英辉等：《刑事诉讼原理》，北京大学出版社2014年版，第151页。
⑤ 张建伟：《刑事诉讼法通义》，北京师范大学出版社2016年版，第93页。

诉讼中表现为诉讼递进过程中公检法和辩方的关系，而后者在审判阶段应当体现为裁判中立、控辩（当事人）对等。在将潜在被害人追认为原审案件被害人并参与分配时，应当遵循刑事诉讼的纵向结构，即由侦查机关最先接受潜在被害人的报案，并经一个特殊"立案"程序启动，在移送公诉机关并经审查后，再由公诉机关移送人民法院，由人民法院经由特定的程序，以特定的文书予以确认。虽然这一程序与原审被告人的定罪和量刑无关，但其实质上是原审生效的有罪判决为基础的刑事诉讼活动的延续，故采用刑事诉讼程序加以处理在逻辑上较为通畅，而不能仅采取由法院一方或者民事诉讼的方式予以解决。

在横向诉讼结构层面，最大的问题在于能否在原审被告人不在场的情况下对其财产权做出处分。虽然三大诉讼的内容和制度设定有所区别，但是从法理学的共同价值取向来看，缺席审判制度的设定是提高诉讼效率的主要保证，使得在被告人缺席的特殊情况下，诉讼程序得以顺利进行，以便最大限度地维护法律公正。民事诉讼中，缺席判决并不超出诉讼构造的范畴，而是推定一方当事人放弃了参与权，故可以做出缺席裁判。2012年刑事诉讼法亦增加了犯罪嫌疑人、被告人逃匿、死亡案件违法所得的没收程序这一特别程序，以解决嫌疑人、被告人无法参加审判时国家损失无法得到弥补等严重问题。但是在涉众类经济犯罪案件中，当有潜在被害人报案时，原审被告人通常情况下正在监狱服刑，并不是不能参加庭审，能否在原审被告人不在场的情况下对其财产进行处分？笔者认为，在涉众类经济犯罪案件增加被害人的程序中，这一横向的诉讼结构可以突破。理由如下：第一，案件事实已经查清并经生效裁判文书确认，新增被害人并不涉及对原审被告人的定罪量刑。第二，在原审案件第一次开庭时即明确告知被告人，案件涉众，待判决生效后可能会出现潜在被害人继续报案的情况，使被告人知悉案件情况。第三，处分原审被告人财产的依据，除少部分由潜在被害人提供的证据予以证实外，大部分证据都已在原审庭审时举证并质证，已经保障了原审被告人的质证权。[①] 第四，在遵循刑事诉讼纵向构造理论的前提下，由

---

① 例如，潜在被害人向公安机关提交了收据原件以及被害人陈述，拟证明自己被原审被告人诈骗。在原审庭审过程中，相关收据的复印件以及被告人银行账户交易明细等证据实际都已经接受过质证。

三机关逐级进行审查，能够在不侵害实质正义的前提下提高诉讼效率。

四　结语

被害人追加程序的设计，既符合目前司法实践的惯性，也具有理论上的正当性；既能够最大限度地弥补潜在被害人的损失，也不会侵害被追诉人的基本权利；既体现了程序的灵活性，又不影响生效判决的既判力。因此，笔者有理由期待这一程序会在司法公正和效率的权衡之间起到一定的积极作用。

涉众型经济犯罪的分析与对策思考[*]
——以北京非法集资案件为视角

姚　东　杨虹军[**]

摘　要：近年来，北京涉众型经济犯罪呈现高发的态势，严重影响经济建设的健康发展。为了预防和惩罚此类犯罪的发生和蔓延，维护首都人民财产安全和社会安定团结，需要对此类犯罪在理论上进行全面深入的分析。在归纳和概括出该类犯罪的概念和特点的基础上，分析了涉众型犯罪现象和特征；在分析涉众型犯罪原因的条件下，结合非法集资案件，从惩治和预防两方面提出了相应的对策。

关键词：北京；涉众型经济犯罪；非法集资案件

近年来，随着网络借贷、众筹融资、网络理财等互联网金融飞速发展，涉众型经济犯罪呈持续井喷式增长，案件数量、涉案金额、受害人数屡创新高。随着首都经济的迅速发展，涉众型经济犯罪呈现出多发高发态势，并且出现一些新犯罪手段和形态，严重干扰了全市的金融业的秩序。

一　涉众型经济犯罪概念及其特点

（一）涉众型经济犯罪概念

从刑法的法定罪名看，涉众型经济犯罪不是法定类罪名，在通常的

---

[*] 主要内容已在《北京警察学院学报》2017年第5期发表。
[**] 作者简介：姚东，北京警察学院法律系教授；杨虹军，北京市公安局西城分局法制支队支队长。

刑法学、犯罪学教材资料中没有关于涉众型经济犯罪的阐述，主要是作为媒体报道时用的一个新闻术语。因此，需要对涉众型经济犯罪进行法律上的概念剖析和特点归纳，是进行司法实践运用的前提。

涉众型经济犯罪概念的提出，早在2006年11月23日公安部召开的涉众型经济犯罪专题新闻发布会上对涉众型经济犯罪进行了阐述："涉众型经济犯罪，是指涉及众多的受害人，特别涉及众多不特定受害群体的经济犯罪。主要包括非法吸收公众存款、集资诈骗、传销、非法销售未上市公司股票等经济犯罪活动。另外，在证券犯罪、合同诈骗犯罪、假币犯罪、农村经济犯罪活动中也有类似涉众因素存在。"①

在公安部提出涉众型经济犯罪的概念及其范围后，在理论界和实务界就针对涉众型经济犯罪展开了多方面的研究。公安机关在提出涉众型经济犯罪概念中列举了四种表现形式，但并没有限定只有这四种表现形式。认为涉众型经济犯罪案件除了这四种犯罪案件外，只要案件中有涉众因素，可认定为涉众型经济犯罪案件。

参照罪状的不同描述方式，涉众型经济犯罪的概念可以归纳为两类，即简单罪状、叙明罪状。简单罪状只是简单地表述了犯罪的基本构成特征和包括的具体罪名。例如，涉众型经济犯罪是指涉及众多的受害人，特别涉及众多不特定受害群体的经济犯罪。主要包括非法吸收公众存款、集资诈骗、传销、非法销售未上市公司股票等经济犯罪活动。另外，在证券犯罪、合同诈骗犯罪、假币犯罪、农村经济犯罪活动中也有类似涉众型因素存在。②涉众型经济犯罪，指被害人人数众多，以给被害人造成经济损失为主要特征的犯罪，主要包括：非法集资类犯罪（非法吸收公众存款罪、集资诈骗罪）；非法经营型犯罪（组织、领导传销活动罪、非法经营罪等）；合同诈骗型犯罪（主要是以房屋中介形式进行合同诈骗等）③。在实际司法实践中，还有集体企业改制中出现

---

① 公安部通报打击涉众型经济犯罪情况（实录），（2017-07-03）http：//news.qq.com/a/20061123/001501.htm。
② 张嵘：《涉众型经济犯罪特点分析及对策建议》，《法制与社会》2013年第28期。
③ 天津市人民检察院第二分院课题组：《涉众型经济犯罪司法难题对策研究》，《法学杂志》2010年第6期。

的职务侵占、挪用资金从而导致的企业职工进行集访等群体性事件的问题，也不容忽视。①

叙明罪状是对具体犯罪的基本构成特征做详细的描述。例如，涉众型经济犯罪是指行为人在市场经济运行过程中，为了谋取不法利益，违反国家法律、法规，侵害不特定多数被害人的经济利益，破坏社会主义市场经济秩序，依照刑法应受刑罚处罚的行为。从涉众型经济犯罪的外延来看，主要包括以下罪名：非法经营罪；组织、领导传销活动罪；集资诈骗罪；非法吸收公众存款罪等。②

可见，涉众型经济犯罪没有一个统一的概念，只是在司法实务界提出，理论界进行分类性研究。在刑事法层面上，强调其应受刑罚功能和对社会的危害性；从犯罪学层面上，研究犯罪产生的原因论和相应的刑事政策。本文主要是从刑法学和侦查实务角度分析涉众型经济犯罪的定义。具体如下。

按照通常理解，三人以上（含本数）为"众"③。对"涉众"的含义不同于"聚众"，聚众是从犯罪主体方面界定犯罪的特征表象，是指首要分子通过组织、策划、指挥、纠集不特定的三人以上的多数人统一时间聚集于同一地点。④从相关的刑法有权解释中并没有检索到聚众犯罪主体要求三人或者以上。所谓的三人或者以上的表述，出现在1997年刑法第26条第2款规定"三人以上为共同实施犯罪而组成的较为固定的犯罪组织，是犯罪集团"。可见，犯罪集团是指参与犯罪的人数众多，至少要有三人以上（含本数）。聚众型犯罪中参与犯罪的人数众多，并没有法定的人数要求，所谓三人只是刑法的学理解释而已。⑤

---

① 陈霓：《涉众型经济犯罪的成因及防控》，大连海事大学，2012年。
② 张伶、王洪涛：《涉众型经济犯罪案件的侦查困境及其出路选择》，《江西警察学院学报》2012年第2期。
③ 高铭暄、马克昌：《刑法学》，北京大学出版社、高等教育出版社2014年版，第533页。
④ 公安部通报打击涉众型经济犯罪情况（实录），（2017-07-03）http：//news.qq.com/a/20061123/001501.htm。
⑤ "众"之数量问题，具体而言是指聚众犯罪之参与人员是否有数量下限，所谓"众"，按照《现代汉语词典》之解释，三人以上谓之众。目前，刑法理论通说将"众"理解为三人以上，对于这一点，绝大多数的学者都无异议。当然，"众"之具体数量问题，应当结合具体案情来认定。参见王波《聚众犯罪概念释疑与主体解构》，华东政法大学2011年版。

"涉众"的理解则是被害人人数或者参与人众多,即从被害人和参与人的人数角度出发对"涉众"的理解。至少要有多少谓之"涉众",我们认为从犯罪学的角度出发,可以理解为三人以上(含本数)的财产受到侵害。需要注意的是不同的罪名针对不同的情形要依据具体的规定,例如,针对非法吸收公众存款罪,2010年《最高人民法院关于审理非法集资刑事案件具体应用法律若干问题的解释》(以下简称《解释》)规定,个人非法吸收或者变相吸收公众存款对象30人以上,单位非法吸收或者变相吸收公众存款对象150人以上。

"经济犯罪"是刑法学比较通用的专业术语。早在1982年3月8日,全国人大常委会在颁布的《关于严惩严重破坏经济的罪犯的决定》[1]中提出"经济犯罪"一词之后,在司法部门使用和宣传比较多,例如,从2010年开始,每年的5月15日定为全国公安机关打击和预防经济犯罪宣传日。经济犯罪概念在我国由于社会经济生活的复杂性,人们从不同的角度使用这个概念,让经济犯罪的概念莫衷一是,争论不断,观点认识并不统一。从规范刑法学研究出发,在具体罪名上分为两种:第一种包括我国刑法分则第三章规定的破坏社会主义经济秩序罪;第二种包括我国刑法分则第五章规定的侵犯财产罪。需要注意,涉众型经济犯罪不是指所有的涉案人多的经济犯罪,人数众多仅仅是涉众型经济犯罪的诸多特征之一。例如聚众斗殴犯罪,虽然犯罪分子人数众多,涉案的被害人数可能也较多,也不属于涉众型经济犯罪的范畴。本文认为,涉众型经济犯罪应包括:破坏金融管理秩序罪、金融诈骗罪、扰乱市场秩序罪(刑法第三章破坏社会主义市场经济秩序罪)、诈骗罪(第五章侵犯财产罪)。

基于以上分析,涉众型经济犯罪是指在国家的经济活动中,违反国家制定的经济管理的法律规范,严重破坏经济秩序,涉及不特定被害人众多的犯罪,包括破坏金融管理秩序罪、金融诈骗罪、扰乱市场秩序罪和诈骗罪等。

---

[1] 程小白:《经济犯罪侦查学》,中国人民公安大学,2013年。

（二）涉众型经济案件特点

涉众型经济犯罪案件从实体法角度，除了具有一般刑事犯罪特点，还具有侵犯客体广泛性、犯罪方式智能化的特点。

第一，侵犯的客体广泛性。传统财产犯罪所侵犯的客体为特定人的法益，没有对社会整个经济利益造成侵害。作为市场经济的产物，是社会大生产条件下得以产生、发展的，犯罪受害人主要是社会的整体或者社会某一群体，所以，对经济犯罪的惩罚着重保护社会整个利益动态性、具有抽象性的公平、秩序或者自由。

第二，犯罪方式具有智能性。传统财产犯罪多数表现为暴力犯罪，与犯罪人从事的职业没有关系。涉众型经济犯罪多为智能性犯罪，并且与犯罪人所从事的专业或者工作性质有关或者有联系。可见，传统的财产犯罪涉案事实较为明确，被害人也比较容易辨认；涉众型经济犯罪涉案事实较为复杂，不易辨认被害人，案件侦办难度较大。

从程序法角度，涉众型经济犯罪案件还呈现出流动性、隐蔽性的特点。

第一，流动性。不同于一般的盗窃、抢劫等自然犯，涉众型经济犯罪属于法定犯，其表现形态并不稳定，呈现流动性的特点。例如，涉案多数公司在北京注册公司，在外地进行非法集资活动，甚至在海外注册公司，在国内从事非法融资、贷款活动等，从而形成跨地域、跨国界作案的流动性，使得涉及的被害人分布于不同的地域给侦查阶段证据的收集带来新的挑战。

第二，隐蔽性。涉众型经济犯罪的隐蔽性主要体现在其罪与非罪之间区分较难，从北京发生的涉众型经济犯罪看，具有金融从业或有相应金融学业背景的涉案人员增多。从而使涉众型经济犯罪具有了智能化程度较高、专业性较强等方面的特点。例如，截至2016年，北京西城公安分局侦破上千万的非法集资案件，犯罪嫌疑人都有"规范合同范本"，就形成了民刑交叉、行刑交叉的复杂情况。可见，涉众型经济犯罪收集证据的复杂性。

二 北京涉众型经济犯罪现象及其分析

北京涉众型经济犯罪，集中体现在北京在打击非法集资专项行动中发现，具体表现如下。

（一）北京全市非法集资案件呈现高发、频发态势，表现涉众人员多、涉案金额大特点

相关数据显示2014年北京非法集资案件共170件，集资款327.3亿元，集资人数27.3万人。其中当年新发非法集资案89件（同比增长2.56倍），集资人2.1万人（同比增长5.65倍），涉案金额172.6亿元（同比增长56.9倍）[1]。

根据2015年1月14日首都政法综治网发布的消息，截止到2014年刑事案件警情420余件[2]，非法集资案件则约占到21.2%，不可谓案件之多。

平均每个案件涉及集资人数为0.16万，可见人数之众。涉众因素明显，根据2014年3月北京人口普查公告信息，全市常住人口2114.8万人计算[3]，集资人数占到12.9‰，就是说全北京每1000人中有近13个人参与了集资活动。

平均每个案件中每个人集资数额为0.0012亿元，可见金额之大。2014年官方统计的北京GDP为2133.8亿[4]来分析，集资案件的涉案金额占到全北京GDP的8%，首都市民2014年生产价值每100元的生产总值，就有8元参与了非法集资。

---

[1] 北京今年前5个月新发非法集资案件数量同比增64.5%，载http://www.chinanews.com/gn/2015/06-11/7338410.shtml。
[2] 欧阳晓娟：《14年北京社会治安良好破刑事案件数创十年新高》，（2015-10-11）http://www.bj148.org/zixun/zxsddt/201501/t20150114_775805.html。
[3] 2014年北京常住人口有多少，载http://www.kuaiji.com/news/1732176。
[4] 2014年北京GDP为21330.8亿元，增长7.3%，载http://finance.huagu.com/gn/1501/332283.html。

(二) 职业化、专业化特征明显

从西城分局掌握的情况看，涉案单位的组织者、财务人员、区域经理、业务负责人等构架清楚、分工明确，组织者负责联系需要投融资的单位、个人，商谈提成，部署集资，不负责具体集资业务；财务人员负责核对集资数据、领取和发放集资团队的提成；区域经理负责组织、筹建办事处或者分公司，并每天上报集资数据、给业务员发放集资提成；各业务员游走于非法集资领域多年，掌握各种营销手段，能在短期内聚集大量资金，成为名副其实的职业化、专业化队伍。

(三) 裙带关系强、成员相对固定

无论是涉案30亿的中金嘉钰非吸案，还是涉案3000万的百富金汇公司非吸案，其组成人员居住地或者生活地相对集中，如中金嘉钰非吸案的团队，主要成员均是来自百富金汇公司人员。加之团队成员之间裙带明显，抱团融资，配合默契，一旦抱团作案，不利于口供的突破。

(四) 新的犯罪手段、新的业态层出不穷

从西城分局掌握的情况看，涉案单位内部层级清晰、分工明确、责任到人。例如，侦破的总领导者下设各地区组织者，各地区比照总部设立部门经理、财务人员等。涉及的非法集资案件中，短中长期投资理财产品、海内外私募股权投资、各种分红类基金、网贷P2P等。尤其是公众领域的非法集资案件，涉案人员众多涉案金额特别巨大。

(五) 具有较强的反侦查意识

涉案的核心成员有非法集资经验或类似犯罪前科。涉案单位的成员知道从事非法集资会被打击，以集资企业为挡箭牌，自身以打工者、业务员的身份混于其中，在跟群众接触时，都使用的是别名、化名和外号，在领取高额提成时不留任何字据，且无论当日集资金额多少，均在当日按照约定的"点子"进行现金结算，团伙成员之间再按照每日的赢利进行"利润再分配"，团队成员在非法集资的各个环节都注意自身

保护，欲置身于法律打击之外。百富金汇公司非吸案中查获电脑的电子数据基本销毁，有关专业人员恢复数据用时近1个月的时间。从收集证据角度看，真实口供收集更为困难。

（六）提成比例高，维稳风险加剧

从涉案提取的佣金看，一般为总集资额的20%—40%，提成更是高达45%。由于集资提成高昂，导致集资的企业资金链会迅速断裂，一旦案发，追缴挽损十分有限，投资人本息无归，极易引发大规模群体访事件。

三 北京涉众型经济犯罪中非法集资案件多发的原因

（一）金融市场的个人投资渠道不畅通

随着北京经济的高速发展，一方面，个人收入明显提高，另一方面，国家为了刺激个人消费，在经济政策采取了紧缩的投资势态下，各大金融机构存款利率普遍大幅度进行了下调。同时，个人主要的投资方法之一的股票市场又处于低迷状态。特别是由于房产动迁、城镇改造使房产、地产增值加大等因素，使部分有一定高额收入的群众，需要一种风险小、回报快、增值高的投资理财方式。这种情况下，就形成了在民间有巨大资本投资需要和投资渠道不通畅的矛盾。犯罪分子为迎合这部分个人急于投资、急于获利的情况，在市场上，花样不断地抛出各种高额回报的"理财产品"。

（二）非法集资犯罪分子犯罪手段多样化

从北京侦办的涉众型非法集资犯案件看，犯罪分子都成立了合法的企业、公司，以国家产业政策支持为幌子，例如，支持新农村建设、新能源项目投资、海外委托理财等，混淆非法集资与合法融资的界限。采用诈骗的手法也各有不同，新的手法，如互联网经济、电子商务、基金运作、风险投资等；老的手法，如消费返利、黄金期货、外汇交易等。非法集资犯罪活动在"聚众"的认定上，为了规避法律处罚，把公开的虚假宣传方式变为通过亲戚朋友介绍，特别是获利的极小部分人的口口相传，逐步地公开向公众展开大规模的所谓"高回报、低风险"利诱性宣传攻势，这种隐蔽方式，更容易使群众上当受骗。

（三）个人金融诈骗防范意识较差

投资主要是通过主体的决策，通过一定的资金等投入，达到设想的投资目的获得期待利益回报的行为。个人作为投资主体，在进行投资时，应认真分析投资时机、仔细辨别投资项目、慎重决策金额。由于各种原因造成北京市民个人对金融的基本常识和法律法规的了解欠缺，导致对非法金融活动防范意识和识别能力缺乏，认识不到市场的不确定性，会导致收益的不稳定，投资中不可能做到稳赚不赔。在贪利和盲目从众心理的驱使下，特别是前期获得的兑现"利益"的人群，往往丧失了对犯罪分子实施金融诈骗的谎言和行为的甄别，最终导致上当被骗，造成巨额财产的损失。

（四）政府相关部门非法企业对审查监管不到位

从涉嫌的大多数涉众型经济犯罪的企业、公司来看，尤其是非法集资诈骗案件，大多把办公地点选择在北京集中的商圈、著名的高档写字楼，例如，CBD商圈、西城区的金融街、朝阳区的国贸等。这其中既有成立就是为实施集资诈骗的，也有开始合法经营，受暴利驱使逐步走上集资诈骗犯罪道路的。针对披着合法经营外衣的企业、公司，政府的各级监管部门对它们经营情况、资金状况缺乏深入调查了解，使一些非法集资企业或者公司得以成立和经营，甚至个别领导也参加这些涉案单位的剪彩、奠基等活动，客观上掩盖了非法集资的犯罪行为，使一般群众难辨真假。

四　针对北京涉众型经济犯罪的对策

北京的涉众型经济犯罪有其独有的特点，针对非法集资犯罪案件的高发情况，公安机关作为侦办案件主要力量，应该从惩罚和预防的两个方面着手。

(一) 惩罚涉众型经济犯罪的对策

1. 全力做好案件侦办工作

在案件侦办过程中,要做到"三个加大":一是加大收集证据的力度。例如,根据集资诈骗和非法吸收公众存款的证据规格和定罪标准,在全面收集账目、票据、凭证等重要证据的基础上,查清犯罪嫌疑人情况、项目运作情况等犯罪实施情况,准确收集集资参与人数、集资金额数、分红返利数和实际损失数等证据材料。二是加大在逃犯的追捕力度。综合运用各种侦查手段,及时、准确地确定犯罪嫌疑人行踪动态,针对每起案件的犯罪嫌疑人的追捕要做到三个"逐人",即逐人制定追捕方案,逐人落实追捕措施,逐人落实抓捕责任人员。三是加大追缴赃款赃物的力度。对每起案件的涉案资产,要逐笔查清来源去向、研究追缴措施、落实追缴责任人员,特别是对非法获利人员进行认真审查,查清其获利金额和使用情况,依法及时进行追缴。

2. 全力做好侦办中的稳控工作

在侦办涉众型经济犯罪,经常遇到涉案人员众多,并不能一时掌握具体人员动态的情况。公安机关在办案程序上要做到三个"第一",即在第一时间受理案件、第一时间开展审查、第一时间进行侦破。在具体工作中做到"三要":一要加强涉稳情报搜集工作。例如,非法集资案件,可以通过技术侦查和网上巡查等手段,掌握集资群众的情绪和动态。二要加强相关群体性事件现场处置工作。建立健全涉众型经济犯罪群体性事件处置预案,细化处置的各项措施,防止各种不法聚众事态扩大与升级。三要加强重点部位和敏感节点防范工作。加大对北京各大党政机关、非法集资企业所在地、车站、机场等重点部位的巡逻防控力度,严防集资人聚集上访闹事。在特殊情况下,可以对涉稳情况实行每日调度研判,防止出现重大涉稳问题。

(二) 预防涉众型经济犯罪方面

1. 进一步增强北京广大人民群众的防范意识,要立足预防,强化

宣传

北京公安机关要积极调动北京各主要职能部门的传播资源,应充分利用这些媒介,例如广播、电视、报刊、网络等。一方面,可以全方位地宣传打击涉众型经济犯罪的重要性;另一方面,可以深入宣传特别融资投资等方面的法律、法规,引导群众树立正确的投资理念,增强防范意识,使每个投资者理解"投资有风险,投资须谨慎"的内涵,让每个市民明白"天上不会掉下馅饼"的道理,真真切切地提高群众防范涉众型经济犯罪的能力。

2. 进一步加强北京公安机关各部门的信息联络,做到信息畅通,打击及时

普通的社会公众往往是涉众型经济犯罪侵害的对象,尤其是离退休的老年人。一方面,基层公安民警尤其社区干警要充分利用各种社会资源,要有敏锐感知的案件预判能力,力争早发现、早报告涉众型经济犯罪的苗头,使此类违法犯罪行为能够控制在初始、消灭在萌芽;另一方面,刑事侦办机关建立犯罪风险评估和预警机制,加强与派出所等基层单位的协作,做好摸排工作,建立健全信息网络,及时发现和掌握涉众型犯罪的相关信息,不断提高预防处置涉案群体事件的能力和水平,有效遏制关联违反犯罪的继发。

3. 进一步做好追赃和维稳的工作,做到赃物及时返还,维稳提前抓

一般的刑事案件,在案件侦破抓住犯罪嫌疑人后就可息事宁人。涉众经济犯罪案件有涉及面广、受害群体较多的特点,针对涉众型集资诈骗案件,公安机关在侦破完毕后更要进一步做好追赃和维稳这两项工作。每一个案件的侦办,不但要办完案,也要办好案,尽快尽早把涉案赃款赃物依法返还,挽回受骗群众的经济损失,维护北京社会稳定发展,达到法律效果和社会效果的统一。

4. 进一步加强各职能部门协同作战的理念,建好机制,形成合力

坚持在各级党委、政府的统一领导下,加强与政法机关、行政执法部门、监督管理职能部门之间的协作,形成全市立体化、网络化的惩治和防范涉众型经济犯罪的有效机制。北京公安机关在依法严惩规制、强

化宣传防范的同时,更要主动地向各级党委政府反映涉众型经济犯罪的真实状况,积极依靠各级党委政府的领导力和组织力,建立和完善联合相关单位侦办案件的各项具体工作制度,做到"分工明确、合作密切、会商定期、情报互通、打防并举",形成打击合力,切实提高北京公安机关的案件侦办效能,使涉众型经济犯罪在北京无处藏身。

市场操纵犯罪司法解释的理解与适用

谢 杰[*]

摘 要："两高"最新市场操纵犯罪司法解释的实施对于依法惩治证券期货犯罪，保障科创板改革有序开展，促进资本市场稳定健康发展，具有十分重要的意义。有必要针对实际控制账户认定、特定市场操纵模式的判断、市场操纵定罪量刑的数量标准、违法所得计算等重大疑难问题，就司法解释相关条款进行批判性审视，并提出规则优化、细化建议。以法律与金融的双面向视角解析市场操纵犯罪司法解释，有助于推动证券期货犯罪刑法理论研究范式的升级，而且能够在《证券法》大修、加快推进《期货法》制定的关键时刻、《刑法》证券期货犯罪条款协调修正的重要节点，提出针对性建议供立法参考。

关键词：操纵证券、期货市场罪；司法解释；实际控制账户；操纵模式；量化标准违法所得

一 问题意识

最高人民法院、最高人民检察院于2019年6月28日联合发布《关于办理操纵证券、期货市场刑事案件适用法律若干问题的解释》（以下简称《市场操纵解释》）。市场操纵是金融市场犯罪中行为结构最为复杂、理论解释与实践认定最为疑难的犯罪类型之一。《市场操纵解释》的出台，有利于推进司法实务部门更为公正、准确且有效地认定《刑

---

[*] 作者简介：谢杰，上海交通大学凯原法学院副教授，法学博士、博士后。

法》第一百八十二条操纵证券、期货市场罪"兜底条款"中的"以其他方法操纵证券、期货市场"、实际控制账户、市场操纵"情节严重"与"情节特别严重"量化标准、违法所得等证券期货犯罪刑法理论与实践中长期存在争议的法律适用疑难问题。《市场操纵解释》的实施对于依法惩治证券期货犯罪，防范化解金融风险，维护投资者合法权益，保障科创板改革有序开展，促进资本市场稳定健康发展，具有十分重要的意义和作用。[①]

然而，由于法律与金融跨学科知识的交叉性与纵深性、金融市场机制的创新性与技术的前沿性、市场操纵犯罪司法实践问题固有的复杂性与特殊性、科创板试点注册制的探索性与改革性[②]，实际上已经明显超越了单一学科框架下证券期货犯罪刑法理论的预期以及传统司法解释的逻辑准备与技术能力。因此，有必要针对实际控制账户的认定、特定市场操纵模式的判断规则、市场操纵定罪量刑的数量标准、违法所得的计算方法等重大且疑难问题，就《市场操纵解释》相关条款进行批判性审视与建构性优化。

对市场操纵犯罪司法解释进行深刻反思与细致解构，不仅有助于推动证券期货犯罪刑法理论研究范式的转换与升级，而且有利于为正在推进的科创板试点注册制提供坚实且具体的司法保障措施。[③] 更具价值的是，以法律与金融的双面向视角解析市场操纵犯罪司法解释，进而形成的完善意见与补充规则，能够在《证券法》大修和加快推进《期货法》制定的关键时刻、《刑法》证券期货犯罪条款协调修正的重要节点，提供立法参考。基于此，本文尝试反思与解构最新市场操纵犯罪司法解释存在的问题并提出规则优化建议，以期对金融立法与司法及时应对证券

---

① 姜佩杉：《"两高"公布关于证券期货犯罪司法解释 为打好防范化解重大金融风险攻坚战提供有力司法保障》，《人民法院报》2019年6月29日第1版。

② 侯捷宁、苏诗钰：《易会满：在新的起点上全面深化资本市场改革》，《证券日报》2019年6月14日第A2页。

③ 最高人民法院于2019年6月20日出台的《关于为设立科创板并试点注册制改革提供司法保障的若干意见》，提出了审理证券期货犯罪刑事案件的政策导向：依法从严惩治违规披露、不披露重要信息、内幕交易、利用未公开信息交易、操纵证券市场等金融犯罪分子，严格控制缓刑适用，依法加大罚金刑等经济制裁力度。

期货犯罪的挑战有所裨益，同时希望通过精细化的制度安排更好地实现资本市场效率与投资者权益的协调和统一。

二 市场操纵刑事案件中实际控制账户的认定问题

实际控制账户的认定是市场操纵刑事案件适用法律首先需要解决的问题。因为只有明确可以归属于特定行为主体的账户范围，才能将之作为潜在的操纵主体及其操纵行为进行刑法评价。《市场操纵解释》第五条所设置的核心标准是：（1）区分本人账户与他人账户。（2）实际控制他人账户表现为：控制资金流动并承担损益；行使管理权、支配权或者使用权；基于投资或者协议方式行使交易决策权；基于其他方式行使交易决策权。（3）以没有交易决策权作为免责事由。[①] 可见，司法解释在吸收证券监管文件相关条款[②]的基础上，进一步提出实际控制账户的核心判断依据是对他人账户的交易行为具有决策权。这确实能够在很大程度上基于刑法实质判断规则，将普遍认为具有隐蔽性的操纵交易关联账户予以有效且全面的规制，并通过例外规则允许辩方提供排除交易决策权法律属性的证据进行反驳。实践中比较典型的控股关系、投资关系、代持关系、融资关系、委托代理关系、近亲属或者关系密切人的身份关系等，在司法解释做出了上述规定之后，基本不会出现较大争议。但上述司法解释仍不乏重大疑问。

---

① 《市场操纵解释》第五条规定：下列账户应当认定为刑法第一百八十二条中规定的"自己实际控制的账户"：（一）行为人以自己名义开户并使用的实名账户；（二）行为人向账户转入或者从账户转出资金，并承担实际损益的他人账户；（三）行为人通过第一项、第二项以外的方式管理、支配或者使用的他人账户；（四）行为人通过投资关系、协议等方式对账户内资产行使交易决策权的他人账户；（五）其他有证据证明行为人具有交易决策权的账户。有证据证明行为人对前款第一项至第三项账户内资产没有交易决策权的除外。

② 参见中国证券监督管理委员会《证券市场操纵行为认定指引（试行）》（证监稽查字〔2007〕1号）（以下简称《操纵认定指引》）第八条规定：利用他人账户操纵证券市场的，利用人为操纵行为人。具有下列情形之一的，可认定为前款所称利用他人账户：（一）直接或间接提供证券或资金给他人购买证券，且该他人所持有证券之利益或损失，全部或部分归属于本人；（二）对他人持有的证券具有管理、使用和处分的权益。

(一) 司法解释"交易决策权"标准的困境

《市场操纵解释》第五条不仅没有对"其他有证据证明行为人具有交易决策权的账户""有证据证明行为人对前款第一项至第三项账户内资产没有交易决策权"中的"有证据证明"提供方向性的证据规格指引,而且并未就证券、期货市场中交易结构相对复杂的账户类型提供明确的判断指引。

一是信托计划项下的证券账户。在典型的证券投资集合资金信托计划的交易结构中,投资者委托信托公司担任管理人并从事相关证券交易,信托公司进一步委托各类专注于二级市场交易的私募机构担任投资顾问。在具体交易时,投资顾问通过软件向管理人下达投资建议指令,信托公司基于风控指标、管理人职责等选择接受或者拒绝投资顾问的建议;接受建议的,信托公司根据建议指令,在信托计划对应的证券账户下达交易指令。如果相关证券账户中特定交易行为构成市场操纵——投资者虽然是信托计划受益人,对于账户资产享有投资权益,但显然不是账户实际控制人。信托计划管理人(信托公司)尽管是证券账户的客观交易主体,但交易策略并非由其制定,很难将证券账户中的操纵性交易归责为信托公司的实际控制行为。根据《市场操纵解释》第五条的"交易决策权"标准,真正形成并提出操纵性交易策略与建议的投资顾问,能否构成对案涉账户的实际控制,实际上存在极大争议。投资顾问的行为性质是投资建议,权利属性是交易建议权,所以,将信托计划投资顾问认定为对信托公司管理的、投资者享有财产权的账户具有"交易决策权",不无疑问。

二是各类场外衍生工具挂钩的自营账户。在场外个股期权[1]、股票收益权互换[2]等各类场外衍生工具交易中,证券公司通过场外交易专用

---

[1] 关于证券公司场外期权业务的内容及其监管标准,参见中国证监会《关于进一步加强证券公司场外期权业务监管的通知》(证监办发〔2018〕40号)、《关于进一步规范证券基金经营机构参与场外衍生品交易的通知》(证监办发〔2016〕81号)等监管文件。

[2] 股票收益互换通常是指客户与证券公司互为对手方,双方通过合同约定,在未来特定期限内,就特定股票的收益表现与名义本金的固定利息进行现金流交换。参见John C. Hull, Options, Futures, and Other Derivatives (6th Edition), Prentice Hall, 2006, p. 1.

的自营账户进行个股风险对冲交易。以实践中常见的股票收益权互换交易为例，客户向证券公司就其收益权互换账户的交易发出指令（买入或者卖出挂钩股票标的），证券公司有权根据风控指标、合规要求或者其他全权自主认定的因素，决定接受还是拒绝互换交易指令；证券公司选择接受并执行指令的，互换交易双方采用现金净额进行结算；证券公司有权根据互换交易指令决定是否在自营账户中进行对冲交易，如进行对冲交易的，互换交易成交价格以甲方对冲交易实际成交结果为准。可见，在客户与证券公司互为对手方的场外衍生工具交易中，客户在系统中下达的是互换要约、买入或者卖出期权要约等衍生交易指令，证券公司针对挂钩股票在其自营账户中进行对冲交易。从法律关系上分析，似乎是归属于券商独立决策下的自营交易行为。但实践中确实存在且已经查处了部分客户利用场外衍生工具交易作为"通道"实施市场操纵等违法行为的情况。[1] 如果客户下达的收益互换、期权交易等衍生交易策略具有操纵性，而证券公司又根据衍生交易指令在其自营账户中对挂钩股票标的进行实时完全对冲交易[2]，根据《市场操纵解释》第五条的"交易决策权"标准，由于自营账户的交易决策、盈亏风险等均归属证券公司，能否认定客户对于终端买入或者卖出股票的证券公司自营账户形成实际控制，值得商榷。

《市场操纵解释》第五条将实际控制账户的核心依据定位于"交易决策权"，其内部逻辑进路是稳定且自洽的，即尝试在"隐蔽"的操纵性交易中，基于主观意图与实行行为相统一的"决策"概念来锁定异常账户之间的实质关联。但在法律适用过程中，一旦遭遇结构复杂且合约设计精细的金融交易，司法解释便容易陷入困境——对下达投资建议或者衍生交易指令的客户不予认定其实际控制证券账户，存在市场操纵

---

[1] 蔡奕：《证券创新交易模式对市场监管的挑战及法律应对》，《证券法苑》（第十一卷），法律出版社2014年版，第43页。

[2] 实时完全对冲策略在场外衍生工具交易实践中通常是指，客户通过互换交易操作终端发出互换交易申请，并通过证券公司风控审核，证券公司在其专用的自营对冲账户中买入或者卖出相同数量的标的股票，将标的股票的交易收益按照合同约定的现金交割模式与客户进行结算。

刑法规制不力的风险；基于"其他有证据证明行为人具有交易决策权的账户"的"兜底条款"认定其实际控制相关账户，又与显而易见的部分证据①与法律解释②相矛盾。

（二）解锁困境与排解矛盾的具体路径

刑事司法实践有必要还原真实的证券、期货市场交易逻辑与场景，在厘清复杂的金融交易与民事法律关系的基础上完善认定实际控制账户的证据规格，回归实控关系的"行为"本质而非"权利"依据，针对金融行为做出刑法实质判断。

第一，通过交易所大数据分析系统监控异常证券账户组，据此调取证券公司等金融机构留存的客户交易数据，以客观的金融交易及其账户信息将"隐蔽"还原为"透明"。

信托计划、场外衍生工具等复杂金融交易确实具有隐蔽交易主体与持仓规模的金融功能。③ 例如，股票收益互换交易只对收益进行现金流交换，不需要进行股票实物交割，股票实物交易的实施、股票的投资者权益均归属于证券公司，作为交易对手方的客户表面上是"隐蔽"的。尤其是我国证券、期货市场充斥着类型繁多的通道业务，券商、保险、信托等都可成为各种资金进出股市、债市、期市的管道。尽管"资管新规"执行一年多以来通道业务明显收紧、收缩，④ 但毕竟层层嵌套的金融交易结构并未全面禁绝，通道业务的客观存在进一步加深了操纵性交易形式上的隐蔽性。

然而，当前我国交易所的自律监管模式与技术能力，已经足以将看

---

① 在此类案件中，合同等书证通常显示行为人只是投资顾问或者衍生交易对手方，这样的合同主体身份不可能得出实际控制证券账户的证明结论。
② 投资顾问建议权通常不能直接解释为信托计划项下对证券账户的决策权，客户的互换交易指令权通常也不能直接解释为对证券公司进行对冲的自营账户的决策权。
③ Henry T. C. Hu & Bernard Black, "The New Vote Buying: Empty Voting and Hidden (Morphable) Ownership", *South California Law Review*, Vol. 79, No. 4, 2006, p. 825.
④ 中国人民银行、中国银行保险监督管理委员会、中国证券监督管理委员会、国家外汇管理局《关于规范金融机构资产管理业务的指导意见》（银发〔2018〕106号）明确规定：金融机构不得为其他金融机构的资产管理产品提供规避投资范围、杠杆约束等监管要求的通道服务。

似"隐蔽"的账户及其操纵性交易还原为透明的客观数据。一方面，看穿式监管切实提高了市场监察效率、加强了市场风险监测，能够有效识别特定投资者对应的不同账户的交易、持股等信息。[①] 另一方面，随着交易所大数据分析已经提升至每秒百万笔以上的信息处理水平，数据监测在对象、手段、模式、管理、资源等方面均实现了重大转变，违规监测模型更加智能化，能够支持不同金融产品的差异化监察、跨市场监察。[②] 交易所自律监察、证券行政监管、刑事司法有必要在线索信息共享的基础上实现案件移送与证据移交，以交易所移送异常交易数据与调取金融机构客户交易信息为核心，还原交易者、各类通道、证券账户客观且透明的金融数据，尤其是将以投资顾问、场外衍生交易等间接形式参与证券、期货交易的 IP 地址、Mac 地址、投资建议指令、场外衍生交易指令等数据与对应的金融机构账户信息进行比对，供司法机关进行法律判断。如果投资顾问建议指令、场外衍生交易指令在网络协议、时间、价格等数据均与金融机构实际交易证券、期货的账户数据高度一致，或者金融机构接受客户指令、账户执行交易比例极高，则可以作为投资顾问、场外衍生交易对手方等行为主体实际控制他人账户的初步证据。

第二，复杂金融交易结构所内含的民事法律关系是市场操纵刑事案件法律适用的基础，可以将民事法律关系背后所隐藏的异常要素作为补强证据方向，但不宜以"权利"依据为导向设定实际控制账户的核心判断规则。

无论是普通市场参与者还是涉嫌市场操纵的主体，其实施相关金融行为都必须借助于一系列合约安排。刑事司法分析相关账户是否受到特定行为主体控制，还是需要依托于民事法律对基础法律关系、权利义务要素等进行判断。刑法评价不宜直接超越或者打破民事法律框架，否则会造成刑法过度介入证券、期货市场，妨碍金融市场优化资源配置效

[①] 皮六一、薛中文、刘苏：《看穿式监管的国际实践及主要模式研究》，《证券市场导报》2019 年第 1 期。

[②] 深交所综合研究所：《丰富监管手段，加强交易监控和风险管理》，《证券时报》2018 年 9 月 18 日第 A12 版。

率，继而导致证券期货犯罪刑事立法、司法解释反倒成为了制约进一步深化金融改革的制度成本。因此，就前述信托计划、股票收益互换等复杂金融交易所内含的民事法律关系而言，信托账户、证券公司自营账户中的权益都不可能在民事法律层面归属于信托计划投资顾问、券商场外衍生交易业务对手方。

以股票收益互换为例——在金融交易的法律属性上，收益权互换交易与股票交易完全不同，场外衍生工具交易主体根本不可能对证券账户行使任何形式的"交易决策权"；在账户的区分层面，客户的收益权互换账户显然独立于证券公司用于风险对冲的自营账户，客户的控制权限仅限于针对收益互换账户发出交易指令，且该账户并不交易实物股票；从交易策略角度分析，客户制定的是收益权互换策略，自营账户的风险对冲策略由证券公司全权制定并执行；在投资权益上，自营账户如果买入实物股票，其股权均由证券公司行使。

上述完整的"权利"解释决定了刑事司法不能跨过民事法律判断，直接将客户在收益权互换账户下达指令、证券公司在自营账户中实时且完全按照客户指令进行对冲交易的情形，认定为客户实际控制自营账户。相反，刑法评价应当尊重民事法律关系下的金融交易逻辑，从中发现针对偏离标准民事权利义务模型的"异常"交易的查证方向：（1）客户与证券公司在订立收益权互换合同时，是否明知所有收益互换指令均会基于完全风险对冲转化为自营账户交易实物股票；（2）自营账户买卖股票所产生的交易成本是否均由客户承担；（3）客户提交的收益互换指令经由证券公司风控审核（主要是排除超额交易、ST股票等禁止交易标的等指标）后，是否以极低的时间损耗快速传递至自营账户下达股票交易指令。如果上述查证方向下与金融交易权利义务有关的问题，均能得出肯定性的回答，则可以作为客户实际控制证券公司收益权互换专用自营账户的补强证据。

同时，民事法律关系的"权利"解释逻辑不能成为限定刑法实质解释边界的桎梏。《市场操纵解释》第五条将实际控制他人账户的核心判断标准确立为"交易决策权"，显然是受到了民事法律解释的过度影响。民法是调整平等主体之间人身关系与财产关系的法律，其看待问题的出发点与落脚点，自始至终都会回归至对当事人之间民事权利义务关系的确定、恢复和补偿上；刑法与民法有着截然不同的宗旨与视角，刑法在于惩罚行为人破坏法益的行为。[①] 民事法律关系的核心是权利（义务），管理权、使用权、决策权等以"权利"为导向的判断标准完全契合民法判断的逻辑基础。但是，刑事法律关系的核心是行为，刑法判断必须针对行为的实质做出评价。《市场操纵解释》第五条所规定的"交易决策权"实际上是在刑法判断问题上混用了民法判断标准，容易出现刑法规制不力的风险、刑法判断与法律属性矛盾的困惑。

第三，从实际控制账户的行为本质出发进行刑法评价，《市场操纵解释》第五条规定的"交易决策权"标准有必要调整为特定行为人对案涉账户交易实施"决定或者重大影响行为"。

信托计划中投资顾问交易建议权与管理人交易决策权的分离，场外衍生工具中客户衍生交易决策权与金融机构自营账户交易决策权的分离，深刻揭示了没有账户"交易决策权"的行为主体，仍然可能存在实际控制从事操纵性交易账户的重大风险。这就要求司法机关需要考察复杂金融交易结构中的投资建议、间接作用于证券、期货合约买卖的衍生工具交易等，是否构成针对案涉账户的"决定或者重大影响行为"，即行为人是否实质上决定了账户的交易或者对之施加了重大影响。所谓决定行为，是指账户中的具体交易可能由金融机构或者其他市场参与者实施，但交易时间、方式、价格、策略、损益等均按照特定行为主体的指令予以确定并执行。例如，在信托计划中，终端投资者的资金来源、信托参与股票二级市场买卖的交易结构、证券交易策略与指令、超额收益的分配等均由投资顾问操作，信托公司仅作为资金进入股票市场的管道收取"通道费"，投资顾问虽然在合同层面没有限定于管理人的交易决策权，但其投资顾问建议指令均由名义上的管理人全盘采纳并在信托账户中执行相关交易。在此情形下，行为主体对于案涉账户的交易实施了决定行为，可以认定为实际控制账户。所谓重大影响行为，是指虽然没有达到全部决定的程度，但案涉账户的交易时间、方式、价格、策

[①] 刘宪权：《网络侵财犯罪刑法规制与定性问题》，《中外法学》2017年第4期。

略、损益等指标与行为主体的指令高度一致。例如，在股票收益互换中，客户与证券公司知道或者应当知道该场外衍生交易的实质，是为客户提供交易杠杆、双方原则上并非互为交易对手方进行"对赌"、证券公司有权根据客户的收益互换指令在自营账户中进行实时且完全对冲交易，尽管部分收益互换指令因为风控审核被拒绝，或者证券公司发现成为交易对手方的套利机会而没有在自营账户中进行完全对冲，但绝大部分收益互换指令被直接转化为自营账户中的股票实物交易。在此情形下，虽然证券公司自营账户不可能由客户行使交易决策权，但确实构成了对自营账户的交易施加了重大影响，也可以认定为实际控制账户。

三 市场操纵行为模式的判断规则

由于市场操纵犯罪"兜底条款"的刑法解释长期以来一直是证券期货犯罪理论与实践中争议最大的难题，[1]《市场操纵解释》第一条[2]明确了六种操纵证券、期货市场的"其他方法"，可谓本司法解释最为重要的条款及亮点之一。[3]《市场操纵解释》第一条具体规定的六种行为

---

[1] 刘宪权：《操纵证券、期货市场罪"兜底条款"解释规则的建构与应用——抢帽子交易刑法属性辨正》，《中外法学》2013年第6期。

[2] 《市场操纵解释》第一条规定：行为人具有下列情形之一的，可以认定为刑法第一百八十二条第一款第四项规定的"以其他方法操纵证券、期货市场"：（一）利用虚假或者不确定的重大信息，诱导投资者做出投资决策，影响证券、期货交易价格或者证券、期货交易量，并进行相关交易或者谋取相关利益的；（二）通过对证券及其发行人、上市公司、期货交易标的公开做出评价、预测或者投资建议，误导投资者做出投资决策，影响证券、期货交易价格或者证券、期货交易量，并进行与其评价、预测、投资建议方向相反的证券交易或者相关期货交易的；（三）通过策划、实施资产收购或者重组、投资新业务、股权转让、上市公司收购等虚假重大事项，误导投资者做出投资决策，影响证券交易价格或者证券交易量，并进行相关交易或者谋取相关利益的；（四）通过控制发行人、上市公司信息的生成或者控制信息披露的内容、时点、节奏，误导投资者做出投资决策，影响证券交易价格或者证券交易量，并进行相关交易或者谋取相关利益的；（五）不以成交为目的，频繁申报、撤单或者大额申报、撤单，误导投资者做出投资决策，影响证券、期货交易价格或者证券、期货交易量，并进行与申报相反的交易或者谋取相关利益的；（六）通过囤积现货，影响特定期货品种市场行情，并进行相关期货交易的；（七）以其他方法操纵证券、期货市场的。

[3] 戴佳、徐日丹：《"两高"出台两部关于证券期货犯罪司法解释7月1日起施行 操纵证券、期货市场罪立案追诉标准有六方面修改》，《检察日报》2019年6月29日第1版。

模式是：（1）蛊惑交易操纵；（2）抢帽子交易操纵，也就是利用"黑嘴"荐股操纵；（3）重大事件操纵，主要是指"编故事、画大饼"的操纵行为；（4）利用信息优势操纵；（5）恍骗交易操纵，也称虚假申报操纵；（6）跨期、现货市场操纵。①

相对于 2010 年最高人民检察院、公安部《关于公安机关管辖的刑事案件立案追诉标准的规定（二）》（以下简称"《追诉标准二》"）第三十九条规定的虚假申报操纵、信息操纵、抢帽子交易操纵等"其他方法"，《市场操纵解释》第一条不仅新增了蛊惑交易操纵、跨市场操纵的判断规则，而且对抢帽子交易操纵、信息操纵、虚假申报操纵的构成要素进行了重大调整。以司法解释的形式明确构成市场操纵犯罪的"其他方法"，显然有利于实务部门准确适用《刑法》第一百八十二条"兜底条款"，但司法解释中有关市场操纵模式的具体判断规则，仍然存在诸多值得商榷、反思、补充与完善的空间。

（一）蛊惑交易操纵的刑法规制边界

理论上一般认为，蛊惑交易操纵表现为向证券、期货市场及投资者编造、传播、提供、发布不真实、不准确、不完整或不确定的重大信息，诱导投资者在不了解真实、全面信息的情况下从事相关证券、期货交易，操纵者通过预期的证券、期货市场价格波动以谋取交易利润。②需要注意的是，蛊惑交易操纵是一个包含违法与犯罪两种危害层级的概念。利用虚假信息从事操纵性交易显然属于蛊惑交易操纵犯罪的规制范围。但基于不确定信息等非虚假类信息实施的市场操纵行为能否纳入刑法规制，实际上是存在较大争议的。《市场操纵解释》第一条设定的蛊惑交易操纵犯罪的判断规则，将该种市场操纵行为模式的刑法规制边界拓展至"不确定的重大信息"，是一种相当重要的突破。

---

① 姜佩杉：《依法惩治证券期货犯罪 促进资本市场稳定健康发展——"两高"有关部门负责人就关于办理操纵证券、期货市场、利用未公开信息交易刑事案件适用法律问题司法解释答记者问》，《人民法院报》2019 年 6 月 29 日第 4 版。

② 钱列阳、谢杰：《证券期货犯罪十六讲》，法律出版社 2019 年版，第 334 页。

虚假的重大信息势必会误导投资者决策，但除了虚假信息以外，不确定的重大信息确实能够在一定程度上形成对其他市场参与者金融交易决策的误导性影响，继而通过受到影响的投资者的金融交易行为，制造证券、期货市场价格的波动。美国反期货市场操纵立法中的蛊惑交易操纵刑事处罚，其信息范围就不局限于虚假性，而是覆盖误导性、不确定性等诸多特征——根据美国《商品交易法》第6条（c）款1项的规定，禁止明知信息具有虚假、误导性或者不准确性，或者鲁莽地无视信息具有虚假性、误导性、不准确性，传播该信息，影响州际期货、互换等交易的市场价格，从事相关期货交易行为。[1] 美国《商品交易法》第13条（a）款2项进一步规定，操纵或者意图操纵期货、互换等市场交易构成联邦重罪，单处或者并处100万美元以下罚金或者10年以下监禁。[2] 从上述理论分析与实践中的立法例来看，《市场操纵解释》将利用不确定的重大信息实施操纵性交易认定为蛊惑交易操纵犯罪，具有一定合理性。

但是，当蛊惑交易操纵的刑法规制范围推进到"不确定的重大信息"时存在以下问题且有必要进行相应优化：一是与我国《刑法》证券期货犯罪条款之间的体系性关系不相协调，二是模糊了蛊惑交易操纵违法与犯罪的实质边界，所以，蛊惑交易操纵犯罪中的信息属性仍然有必要限定为虚假信息。

《刑法》第一百八十一条规定了编造并传播证券、期货交易虚假信息罪[3]，蛊惑交易操纵犯罪是《刑法》第一百八十二条操纵证券、期货市场罪行为模式之一，两种犯罪类型的实质区别是：编造并传播证券、期货交易虚假信息罪所侵害的法益是证券、期货市场的信息秩序。所以，"扰乱秩序"是本罪的构成要件，而行为人是否实施交易行为、是否获取交易利润并非入罪条件。蛊惑交易操纵犯罪则必须具

---

[1] See 7 U. S. Code Chapter 1 – Commodity Exchanges § 6c（1）.
[2] See 7 U. S. Code Chapter 1 – Commodity Exchanges § 13a（2）.
[3] 《刑法》第一百八十一条第一款规定：编造并且传播影响证券、期货交易的虚假信息，扰乱证券、期货交易市场，造成严重后果的，处五年以下有期徒刑或者拘役，并处或者单处一万元以上十万元以下罚金。

有交易相关证券、期货合约的客观行为，同时操纵者应当以谋取交易利益作为主观故意的内容。然而，无论是编造并传播证券、期货交易虚假信息罪，还是蛊惑交易操纵犯罪，其构成我国《刑法》规定的证券期货犯罪的社会危害性实质基础是完全一致的，即对证券、期货市场中的信息效率的严重妨害。可见，刑法对编造并传播证券、期货交易虚假信息行为与蛊惑交易操纵行为均进行谴责，根源在于伴随着这两种犯罪行为的"信息"，在属性上具有相同的危害实质。因为《刑法》第一百八十一条编造并传播证券、期货交易虚假信息罪与作为《刑法》第一百八十二条操纵证券、期货市场罪行为模式之一的蛊惑交易操纵犯罪在法条关系上具有极强的关联度，并且两种犯罪类型具有相同的罪质，所以，尽管蛊惑交易操纵犯罪所依赖的刑法条文"以其他方法操纵证券、期货市场"没有明示性地规定这种特定的市场操纵类型及其重要构成要素——信息的属性与特征——完全可以从文义明确程度更充分的《刑法》第一百八十一条编造并传播证券、期货交易虚假信息罪中求得具体的证明与解释。既然《刑法》第一百八十一条编造并传播证券、期货交易虚假信息罪将侵害证券、期货市场信息效率的信息属性限定为"虚假性"，那么蛊惑交易操纵犯罪不宜拓展至"不确定"的信息。

此外，在证券、期货市场行政监管层面，对蛊惑交易操纵的行政处罚可以将信息的属性拓展为"不确定性"，甚至可以推进至不准确、不完整等更广范围。[①] 上述美国《商品交易法》蛊惑交易操纵条款中的信息属性不局限于虚假性，并且对市场操纵行为配置了相对严厉的法定刑。但实践中被认定为期货市场操纵犯罪的刑事判例非常罕见，绝大部分都是在操纵者与美国商品期货交易委员会（CFTC）或者司法部（DOJ）进行和解或者行政处罚。这说明在发达资本市场的法律框架中，蛊惑交易操纵的信息范围尽管比较宽泛，但主要适用于证券期货行政法

---

① 《操纵认定指引》第三十一条规定：本指引所称蛊惑交易操纵，是指行为人进行证券交易时，利用不真实、不准确、不完整或不确定的重大信息，诱导投资者在不了解事实真相的情况下做出投资决定，影响证券交易价格或交易量，以便通过期待的市场波动，取得经济上的利益的行为。

律而非刑事法律领域。因此，将蛊惑交易操纵刑事责任的实质边界限定为信息虚假性，更有利于从行为实质层面，合理廓清行政处罚与刑事责任的边界。

（二）抢帽子交易操纵的违法性实质与免责事由

《追诉标准二》第三十九条第七项①和《操纵认定指引》第三十五条②都对抢帽子交易操纵这种行为模式进行了特殊主体限定，即行为人构成抢帽子交易操纵的前提是证券公司、证券咨询机构、专业中介机构及其工作人员。《市场操纵解释》第一条第（二）项则取消了抢帽子交易操纵的特殊主体要件，并从误导投资者决策、反向交易的角度进一步对客观行为的操纵性特征予以细化阐释。

《市场操纵解释》对抢帽子交易操纵司法判断规则做出的上述重大调整，有助于将非特殊主体实施的、情节恶劣的"黑嘴"荐股行为纳入证券期货犯罪规制范围。基于《市场操纵解释》第一条第（二）项的规定，刑法在很大程度上能够有效震慑此类非特殊主体实施的抢帽子交易行为。但随之又产生了全新的疑问：非证券、期货从业人员先期或者同期减仓，对相关证券、期货合约进行公开评价，投资者受到相关信息影响之后做出金融交易决策，行为人实施反向交易获利的行为，是否完全符合抢帽子交易操纵的犯罪实质？

市场操纵的法律与金融分析理论认为，抢帽子交易操纵的违法性本质在于行为人与证券、期货市场中其他参与者之间的利益冲突，即向投资者或者证券、期货市场传递与金融商品有关的评价、建议、咨询、意见等信息，应当杜绝利益冲突。③这意味着信息传递者只能进行"二选

---

① 根据《追诉标准二》第三十九条第（七）项的规定，证券公司、证券投资咨询机构、专业中介机构或者从业人员，违背有关从业禁止的规定，买卖或者持有相关证券，通过对证券或者其发行人、上市公司公开做出评价、预测或者投资建议，在该证券的交易中谋取利益，情节严重的，构成抢帽子交易操纵。

② 《操纵认定指引》第三十五条规定：本指引所称抢帽子交易操纵，是指证券公司、证券咨询机构、专业中介机构及其工作人员，买卖或者持有相关证券，并对该证券或其发行人、上市公司公开做出评价、预测或者投资建议，以便通过期待的市场波动取得经济利益的行为。

③ 谢杰：《资本市场刑法》，法律出版社2016年版，第286页。

一"——（1）戒绝与该信息关联的金融交易；（2）只能从事与接受该信息投资者时间、方向等核心要素均保持高度一致的金融交易。否则，行为人在发布信息之前或者同期建仓并在信息发布之后平仓，作为信息接受者的投资者利益与从事相关金融交易的信息发布者利益就会出现显著的冲突风险，即行为人为确保建仓之后能够在盈利的价格位置平仓而发布倾向于本人利益的信息，引导投资者按照有利于本人平仓方向、价格、时间等要素从事金融交易决策，从而产生损害投资者利益的重大风险。这种杜绝利益冲突的义务，绝对且直接的来源是信息发布者与信息接受者之间的法律关系；该法律关系又来源于信息发布者的金融从业人员主体身份。[①] 证券、期货投资咨询等机构及其从业人员的主体身份与业务属性，决定了应当以客户、投资者利益为导向发布具体的研究报告、投资建议、评价意见，其与接受相关信息的客户（付费获取信息的投资者）之间是代理关系，与接受相关信息的市场参与者（免费获取信息的投资者）之间是信赖关系。行为人实现市场操纵的关键在于发布信息行为对其他市场参与者的影响力，行为人品牌效应越强，信息内容认可度越高，信息发散范围越广，对投资者决策的控制水平就越高，信息介入前后的金融商品价差水平相应越高，操纵性交易获利金额就越大。此类特殊主体不能基于本人利益实施具有利益倾向的信息发布与关联金融交易行为，否则即构成抢帽子交易操纵。所以，在不具有特殊主体身份的情况下，信息发布者与接受者之间并没有绝对且直接的杜绝利益冲突义务来源，司法解释将这种不完全符合抢帽子交易操纵违法性实质的认定为市场操纵犯罪，有必要对此予以进一步的解释论证并配置补充规则。

抢帽子交易操纵经由司法解释正式被确立为《刑法》第一百八十二条操纵证券、期货市场罪中的"其他方法"，其目的在于规范证券、期货市场中的信息效率与秩序，防范利益冲突，禁止信息的制造者、传播者利用对本人金融交易有利但会阻碍其他市场参与者经济效率实现、

[①] Jill I. Gross, "Securities Analysts' Undisclosed Conflicts of Interest: Unfair Dealing or Securities Fraud?", *Columbia Business Law Review*, No. 1, 2002, p. 632.

甚至损害其利益的信息，谋取本人金融商品交易利润。实施此类行为的证券、期货等市场从业人员与信息接受者之间，构成绝对且直接的利益冲突。因为金融行政法律与刑事法律制度均严格保护从业人员与客户之间的代理关系、与投资者之间的信赖关系，禁止行为人传播的证券、期货信息与本人的金融交易利益挂钩。[①] 所以，从业人员实施抢帽子交易行为，没有任何阻却市场操纵属性的免责事由。

与之不同的是，向证券、期货市场传递信息的非特殊主体，与接受其信息的其他市场参与者，既非受托人与客户关系，亦不存在任何法定的信赖义务来源。对证券及其发行人、上市公司、期货交易标的公开做出评价、预测或者投资建议的行为主体，与该等信息的接受者之间，在信息层面形成了客观的利益冲突。一方面，行为主体发布的信息所指向的证券、期货交易品种，与其先前建仓、信息发布之后平仓的证券、期货交易品种相同的，使得信息本身具有利益冲突性。另一方面，在投资者按照行为主体发布的信息做出金融决策与交易行为时，行为主体却实施与信息内容以及投资者交易方向相反的金融交易，使得交易行为具有利益冲突性。行为人与其他市场参与者的客观利益冲突并非源自于法律关系、主体身份，而是源于信息内容与交易内容，故属相对与间接的利益冲突。

理论上有条件通过两种路径化解相对与间接利益冲突：一是利益冲突关系的事先披露，即行为人在对证券、期货合约等交易标的进行评价、预测或者投资建议之前或者之时，充分公示其自身实施的相关金融交易，可能正在或者已经利用上述建议、分析、报告等信息对投资者的影响力及其引发的金融市场价格波动等获取交易利润。二是信息接受者的事后同意，即市场参与者在知悉行为人建仓、发布消息、影响市场、平仓等情况后，以明示的方式同意上述行为，从而对利益冲突予以豁免。由于实践中很少会出现第二种情形，故披露利益冲突构成了非特殊主体实施抢帽子交易的免责事由。欧盟《内幕交易与市场操纵（市场

---

① Arthur B. Laby. SEC v., "Capital Gains Research Bureau and the Investment Advisers Act of 1940", *Boston University Law Review*, Vol. 91, No. 3, 2011, p. 1056.

滥用）指令》（以下简称"《市场滥用指令》"）就采用了这种立法例——《市场滥用指令》第一条第二款以禁止利益冲突为核心设置抢帽子交易操纵的认定依据，不设主体要件限制，禁止包括金融分析、传统新闻媒介或者网络信息传播渠道等在内的任何主体从事抢帽子交易，但承担市场操纵法律责任的前提是行为人在违规不披露相关金融交易信息的情况下向市场发布投资信息。[①]

《市场操纵解释》将抢帽子交易操纵拓展为一般主体且并未针对性地设置免责事由，在今后的疑难案件法律适用过程中可能会出现争议。证券、期货市场中一种典型的交易模式是，针对特定金融商品发布利空研究报告并做出相应的建议卖出评级，基于研究报告对市场的影响引发投资者卖出或者做空相关金融商品，在金融商品市场价格短期内形成快速下跌趋势时，通过事先融券卖出、事后买入回补的方式谋取做空利润。浑水公司（Muddy Waters Research）等境外机构就时常针对中国概念股进行做空，但其利用发布利空研究报告对市场的影响力而实施的卖空交易实际上很少受到刑事指控。[②] 因为发布研究报告等信息的市场参与者，通过全面且充分披露其交易情况，免除了利益冲突的法律责任，不再具备抢帽子交易操纵的违法性实质。随着我国证券、期货市场不断完善融券交易、股指期货与期权、ETF期权等各类做空工具，利用公开研究报告做空相关证券、期货交易品种的投机行为也会逐渐增多。由于《市场操纵解释》并未规定一般主体实施抢帽子交易的免责事由，完全可能出现符合行为要件但通过信息披露而不具备利益冲突违法实质的争议性案件。所以，实务部门在具体适用《市场操纵解释》第一条第二款认定非特殊主体实施的抢帽子交易案件时，有必要考虑是否补充免责事由。行为人制作或者发布信息之前或者同时，向市场披露其从事的与该信息有关的证券、期货合约以及其他金融衍生工具交易，且有证据表明其获取的交易利润并不以投资者损失为代价的，可以认定其不构成市

[①] 参见 Commission Directive 2003/6/EC of The European Parliament and of The Council of 28 January 2003 on insider dealing and market manipulation (market abuse), Article 1 (2)。

[②] Carrie Sperling & Kimberly Holst, "Do Muddy Waters Shift Burdens?", *Maryland Law Review*, Vol. 76, No. 3, 2017, p. 629.

场操纵犯罪。

对此建议的一种可能的质疑是,《市场操纵解释》已经细致规定了"进行与其评价、预测、投资建议方向相反的证券交易或者相关期货交易",实施反向交易的事实能够证明,行为人获取的利益必须通过受到诱导的投资者交易行为实现,利益冲突在结果层面并没有基于披露交易信息而化解,故一般主体也不得基于信息披露而免除市场操纵犯罪的法律责任。但是,以反向交易否定利益冲突豁免的适用空间,其经济逻辑与法理依据是不充分的。因为所有的建仓行为想要兑现利润都需要平仓行为进行了结,即基于利好信息买入必有卖出(与信息方向相反)才能获利、基于利空信息卖空必有回补(与信息方向相反)。所以,反向交易充其量只能是计算获利的基准,不能作为锁定利益冲突犯罪实质的充分条件。

(三) 信息操纵的司法认定

《市场操纵解释》第一条第三项、第四项分别规定了重大事件操纵、利用信息优势操纵两种行为模式的具体判断规则。根据《证券法》第六十七条和第七十五条的规定,《市场操纵解释》第一条第三项中的资产收购或者重组、投资新业务、股权转让、上市公司收购等"重大事项"在未公开之前,实际上就是对证券市场交易价格具有显著影响的重要信息,即内幕信息。故重大事件操纵、利用信息优势操纵都是基于信息对于金融商品市场价格的重大影响而实施的市场操纵行为模式,可以统称为信息操纵。广受关注的徐翔操纵证券市场案就是典型的信息操纵模式,即行为人与上市公司董事长或实际控制人合谋后形成信息优势及其炒作股价优势,控制上市公司发布"高送转"信息生成及信息披露的节奏、内容等,引发投资者大量跟风交易并推动股价、交易量异常波动。[1]

《市场操纵解释》第一条第三项、第四项对于解决之前信息操纵司法实践争议问题提供了有效的判断规则,但随之也产生了如何认定策

---

[1] 参见山东省青岛市中级人民法院刑事判决书(2016)鲁02刑初148号。

划、实施虚假重大事项、误导投资者做出投资决策等全新疑难问题，有必要进一步予以概念澄清、具体分析、细化阐释。

第一，司法解释规定的"策划、实施资产收购或者重组、投资新业务、股权转让、上市公司收购等虚假重大事项"，并不意味着其要求与此类重大事项有关的信息与内容全面造假或者纯属无中生有。这里的虚假性内涵应当是策划、实施相关事项并无执行的客观基础，行为人不以并购、重组、交易、业务等内容的达成为目的，而是以配合影响价格、交易量为目的。

有的操纵者在控制上市公司经营活动与重大资产交易时，股权收购、业务拓展、技术研发、资产置换等基础交易关系及其磋商过程本身是真实存在的。例如，交易双方就并购重组问题进行了初步磋商、实质谈判等多轮会谈；相关重大交易签署了股权转让协议、重大项目订单等。但该重大交易客观上并不具备兑现条件，行为人主观上也没有完成重大事项的主观心态，行为人筹划、实施此类重大事项的意图在于制造并发布重大信息，从信息所引发的股价变动中谋取交易利润（例如，高位减持）或者其他相关利益（例如，维持股价高位运行使得大股东或者实际控制人的股票质押处于平仓线之上）。实践中将此类操控并购重组等重大事项的行为称之为"忽悠式"重组。[①] 在此类情况下，行为人不能以其策划、实施的重大交易是真实推进的为由，抗辩其不属于《市场操纵解释》规定的策划、实施资产收购或者重组、投资新业务、股权转让、上市公司收购等"虚假"重大事项。

《市场操纵解释》第一条第三项尽管使用了"虚假重大事项"的概念，但虚假性标准并不要求证明与重大事项推进有关的一系列事项是否真实发生，而是需要重点考察以下内容：（1）与重大事项有关的财务文件是否存在虚假记载。以证监会查处的浙江九好办公服务集团有限公司（现更名为九好网络科技集团有限公司，以下简称"九好集团"）等

---

① 孙华：《执法升级"忽悠式"重组难逃监管法眼》，《证券日报》2017年5月3日第A2版。

"忽悠式"重组案为例,九好集团以虚增收入、虚构银行资产为手段,将自己包装成价值数十亿的"优质"资产。①尽管行为人执行的重大事项行为本身是客观存在的,但其在信息披露文件中进行虚假记载,可以认定为策划、实施虚假的重大事项。(2)重大事项进程及其结果是否依法披露信息。与重大事项有关的公告信息不符合《证券法》以及信息披露监管规则,公告的信息内容与实际事件的起因、筹备、策划、合约签署、执行、具体实施、结果等存在明显不一致的,可以认定为策划、实施虚假的重大事项。(3)策划、实施相关事项是否具有不正当目的。在上市公司收购资产、投资新业务中,经过完整的筹备、磋商、尽职调查、合同签订等环节,但资产估值水平明显不符合行业、市场规律,最后项目无法执行或者投资失败,而股价已经因为前期的信息披露波动,可以认定为不以重大事项执行为目的,构成策划、实施虚假重大事项。在重大资产重组中,虽然签署了协议,但其实际执行往往具有先决条件(例如主管部门审批)或者需要很高的履行能力(例如交易金额巨大而必须通过融资获取充足资金),行为人在不可能满足此类条件、具备相关能力的情况下,签署合同并进行信息披露,引发股价波动的,可以认定为不宜实际执行合同为目的,构成策划、实施虚假重大事项。

第二,《市场操纵解释》第一条规定的"诱导投资者做出投资决策",本质上是对重大事件操纵、利用信息优势操纵等条款②中所描述的异常行为与投资者受到误导性影响之间关联性的推定,控方并不需要证明操纵行为与投资者受引诱从事的金融交易具有直接对应的因果关系。

市场欺诈理论对此进行了比较充分的阐释:基于证券、期货市场当时的交易价格以及市场信息从事相关金融交易,同期存在涉嫌证券欺诈的行为,且投资者出现损失的,无须证明投资决策与证券欺诈行为之间的特定因果关系。③误导性陈述、操纵性交易等欺诈行为向证券、期货

---

① 参见中国证监会行政处罚决定书(浙江九好办公服务集团有限公司、郭丛军、宋荣生等4名责任人员)〔2017〕32号。
② 《市场操纵解释》第一条第一项至第五项都规定了"诱导投资者做出投资决策"。
③ 参见 Basic v. Levinson, 485 US 224, 244 (1988)。

市场传递了扭曲的价格信息，可以据此推定误导性、操纵性行为期间的投资者的决策与证券欺诈行为之间存在"交易关联"[1]，不需要提供直接证据证明投资者基于误导性陈述、操纵性交易而做出资本配置决策。[2] 因为由竞争性交易与各类信息汇集所形成的市场价格，不仅是对基础资产内在价值、外在供求关系的准确体现，也是对介入市场的操纵性行为做出的失灵反应，投资者的金融交易以当时的市场价格成交，其做出资本配置决策可以认为受到了失灵、虚假或者错误的价格信号影响。[3]

所以，《市场操纵解释》对重大事件操纵、利用信息优势操纵等"以其他方法操纵、证券市场"的行为模式都配置了"诱导投资者做出投资决策"这一构成要素，但"诱导投资者做出投资决策"并不要求查证，在操纵性行为实施期间从事交易的投资者，进行决策时其主观心态是否受到误导。行为人实施了"策划、实施资产收购或者重组、投资新业务、股权转让、上市公司收购等虚假重大事项""控制发行人、上市公司信息的生成或者控制信息披露的内容、时点、节奏"等可能对证券、期货市场价格信号产生重大影响的行为，即从客观角度通过行为特征上明显的操纵性与异常性，嫁接起了其与投资者决策受到影响之间的关联性。

四 市场操纵定罪量刑的数量标准

针对近年来证券、期货市场环境发生的明显变化，以及证券期货违法犯罪活动出现的新情况新问题，《市场操纵解释》运用了成熟的司法解释技术，对《刑法》第一百八十二条操纵证券、期货市场罪的定罪量刑标准进行完善。[4]

---

[1] W. Scott Laseter & Phillip E. Friduss, "10b – 5 Reliance Requirement in the Eleventh Circuit After Kirkpatrick v. J. C. Bradford & Co.", Mercer Law Review, Vol. 40, No. 3, 1989, p. 752.

[2] Louis Loss, Joel Seligman & Troy Paredes. Fundamentals of Securities Regulation (5th Edition), Aspen Publishers, 2003, p. 845.

[3] William W. Bratton & Michael L. Wachter, "The Political Economy of Fraud on the Marke", University of Pennsylvania Law Review, Vol. 160 No. 1, 2011, p. 83.

[4] 参见 Basic v. Levinson, 485 US 224, 244 (1988)。

《市场操纵解释》第二条①针对《刑法》第一百八十二条第一款规定的三种以及本解释规定的六种操纵证券、期货市场的情形,明确了七种"情节严重"的认定标准。同时,为更加有力、有效地惩治操纵证券、期货市场犯罪,结合此类犯罪的特点,《市场操纵解释》第三条②又规定了七种"数额+情节"的"情节严重"的情形。在此基础上,《市场操纵解释》第四条③明确了六种"情节特别严重"的认定标准,其中按

---

① 《市场操纵解释》第二条规定:操纵证券、期货市场,具有下列情形之一的,应当认定为刑法第一百八十二条第一款规定的"情节严重":(一)持有或者实际控制证券的流通股份数量达到该证券的实际流通股份总量百分之十以上,实施刑法第一百八十二条第一款第一项操纵证券市场行为,连续十个交易日的累计成交量达到同期该证券总成交量百分之二十以上的;(二)实施刑法第一百八十二条第一款第二项、第三项操纵证券市场行为,连续十个交易日的累计成交量达到同期该证券总成交量百分之二十以上的;(三)实施本解释第一条第一项至第四项操纵证券市场行为,证券交易成交额在一千万元以上的;(四)实施刑法第一百八十二条第一款第一项及本解释第一条第六项操纵期货市场行为,实际控制的账户合并持仓连续十个交易日的最高值超过期货交易所限仓标准的二倍,累计成交量达到同期该期货合约总成交量百分之二十以上,且期货交易占用保证金数额在五千万元以上的;(五)实施刑法第一百八十二条第一款第二项、第三项及本解释第一条第一项、第二项操纵期货市场行为,实际控制的账户连续十个交易日的累计成交量达到同期该期货合约总成交量百分之二十以上,且期货交易占用保证金数额在五千万元以上的;(六)实施本解释第一条第五项操纵证券、期货市场行为,当日累计撤回申报量达到同期该证券、期货合约总申报量百分之五十以上,且证券撤回申报额在一千万元以上、撤回申报的期货合约占用保证金数额在五百万元以上的;(七)实施操纵证券、期货市场行为,违法所得数额在一百万元以上的。

② 《市场操纵解释》第三条规定:操纵证券、期货市场,违法所得数额在五十万元以上,具有下列情形之一的,应当认定为刑法第一百八十二条第一款规定的"情节严重":(一)发行人、上市公司及其董事、监事、高级管理人员、控股股东或者实际控制人实施操纵证券、期货市场行为的;(二)收购人、重大资产重组的交易对方及其董事、监事、高级管理人员、控股股东或者实际控制人实施操纵证券、期货市场行为的;(三)行为人明知操纵证券、期货市场行为被有关部门调查,仍继续实施的;(四)因操纵证券、期货市场行为受过刑事追究的;(五)二年内因操纵证券、期货市场行为受过行政处罚的;(六)在市场出现重大异常波动等特定时段操纵证券、期货市场的;(七)造成恶劣社会影响或者其他严重后果的。

③ 《市场操纵解释》第四条规定:具有下列情形之一的,应当认定为刑法第一百八十二条第一款规定的"情节特别严重":(一)持有或者实际控制证券的流通股份数量达到该证券的实际流通股份总量百分之十以上,实施刑法第一百八十二条第一款第一项操纵证券市场行为,连续十个交易日的累计成交量达到同期该证券总成交量百分之五十以上的;(二)实施刑法第一百八十二条第一款第二项、第三项操纵证券市场行为,连续十个交易日的累计成交量达到同期该证券总成交量百分之五十以上的;(三)实施本解释第一条第一项至第四项操纵证券市场行为,证券交易成交额在五千万元以上的;(四)实施刑法第一百八十二条第一款第一项及本解释第一条第六项操纵期货市场行为,实际控制的账户合并持仓连续十个交易日的最高值超过期货交易所限仓标准的五倍,累计成交量达到同期该期货合约总成交量百分之五十以上,且期货交易占用保证金数额在二千五百万元以上的;(五)实施刑法第一百八十二条第一款第二项、第三项及本解释第一条第一项、第二项操纵期货市场行为,实际控制的账户连续十个交易日的累计成交量达到同期该期货合约总成交量百分之五十以上,且期货交易占用保证金数额在二千五百万元以上的;(六)实施操纵证券、期货市场行为,违法所得数额在一千万元以上的。实施操纵证券、期货市场行为,违法所得数额在五百万元以上,并具有本解释第三条规定的七种情形之一的,应当认定为"情节特别严重"。

照证券交易成交额的五倍、违法所得数额的十倍确定"情节特别严重"的数额标准,并规定了七种"数额+情节"的"情节特别严重"的情形。①应当看到,《市场操纵解释》设定的定罪量刑数量标准,无论是在条文结构还是在条款内容层面,都属于刑法司法解释中比较复杂的,有必要就其中的重大适用问题进行深度阐释。

(一)交易量标准的辩正

市场操纵犯罪性质的确定是"定性"与"定量"的结合。其中,"定性"是基于《刑法》第一百八十二条及《市场操纵解释》的规定,对案涉行为模式的市场操纵法律性质予以确认;"定量"是根据《市场操纵解释》第二条、第三条的规定,确定市场操纵是否构成"情节严重"。由于不管是之前的《追诉标准二》还是现在的《市场操纵解释》,都将交易量指标设定为最重要的定罪量化标准之一。尤其是连续交易、相对委托、洗售、虚假申报等四种市场操纵行为模式,行为人的交易量是对其进行定罪的核心数量标准。相应的,实践中出现了一种倾向性认识,即涉案行为符合市场操纵行为模式的特征(定性),同时符合司法解释规定的交易量标准(定量),就构成相应的市场操纵犯罪。上述意见似乎在定罪逻辑上严丝合缝,但实际上代表了市场操纵刑事司法实践的典型误区。司法解释规定的交易量标准的连续交易、相对委托、洗售、虚假申报行为直接认定为市场操纵犯

---

① 《市场操纵解释》第四条规定:具有下列情形之一的,应当认定为刑法第一百八十二条第一款规定的"情节特别严重":(一)持有或者实际控制证券的流通股份数量达到该证券的实际流通股份总量百分之十以上,实施刑法第一百八十二条第一款第一项操纵证券市场行为,连续十个交易日的累计成交量达到同期该证券总成交量百分之五十以上的;(二)实施刑法第一百八十二条第一款第二项、第三项操纵证券市场行为,连续十个交易日的累计成交量达到同期该证券总成交量百分之五十以上的;(三)实施本解释第一条第一项至第四项操纵证券市场行为,证券交易成交额在五千万元以上的;(四)实施刑法第一百八十二条第一款第一项及本解释第一条第六项操纵期货市场行为,实际控制的账户合并持仓连续十个交易日的最高值超过期货交易所限仓标准的五倍,累计成交量达到同期该期货合约总成交量百分之五十以上,且期货交易占用保证金数额在二千五百万元以上的;(五)实施刑法第一百八十二条第一款第二项、第三项及本解释第一条第一项、第二项操纵期货市场行为,实际控制的账户连续十个交易日的累计成交量达到同期该期货合约总成交量百分之五十以上,且期货交易占用保证金数额在二千五百万元以上的;(六)实施操纵证券、期货市场行为,违法所得数额在一千万元以上的。实施操纵证券、期货市场行为,违法所得数额在五百万元以上,并具有本解释第三条规定的七种情形之一的,应当认定为"情节特别严重"。

罪，并不符合《刑法》第一百八十二条操纵证券、期货市场罪的解释规则。

其一，连续交易、相对委托、洗售、虚假申报等行为达到《市场操纵解释》第二条所规定的交易量标准，只是满足了《刑法》第一百八十二条操纵证券、期货市场罪的犯罪构成体系中的部分内容，不一定符合市场操纵犯罪的实质，更没有齐备市场操纵的犯罪构成。

《刑法》第一百八十二条操纵证券、期货市场罪的文本内容和罪状结构[①]清晰地呈现了犯罪构成前后递进的三个层次——第一层次，行为模式，即对操纵性行为的样态、特征、情形的具体规范描述。市场操纵行为模式具体包括：（1）连续交易，即独立、联合其他行为主体，实施连续性的证券交易行为，操纵证券的市场价格、交易量。（2）相对委托，即复数行为主体在交易价格等核心要素约定的情况下，相互买卖证券，影响证券、期货合约的市场价格或者交易量。（3）洗售，即独立行为主体在实际控制证券、期货合约交易账户中买卖证券，影响证券、期货合约的市场价格或者交易量。（4）"影响证券、期货交易价格或者证券、期货交易量"[②]的其他方法。第二层次，刑事违法性实质，即对符合刑法及其司法解释既定行为模式所具体描述的各类操纵性行为，在刑事违法性层面的实质内涵。符合第一层次的行为模式之后，必须能够被评价为"操纵证券、期货市场"，才能在刑法上具备操纵证券、期货市场的法律属性。第三层次，刑事处罚标准。"情节严重"是刑法介入的具体数量标准；"情节特别严重"是提升至第二档法定刑的具体数量标准。对于连续交易、相对委托、洗售、虚假申报等行为模式而言，《市场

[①] 《刑法》第一百八十二条操纵证券、期货市场罪规定：有下列情形之一，操纵证券、期货市场，情节严重的，处五年以下有期徒刑或者拘役，并处或者单处罚金；情节特别严重的，处五年以上十年以下有期徒刑，并处罚金：（一）单独或者合谋，集中资金优势、持股或者持仓优势或者利用信息优势联合或者连续买卖，操纵证券、期货交易价格或者证券、期货交易量的；（二）与他人串通，以事先约定的时间、价格和方式相互进行证券、期货交易，影响证券、期货交易价格或者证券、期货交易量的；（三）在自己实际控制的账户之间进行证券交易，或者以自己为交易对象，自买自卖期货合约，影响证券、期货交易价格或者证券、期货交易量的；（四）以其他方法操纵证券、期货市场的。

[②] 《市场操纵解释》第一条对每项"以其他方法操纵证券、期货市场"的行为模式都将价量影响要素，即"影响证券、期货交易价格或者证券、期货交易量"，作为构成要件之一。

操纵解释》第二条所规定的交易量指标,实际上只解决了刑事处罚标准中的定量问题,并没有解决行为模式中亦需要解决的定量问题,即如何认定"影响证券、期货交易价格或者证券、期货交易量"。

其二,连续交易、相对委托、洗售、虚假申报等涉嫌操纵的行为是否"影响证券、期货交易价格或者证券、期货交易量",应当在行为模式判断环节就价量形成机制是否受到扭曲进行独立评估,并且不能重复使用司法解释规定的"情节严重"中的交易量标准。

《市场操纵解释》第二条明确规定,连续交易、相对委托、洗售、虚假申报等行为模式的交易量,属于判断其是否可以认定为"情节严重"的量化标准。同时,《市场操纵解释》第一条明确规定了"影响证券、期货交易价格或者证券、期货交易量"的独立构成要素。所以,作为"情节严重"判断尺度的交易量标准不能重复用以直接证明是否存在影响证券、期货交易量。从经济机理与法律属性的双重角度分析,任何交易行为介入市场之后都会对交易量产生影响,因为在一定交易日期间内实际控制一定数量的证券或者超出持仓限额的期货合约,行为人的交易量客观上占据到市场总量中的一定比例,这就是一种经济上的影响,但并不能直接等同于法律意义上的影响交易量。作为法律标准的影响交易量更侧重强调的是对交易量的扭曲。

更深入一层分析,市场操纵犯罪是一个包括了行为、结果以及因果关系等完整构成要素的法律概念。《刑法》第一百八十二条及《市场操纵解释》第一条所规定的"影响证券、期货交易价格或者证券、期货交易量",明显是对结果性内容的罪状描述。达到司法解释规定交易标准的连续交易、洗售、相对委托、虚假申报等,都只能是市场操纵犯罪构成体系中的行为概念。这种疑似具有操纵属性的交易行为,必须在证券、期货市场中形成具有可责性的结果——价量形成机制受到扭曲——才能将交易行为与危害结果联系起来认定为市场操纵犯罪。价量形成机制受到扭曲的核心内涵是证券、期货合约的价格或者交易量处于明显异常水平,可比数据的选择标准应当根据不同的市场操纵犯罪行为类型的特征进行相应调整。例如,对于连续交易、相对委托、洗售等操作期间相对更长的操纵行为类型,可以选取同期行业指数、盘块指数、大盘指数、同类个股价格或交易量数据、境外相同期货交易品种的价格或交易量数据等；对于虚假申报操纵等明显具有短线或者超短线特征的操纵行为类型，可以选取该证券、期货交易品种日内、开盘或收盘集合竞价时段、行为介入前的极短区间（以分、秒为单位，对于通过程序化交易下单的操纵行为不排除使用微秒、毫秒等时间单位）的价格或者交易量数据。如果连续交易、洗售、相对委托、虚假申报等所指向的特定证券、期货交易品种的市场价格或者交易量，并没有偏离能够合理推论或者计算的、资本市场正常或者自然竞争所形成的价格或者交易量，即使行为人本身的交易量超标，只能根据《证券法》《期货交易管理条例》以及交易所规则等，认定为信息披露违规、违反超仓限额等证券期货违法行为，并不能构成市场操纵犯罪。

（二）违法所得的计算方法

根据《市场操纵解释》第二条至第四条的规定，违法所得构成了市场操纵定罪量刑非常重要的量化指标：（1）操纵证券、期货市场违法所得数额在一百万元以上的，或者违法所得数额在五十万元以上，具有《市场操纵解释》第三条规定的七种情形之一的，构成"情节严重；（2）操纵证券、期货市场违法所得数额在一千万元以上的，或者违法所得数额在五百万元以上，并具有《市场操纵解释》第三条规定的七种情形之一的，构成"情节特别严重"。实践中，有的行为人"风控水平"与"操纵技术"较强，可以在交易量不超标的情况下实现相当惊人的非正常收益率。此时，通过违法所得的量化标准将具有严重市场危害的行为纳入刑法规制就显得尤为关键。可见，公正、有效且科学地对违法所得予以认定，对于市场操纵定罪量刑具有极为重大的意义。然而，《市场操纵解释》第九条[1]仅就操纵证券、期货市场的违法所得概念进行了界定，并没有提供计算方法与认定规则，而该问题在市场操纵犯罪刑事司法实践中往往争议极大。因此，亟须以契合刑事法律规则与

---

[1] 《市场操纵解释》第九条规定：本解释所称"违法所得"，是指通过操纵证券、期货市场所获利益或者避免的损失。

数量金融逻辑的双重视角，就市场操纵违法所得的计算方法与认定问题进行细化阐释。

实践中，市场操纵违法所得的基本认定规则是：（1）计算违法所得的时间区间为市场操纵行为发生时至实施终了之时；（2）证券、期货合约全部平仓的，以累计平仓收入减去累计建仓金额，同时扣除证券、期货合约的交易成本（税费、交易佣金、手续费等合理费用）；（3）尚未全部平仓的，核定收入部分还应当加入市场操纵实施终了时所持有证券、期货合约的市值。[①] 可见，市场操纵行为发生时与终了时是违法所得计算最为重要的时间基准，但这两项时间节点的确立规则应根据不同市场操纵类型的特征而进行针对性调整。

对于连续交易、相对委托、洗售等交易型操纵而言，交易过程需要一定周期，市场操纵行为发生时、终了时应当分别以交易量超标的最初交易日与最末交易日为准。对于蛊惑交易、抢帽子交易、重大事件操纵、利用信息优势操纵等信息型操纵而言，其可能存在操纵性信息传播行为与交易行为并存的情况，应当将先出现的操纵性信息行为或者交易行为认定为操纵行为发生时，将后出现的信息对市场的影响消除或者交易行为结束认定为操纵行为终了时。对于虚假申报操纵，其核心客观行为表现为短期内频繁或者大额申报并撤回，应当首先确立其操纵行为终了时间。由于虚假申报操纵具有非常显著的短线或者超短线特征：（1）对于发生在开盘集中竞价或者盘中阶段的，应当将操纵行为影响的程度界定为日内影响。实践中需要首先确立操纵行为终了时间并对操纵行为发生时进行倒推，即实施虚假申报当日最后一笔平仓行为发生的时间为终了时，然后计算日内平仓总交易量，以此交易量数额等值确认前期建仓总数额，并以该等持仓量中最先成交的时间为操纵行为发生时。（2）对于发生在收盘集中竞价阶段的，其操纵意图显然是控制收盘价，原则上应当将操纵行为影响的程度界定为翌日影响。实践中应当

---

① 《操纵认定指引》第五十条规定：违法所得的计算，应以操纵行为的发生为起点，以操纵行为终止、操纵影响消除、行政调查终结或其他适当时点为终点。第五十一条规定：在计算违法所得的数额时，可参考下列公式或专家委员会认定的其他公式：违法所得＝终点日持有证券的市值＋累计卖出金额＋累计派现金额－累计买入金额－配股金额－交易费用。

将收盘价形成后一个交易日最后一笔平仓行为发生的时间为终了时，然后计算日内平仓总交易量，以此交易量数额等值确认前期建仓总数额，并以该等持仓量中最先成交的时间为操纵行为发生时。

P2P网贷平台案件侦查难点与对策

申 蕾[*]

摘　要：当前，依托互联网实施的P2P网贷平台案件呈现多发、高发的态势。此类案件侦查是近来年经侦领域的热点理论和实践问题，本文以案件办理的难点为切入点，梳理存在于理论和实务中的难点问题，包括侦查指挥、侦查方法和侦查技术。并以此为突破，以系统思维为指导，从机制、方法、技术三个层次提炼侦查对策，即建立有别于传统的侦查机制、不断提炼涉众案件工作规范、信息化技术贯穿侦查全流程等三个方面。

关键词：P2P网贷平台；侦查难点；侦查对策

伴随着互联网时代的到来，互联网重新定义或者颠覆性地创新各个传统行业，金融领域的P2P网贷平台就是其中涌现出来的创新模式。借贷古来有之，传统的借贷通过银行等金融机构、小额贷款公司、助贷公司、民间借贷等形式展开，新型借贷突破了传统意义上的平台依赖，借助互联网的开放和共享特性，实现了P2P（peer to peer）点对点借贷。P2P平台最早出现在英国[①]，后传至美国[②]，2007

---

[*] 作者简介：申蕾，北京警察学院侦查系讲师。

[①] 世界上最早的P2P网贷公司Zopa 2005年在英国诞生，提供1000—25000美元之间的社区小额贷款服务，利率完全由会员自主商定。公司运用信用评分的方式将借款人的信用分为四个等级，出借人根据借款人的信用等级、借款金额和借款时限自愿提供贷款，借款人也可以相应地选择能够接受的贷款利率。

[②] 美国于2006年创立Prosper，一开始其贷款业务遭到美国证券交易委员会（SEC）的禁止，直到2009年才被允许开展贷款业务。由于美国信用体制的健全，Prosper在身份验证方面相对完善，平台负责交易过程中的所有环节，包括贷款支付和收集符合借贷双方要求的借款人和出借人，而借款人则要求说明借钱的理由和还钱的时间。平台则依靠收取借款人及出借款人的费用来维持运营。

年被引入中国①。诚然网贷平台给广大中小企业提供了大量资金，也为投资人拓展了投资渠道。但是由于网贷平台自身的模式设计、风险控制，监管制度等多方面原因，导致网贷平台频频爆雷。网贷平台最顶峰的时候有五六千家，截止到2020年6月底只有29家在运营②，庞大数量的案件进入司法流程，在第一关口的公安机关经侦部门面临巨大的挑战，这样的挑战存在于整个侦查体制、侦查规范、侦查技术等各方面。

一 P2P网贷平台案件侦办现状

P2P网贷平台起步晚，发展快，10年间已遍布全国，在各大主要经济城市，P2P网贷平台数量增长迅猛。从新鲜事物到投资者众多再到风险失控平台爆雷，作为主要承办单位的经侦力量承受了巨大的压力。这样的压力可以从数据中窥见一二。笔者从网贷平台本身数量的变化（见图1）、各地承办P2P网贷平台案件（见图2）的情况两个角度做一解读。

据网贷之家不完全统计（北京、上海、深圳、广东除深圳外地区、浙江等地区），自2018年1月以来，已有多家P2P平台被立案侦查。其中浙江、上海、深圳地区被立案平台数位列全国前三，分别为56家、48家、39家，具体如图2所示。

从上述图表不难看出，有限的经侦警力面临着无限的案件压力，而且涉众案件办理时间周期长，涉案投资者追赃挽损意愿强烈，无论从数量级还是难度级都是巨大的挑战。

---

① 2007年，中国P2P平台应运而生，但进行了本土化调整，其服务范围不再仅是个人对个人的借款，已衍生到个人对企业、对政府等业务方向。P2P平台不再是单纯的信息中介，而同时扮演了借贷当事人、担保人、联合追款人等角色，其职能、风险和法律特征都逐渐向银行靠拢。

② 数据来源：https://baijiahao.baidu.com/s?id=1674982901369646385&wfr=spider&for=pc，访问时间2020-08-20。

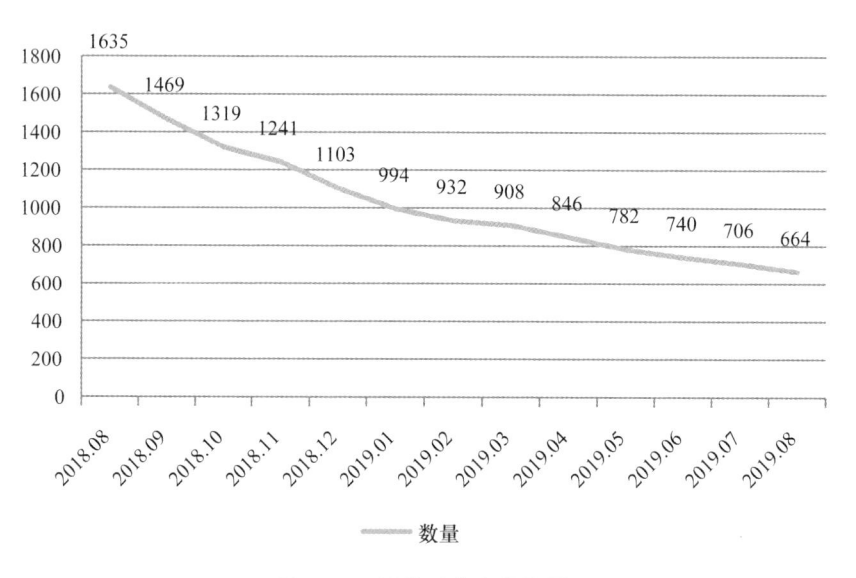

图1 P2P网贷平台在线数量

来源：网贷之家、零壹财经。

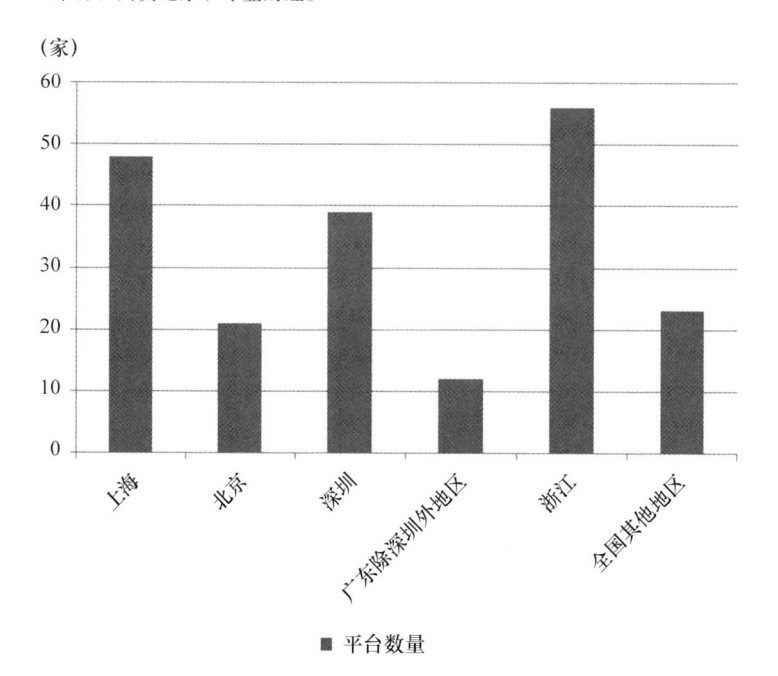

图2 各地区立案P2P平台数量分布

来源：网贷平台。

二 P2P网贷平台案件侦办中存在的侦查难点

通过调研走访，结合文献分析，依据机制方法技术三层次理论，目前我国P2P网贷平台案件存在的侦查难点在于侦查机制、侦查方法和侦查技术方面。其中侦查机制涉及顶层设计，侦查方法是指具体操作流程，侦查技术是指基础实力支撑。这三者环环相扣，相互影响。侦查机制是经过实践检验，证明有效的、较为固定的方法。机制本身含有制度的因素，并且要求所有人员遵守机制是在各种有效方式、方法的基础上总结和提炼的。机制一般是依靠多种方式和方法来起作用的，如工作机制、激励机制、监督机制等。侦查方法是对于侦查规律的应用，表现为方式、手段、途径、步骤等形式，由构成要素、相互作用、位置顺序、时间长短、程度标准五个部分构成。而侦查技术是指关于侦查领域有效的科学理论和研究方法的全部，以及在该领域为实现公共或个体目标而解决设计问题的规则的全部；是一种知识技能和操作技巧。

1. 传统侦查体制面临的挑战

侦查指挥体系，按照《刑事诉讼法》和《公安机关办理刑事案件程序规定》，P2P网贷平台属于涉众型经济犯罪，罪名一般涉及非法集资、集资诈骗和擅自发行股票、债券罪或者非法经营罪，按照职权划分，属于公安机关管辖，按照部门划分，属于经侦部门管辖，经侦队伍作为一支专业化警种从刑侦中分离出来不过12年[1]。据公开报道，全国经侦民警数量不过3.7万人[2]。目前经侦民警人数尚未有新的公开报道，但是从其他地方经侦警力短缺也可以窥见一二。西安市高新分局经侦大队现有警力31人，其中从事一线侦查业务的25人，目前经侦大队在侦100余起非法集资案件，平均每人负责4起案件，涉案投资人3万余人，无论是案件数量还是涉案金额都居全西安市之首。如此高的发案

---

[1] 公安部经济犯罪侦查局成立于1998年，公安部经济犯罪侦查局的成立标志着经侦专业警种的建立。

[2] 2006年数据，来源：http://www.china.com.cn/txt/2006-11/23/content_7397614.htm。

率，使得经侦办案民警肩上的担子甚是繁重，经侦民警人均每年出差行程都在5万千米以上。笔者在调研中得到反馈，北京市朝阳经侦支队民警人数120余人，承办P2P网贷平台案件数量达到全北京市的二分之一，七个探组中平均每个探组承担20起涉众案件，每个民警要同时承办3—5个案件。①

2. 侦查规范尚需进一步明确

第一个问题是关于刑民交叉的问题，在经侦案件的办理中，案件性质的判断是摆在案件侦查员面前的第一个法律问题。到底是民事纠纷还是刑事案件，性质是非法集资还是民间借贷，保持谦抑原则由当事人双方通过民事诉讼加以解决还是主动及时介入收集固定犯罪证据，在P2P网贷案件的初期往往是比较难以判断的。在早期阶段存在很多种情况：一种是平台经营状况不良，出现部分逾期兑付困难，部分投资人警惕意识较强，出于保护自身利益的目的，抱着向平台施压的心理，到经侦部门报案声称平台涉嫌非法集资；一种是投资人前期享受到高利回报，不断投入直到无法回款，通过法院民事诉讼的形式主张合同违约或无效，已经拿到生效判决，但无法执行到位，为了进一步主张自身权益，再次向公安部门报案；一种是平台本身已经瘫痪，高管跑路，投资者后知后觉，大量投资人集体到经侦部门报案非法集资。

第二个问题是关于管辖问题，管辖属于程序性问题，在司法实务中经常存在争议。《刑事诉讼法》和《公安机关办理刑事案件程序规定》确立了"犯罪地为主 + 被害人所在地为辅"的原则，但是面对网贷平台的网络属性、投资人分散各地的特点，按照传统的管辖观点，会存在多头管理或者多重报案的情况。

第三个问题是关于电子数据的取证问题，伴随着人类技术变迁，证据的主要形式从言词证据向科学证据转型。大量电子数据的存在为取证提出新的挑战。如何平衡技术外请和实质审查，如何保障数据真实和数据隐私，很多问题先在实践中遭遇，只能是摸着石头过河，不断提炼总

---

① 笔者在调研中获知，自2018年6月P2P网贷平台全国"爆雷"风潮以来，朝阳经侦支队承办的经济案件数占全北京1/3，涉众案件占全北京1/2。

结得出理论。

3. 侦查技术无法适应信息化时代需求

人类已经迈入数据时代，在案件侦办中大量的电子数据证据是摆在侦查员面前的一大难题，如何采集数据、梳理数据、固定数据，最终形成案件审计报告，既是证实犯罪的必然要求，也是承载犯罪的有效载体。社会分工是必然的趋势，警察在打击犯罪方面是专家，在其他方面就需要其他专家的辅助，比如在电子数据方面，需要专门的数据公司合作，在设计报告方面，就需要和审计公司合作。侦查已经远远超越了以往的领域，和社会各个专业领域融合得更为密切。如果不去适应这个时代，照搬原来的思维和技术，必然无法适应信息化时代的需要。

三　P2P网贷平台案件侦办中的侦查对策

1. 建立有别于传统侦查的机制

P2P网贷平台案件办理是一个综合性的工程，牵涉面众多，如果仔细研究其中每个主体的诉求，会达到更为完整的答案。作为政府而言，社会的和谐稳定是价值追求，涉众案件存在影响稳定的隐患，那么如何有效化解不稳定因素就是侦办案件要达到的政治效果；作为公检法执法司法部门而言，如果落实法律和程序要求，打击惩罚犯罪就是侦办案件要达到的法律效果；作为投资者受害人群体，如何最大限度地追回损失，永远关注追赃挽损工作。这就是侦办案件要达到的社会效果。一起案件的侦办需要达到政治效果、法律效果、社会效果的三统一，那么就需要从系统的角度来制定指导工作规范。

一是将前端行政管理部门纳入工作团队，建立以金融办牵头的专班工作机制，街道、公安、工商、税务等部门组成联合工作组，在政府的统一领导下开展本区域的案件办理工作。公安机关要主动把自身的侦查工作纳入整个专班工作机制中。同时建立以冒烟指数、穿透式分析为主要内容的预警平台，如果P2P平台达到相应的指标会触发监管部门的注意，初期工作措施是调整敦促，如果涉及公司负责人跑路兑付困难，再移交公安经侦部门。实现案件的全面监管和繁简分流。

二是摸清本区域内网贷平台底数,建立台账。经侦部门和属地派出所密切合作,对于辖区内的P2P公司进行摸排,建立台账。一旦发现异常情况,可以及时介入开展进一步工作。

三是完善维稳的相关工作措施,从人、事物、三个方面去入手,朝阳经侦提炼出六项措施:建立信息员、建立各部门之间情报转递、梳理投资人名单、搭建沟通平台、约谈群众代表、落实属地稳控。特别是搭建沟通平台,和专业公司合作开发了涉众案件投资人报案平台,投资人可以不出家门,手指轻点在家完成报案工作,让群众少跑路。

2. 不断提炼涉众案件工作规范

首先判断案件是刑事案件还是民事案件,需要明确网贷平台是否涉嫌集资诈骗、非法吸收公众存款等刑事犯罪。非法集资是一种犯罪活动,根据《关于取缔非法金融机构和非法金融业务活动中有关问题的通知》规定,非法集资是指单位或者个人未依照法定程序经有关部门批准,以发行股票、债券、彩票、投资基金证券或者其他债权凭证的方式向社会公众筹集资金,并承诺在一定期限内以货币、实物以及其他方式向出资人还本付息或给予回报的行为。简而言之,非法集资的认定有三大标准:未经批准、公开性、承诺还本付息。网贷平台本身定位为信息中介,如果超越此条底线,发展为自融、拆分债权、担保、银行非实质性托管在司法实践中都被认定为非法集资。如果有非法占有目的,可能涉嫌集资诈骗。如果采取发行股票、债券的形式,而不是借款债权形式,则可能涉嫌擅自发行股票、债权罪。

其次如果涉嫌刑事犯罪,需要立案调查,还需要核查是否存在刑民交叉的问题。一般而言采取"先刑后民"是一个大原则[1]。2019年全国法院民商事审判工作会议明确指出:"刑民交叉案件的一个基本规则是:刑事案件与民事案件涉及'同一事实'的,原则上应通过刑事诉讼方式解决。"具体到网贷平台涉及的非法集资类案件,2014年"两高

---

[1] 这个原则早在20世纪80年代便基本确立。比如1985年"两高一部"《关于即时查处在经济纠纷案件中发现的经济犯罪的通知》、1985年最高人民法院《关于审理经济纠纷案件发现犯罪必须严肃执法的通知》以及1987年"两高一部"《关于在审理经济纠纷案件中发现经济犯罪必须即时移送的通知》等文件,均采取了"先刑后民"的立场。

一部"《关于办理非法集资刑事案件适用法律若干问题的意见》、2015年最高人民法院《关于审理民间借贷案件适用法律若干问题的规定》等规定的处理方式是"驳回起诉或者不予受理",刘贵祥专委在全国法院民商事审判工作会议上的讲话中认为:"人民法院在审理民商事案件过程中,发现民商事案件涉及的事实同时涉及刑事犯罪的,应当及时将犯罪线索和有关材料移送侦查机关,侦查机关做出立案决定的,应当裁定驳回起诉;侦查机关不及时立案的,应当及时报请当地党委政法委协调处理。"由此,这里就有了以下不同的处理方式:(1)驳回起诉;(2)不予受理。由此可见对于网贷平台案件的处理,侦查机关如果认为犯罪事实基本清楚,证据确实充分,可以立案侦查,如果有相关民事诉讼可以告知相关法院,对于同一法律事实的民事诉讼驳回起诉,不予受理。如果已经进入审判环节,裁定中止审理。

现实中管辖问题一直是一大难题,为了解决这一管辖难题,如果是跨区域非法集资刑事案件需要按照《国务院关于进一步做好防范和处置非法集资工作的意见》(国发〔2015〕59号)确定的工作原则办理。如果是合并侦查、诉讼更为适宜的,可以合并办理。如果办理跨区域非法集资刑事案件,如果多个公安机关都有权管辖并进行立案侦查的,一般由主要犯罪地①公安机关作为案件主办地,对主要犯罪嫌疑人进行立案侦查和移送审查起诉;由其他犯罪地的公安机关作为案件分办地,根据案件具体情况,对本地区犯罪嫌疑人进行立案侦查和移送审查起诉,各地公安机关分工负责、一体推进。如果管辖不明或者有争议的,按照有利于查清犯罪事实和有利于诉讼的原则,由争议机关共同的上级公安机关协调确定,协调不成的指定有关公安机关作为案件主办地立案侦查。需要提请批准逮捕、移送审查起诉、提起公诉的,由分别立案侦查的公安机关所在地对应的人民检察院、人民法院受理。涉及重大、疑难、复杂的跨区域非法集资刑事案件,公安机关应当在协调确定管辖或者指定案件主办地立案侦查的同时,通报同级人民检察院、人民法院。

---

① 本条规定的"主要犯罪地",包括非法集资活动的主要组织、策划、实施地,集资行为人的注册地、主要营业地、主要办事机构所在地,集资参与人的主要所在地等。

人民检察院、人民法院参照前款规定，确定主要犯罪地作为案件主办地，其他犯罪地作为案件分办地，由所在地的人民检察院、人民法院负责起诉、审判。

概括来说，就是以公司注册地和实际经营地为原则，存在管辖争议的由上一级部门指定管辖。

3. 信息化技术贯穿侦查全流程

互联网时代不仅全面改变了犯罪形态，也深刻地变革了侦查技术。P2P网贷平台案件作为"互联网＋"背景下的新型犯罪更是如此。侦查技术包括但不限于信息化建设、数据化实战，近年来，公安经侦部门运用现代信息化手段侦破了许多大案要案。如最近的e租宝案和徐翔案等。公安部提出的信息化建设、数据化实战不仅推动了打击经济犯罪工作，还在服务全警、加强社会综合治理等方面发挥了巨大作用。全国公安经侦部门运用经侦大数据、研发归纳类罪模型、创建侦查作战模块、变革警务机制，大大提升了打击经济犯罪的效能。

2015年10月，公安机关通过数据监测发现，e租宝的母公司钰城国际控股集团有限公司经营异常，公安部迅速开始部署对其进行深度数据分析。经侦办案民警首先利用公安内网的"经侦云搜平台"对其所属的"e租宝"的真实经营状况展开核查。此项"经侦云搜平台"是建立在经侦大数据基础上的搜索引擎，可快速锁定涉案企业、人员的相关信息并进行提取。随着经侦警方侦查工作的深入，钰城母公司及其所属"e租宝"平台的基础信息很快被汇集起来。涵盖了公司的组织架构、经营模式以及其项目公司的工商、税务、银行账户等。早期核查的时候，"e租宝"平台从社会吸收资金已经达到300亿元，侦查人员需要判断这个庞大的体量到底是合法运营，还是涉嫌经济犯罪，是否存在重大的经济风险，这必须在数据分析、核查的基础上，才能做出正确决策。核查工作的第二步，是在"资金查控平台"上展开。这是公安部经侦局与2300多家银行建立的数据平台，涵盖全国银行账户总量的80%，具备在线开户信息查询、资金交易历史查询、账户冻结和紧急止付、资金交易动态监控和流向追溯等功能。当专案民警把"钰城系"公司的账户信息录入"资金查控平台"后，其真实的资金情况一览无余。系统里可知"e租宝"平台上大量的项目公司都是无实际经营、无纳税记录的"空壳公司",而所谓的融资租赁项目多是虚构,大量资金去向不明,涉嫌非法集资。"钰城系"公司非法集资案涉及人员众多,资金规模庞大,如果等到案发,结局往往已是人去楼空,社会危害严重。运用经侦大数据,及时预警风险,最大限度追赃挽损成为办案关键。办案民警表示,通过对"e租宝"平台融入资金的数额、速度以及返本付息的规模和时间点,测算出它在2016年1月将会出现巨大的兑付压力,也就是说,可能入不敷出。根据这一预判,2015年12月8日,公安部指挥各地公安机关统一展开行动,在资金链即将断裂、主要犯罪人员正在计划转移资金、潜逃境外的关键时机成功收网,一举抓获包括主犯丁宁在内的全部53名主要犯罪嫌疑人,并利用"资金查控平台",第一时间冻结了3600多个银行账户,随后分批冻结扣押涉案资产共计170多亿元,创下非法集资案件挽回经济损失数额之最。据办案警方透露,资金交易数据、警务信息数据、行政监管数据、互联网社会化数据共同构成了公安经侦大数据,利用专门软件,整合这些经侦大数据,就能打破各类数据壁垒,为隐蔽的经济犯罪做到预测预警预防,这次成功破获的"e租宝"案件就是一起成功案例。①

此外,经侦大数据在打击集资犯罪中的作用还在进一步发挥。2016年3月,公安部研发的"涉众型经济犯罪公开信息监测分析平台"上线运行,通过对公司是否实际经营、标的是否真实、资金链是否有断裂风险等指标进行量化,形成风险预警指数,实现对此类案件的预测预警预防。目前,各地公安经侦部门开始跟随模仿,探索建立地方特色的大数据平台。如河南建立了"非法集资资金监测预警平台",浙江建立了"风险型经济犯罪互联网监测平台",遏制当地非法集资犯罪活动。除了非法集资监测平台,侦查机关还主导开发了统一的报警登记平台,2016年6月,e租宝案件投资者报案平台上线,所有投资者可以通过网络形式完成报案。解决多地多头不规范报案的问题。

---

① 案件详见 http://www.mzyfz.com/cms/benwangzhuanfang/xinwenzhongxin/zuixinbaodao/html/1040/2017-08-23/content-1287420.html,访问时间2020-08-15。

同时，在案件办理过程中对于数据取证和审计等专项工作，聘请中科金审、慧云等数据公司提取分析数据，聘请专门的会计师事务所做审计报告。如此侦查人员可以集中精力负责证据的收集和证据链条的搭建。

中国新型金融犯罪惩治与防范研究

姚 林[*]

摘 要：新型金融犯罪衍生于金融业的创新，金融技术的升级和金融信息的不对称，是我国金融犯罪类型的最新演化形式，是金融风险的剧烈表现形式，其潜在危害巨大。惩治和防范新型金融犯罪，对维护国家金融安全具有重要意义。我国现有的刑事规制体系难以有效惩治和防范新型金融犯罪，应当积极完善金融法律体系建设，为打击新型金融犯罪提供法律制度保障；强化金融领域的市场监管，净化金融市场发展生态；加强行政执法和刑事司法衔接，提高监管和惩治效果；重点整治个别领域的突出犯罪行为，消除其负面外溢影响。此外，还应加强宣传教育、协同监管、司法教育和引导等防范对策。

关键词：金融安全；新型金融犯罪；惩治与防范

金融风险是当前乃至今后一段时期政府与社会高度关注的内容，而金融犯罪是金融风险的剧烈表现形式[①]，证券和期货犯罪又是金融犯罪中专业性更高、技术性更强、涉众型更敏感的金融犯罪领域，因此必须高度重视证券期货犯罪的惩治与防范，有效维护国家证券期货市场秩序，保护证券期货投资者合法权益，进而有效防范和化解金融风险，维护社会经济安定有序，保障人民安居乐业。

---

[*] 作者简介：姚林，北京警察学院电信网络犯罪研究所兼职研究人员，《北京警察学院学报》编辑部编辑。

[①] 毛玲玲：《互联网金融刑事治理的困境与监管路径》，《国家检察官学院学报》2019年第2期。

维护金融安全，打击金融犯罪，防范金融风险，保障金融市场健康发展，是公安机关义不容辞的责任。公安机关的重要职责就是保护合法行为、保护创新，惩治和防范金融违法犯罪所带来的社会风险。新型金融犯罪统而言之可以称为发生在新兴金融领域的犯罪和不同于传统金融犯罪的新型金融犯罪类型。虽然学界对金融犯罪进行了较为丰富的研究，但对新型金融犯罪的惩治和防范的研究尚比较缺乏。刘远提出我国治理金融犯罪的模式应当转向金融交易本位主义，应摒弃单一刑事主义，采取综合治理主义。[1] 刘宪权指出我国刑事立法对金融刑法规制存在着诸多问题。[2] 钱列阳和谢杰对证券期货领域的犯罪从刑事辩护角度提出了很多有益的分析。[3] 这些成果为本领域的研究奠定了重要的基础，做出了重大的贡献。鉴于新型金融犯罪领域相关文献的缺乏，本文拟在借鉴前人研究成果的基础上，对新型金融犯罪的刑法规制和惩治防范进行探讨，以期能够丰富本领域的研究文献，填补相关研究领域的空白。

一 新型金融犯罪是中国新时期金融犯罪的突出表现形式

（一）新型金融犯罪是中国金融犯罪类型的最新演化形式

中国金融犯罪数量与犯罪类型和中国金融业发展紧密相关。改革开放以来，伴随着中国金融业的不断发展，金融犯罪的观念已经从传统的"银行犯罪""行业犯罪"等阶段进化到"金融领域犯罪"阶段。在现代金融科技日新月异的情况下，以互联网经济为代表的新兴经济的快速迭代演化，尤其是移动互联网和智能手机的迅速普及与对其他行业领域所带来的颠覆性变革，金融领域的边界也不断被扩大，为了与以银行、证券、保险、信托等传统金融领域相区分，业界普遍将其称之为新型金融领域。在新型金融领域的犯罪也被称为新型金融犯罪，此外，一些采

---

[1] 刘远：《我国治理金融犯罪的政策抉择与模式转换》，《中国刑事法杂志》2010年第7期。
[2] 刘宪权：《刑法严惩非法集资行为之反思》，《法商研究》2012年第4期。
[3] 钱列阳、谢杰：《证券期货犯罪十六讲》，法律出版社2019年版。

用新技术、新方法侵犯传统金融领域客体的犯罪也被称为新型金融犯罪。

金融犯罪类型根据侵犯客体的不同主要分为侵犯货币类犯罪、侵犯银行保险证券等犯罪。早期，金融犯罪主要以侵犯货币类犯罪为主，之后逐渐扩展至银行、保险、证券、信托、期货等其他金融领域。进入21世纪以来，随着互联网和移动互联网的普及，网络犯罪逐渐增加。近年来，网络犯罪又与金融犯罪逐渐交叉和融合，演化出以互联网金融犯罪、平台型金融犯罪、互联网涉众型金融犯罪等为代表的新型金融犯罪形态。在犯罪技术上，也从制造假币、伪造货币发展为利用电信网络进行犯罪，再进展到当前的以移动互联网技术为主的新型金融技术犯罪手段。

（二）新型金融犯罪衍生于金融业的技术升级和信息不对称

金融业的高度技术性和专业性为新型金融犯罪提供了技术手段和操作空间。高度的专业技术性是新型金融犯罪的普遍核心特征。随着信息化、数字化和互联网的快速迭代化发展，传统金融服务和金融投资产品难以有效满足人们日益增长的多样化需求，市场化的金融机构通过商业模式创新、服务机构渠道创新等形式满足了一部分投资者需求，但在金融监管和刑法规制滞后的背景下，也产生了新的违法犯罪问题，带来了新的风险。金融领域的不断拓展，新兴金融机构、金融服务、金融产品的不断出现，既有满足市场需求的一面，客观上也给违法犯罪人员以可乘之机。这些可乘之机主要是由犯罪分子运用新的科技手段采取欺骗等形式侵犯不特定群体的金融权益。其通过开发建设非法互联网交易平台进行非法吸收公众存款等金融违法犯罪行为，通过不为公众所知悉的金融工程和令人眼花缭乱的金融新概念和新术语蒙骗投资者进行网上理财或购买非法金融产品或虚拟代币等。

信息不对称是新型金融犯罪滋生的肥沃土壤。这种不对称包括经营管理信息的不对称和金融工具信息的不对称，部分金融机构的经营者正是利用这种信息优势和地位优势，逃避监管机构的监督，通过金融操作挪用、套取金融机构的资产，侵占投资者的合法财产，致使金融机构产生重大亏损，制造了金融市场风险点，严重损害相关金融市场主体的利益和国家金融管理秩序。例如，安邦集团案、国家开发银行案、包商银行案、四川信托案、吉林信托案，等等。

（三）新型金融犯罪展现出难以估量的危害后果

金融犯罪的危害后果日益加重，新型金融犯罪表现尤甚。一是侵犯的财产数额巨大。金融是经济的血脉，金融市场流通的大量资金和财富对不法分子具有巨大的吸引力。金融犯罪涉案金额往往巨大，一旦遭受损失也常常超人预期。仅以证券期货犯罪为例，2015年至2019年，深圳检察机关办理的证券期货犯罪案件中，涉案金额累计超过亿元的有14件，非法获利金额超过千万元的有7件。[①] "e租宝"非法集资案、以虚拟货币区块链等掩藏的非法集资行为、假借P2P平台名字搭建自融平台等名目和类型繁多的新型金融犯罪层出不穷。二是受害群体广泛，人数众多。由于法律的滞后、立案困难，即使能够立案，侦查取证难度也很大，再者，追赃挽损更不容易。行政监管和刑事司法无法有效满足广大群众对违法犯罪分子的惩治要求和对尽快挽回经济和财产损失的迫切期望。致使很多人走上非法维权的道路，采取网上和网下的违法串联、集聚，非法上访、闹事等行为，给公安机关维护社会安全稳定增加了更大的压力和挑战。

新型金融犯罪还阻碍了金融创新和社会经济的健康发展。金融犯罪与经济发展变化存在紧密的联系，与经济周期、金融管制周期等存在逆向相关关系。金融犯罪伴随金融行业发展呈螺旋式上升趋势，在经济金融繁荣期被隐藏，在经济金融衰退期暴露。近年来，中国经济和金融市场不断发展变化，虽然专业金融监管机构的行政处罚力度持续加大，仍难以有效遏制金融违法犯罪行为的高发。不但传统金融犯罪维持高发态势，新型金融领域的违法犯罪也迅速崛起。P2P等网络借贷平台持续爆雷，公募基金、私募基金侵害投资者权益，信托、商业银行违规理财，平台非法催收、消费金融公司违法吸收存款发放贷款等新型金融违法犯罪行为持续高发，实务

[①] 孟广军：《用法治手段维护证券期货市场秩序》，《检察日报》2020年9月7日第5版。

界统称的涉众型金融犯罪事件在新闻媒体的报道中更是不绝于耳,金融"黑天鹅""灰犀牛"事件不断出现,新型金融犯罪的形式不断翻新,对金融权益和金融秩序的侵犯更加严厉,不仅危害了新型金融领域的健康发展,给社会经济发展也造成了难以估计的损害后果。

二 现有的刑事规制体系难以满足惩治和防范新型金融犯罪的需要

改革开放以来,中国根据金融市场的发展变化形势,持续不断建立健全金融监管机构、金融法律法规体系,目前已经形成了较为完善的行政监管和刑事规制体系(见图1),但面对金融新领域和新技术的飞速发展,立法的滞后、司法的错位、监管的缺失等不足迅速凸显,已有的刑事规制体系更显现出诸多窘境。

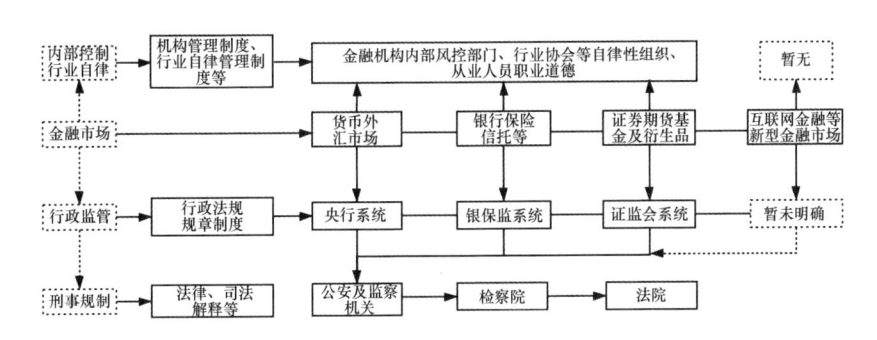

图1 中国金融市场监管规制体系

(一) 规范新型金融市场行为的立法司法和行政监管缺位

对于新型金融机构及其市场行为的规范,我国无论是在立法上,还是在司法及行政监管上都存在一定的问题,主要体现在监管规制的缺位上。一是法律法规立法修订滞后于新型金融市场的发展。无法可依,对很多不正常的新型金融市场行为就难以采取有效的监管规制措施。例如,《期货法》的立法进程更是经历了十数年的波折进程;《证券法》于2019年12月28日通过修订,于2020年3月1日起施行已历经4年之久。二是法律适用问题突出。现有的法律难以实现对互联网金融等新型金融运营模式应有的约束与保护，如果出现风险，给投资者和消费者造成的损失可能无法弥补。面对新技术、新问题和新模式，如何适用传统的法律条文，司法工作人员面临着严峻的考验。三是行政监管缺位。以证监会和金融局等为代表的中国行政监管单位，普遍面临着人员、资金、技术等短板，其实施广泛的行政监管存在诸多条件约束。且其金融监管能力与现代金融技术发展存在较大差距。致使在监管过程中存在"监管缝隙""监管盲区"。尤其是近年来金融创新日益增加，针对新型金融市场主体的行为缺乏监管的法律法规依据，行政监管缺位的局限性更加凸显。

（二）新类型案件频繁发生，法律定位不准，定性困难

一是针对诸多设计复杂的金融衍生品的监管措施缺乏，法律定位模糊，法律定性争议巨大，司法机关审查难度极大。例如，中国银行"纸原油"事件致使投资者损失巨大，但对该产品的定性，相应的监管措施和法律定位都极不明确，而且涉及跨国跨境问题，虽然尚未涉及刑罚问题，但类似产品一旦被犯罪分子利用，则对金融管理秩序和金融权益的有效保护都构成严重威胁，且难以从法律上进行相应的惩治。二是新型金融市场组织的内部合规内容机制欠缺，或存在重大漏洞，使从业人员极易实施违法犯罪行为。而且内部人员犯罪行为隐蔽，导致刑事立案数量偏低，且相关犯罪没有直接被害人，群众举报较少。再者，现有的金融犯罪刑罚相对较轻威慑力不够。

（三）对新型金融犯罪打击的有效性较低

由于新型金融犯罪的专业性、复杂性等特点，司法机关的打击缺乏足够的有效性。一是新型金融犯罪线索来源渠道单一。以证券期货领域的新型犯罪为例，与其他经济金融犯罪相比，证券期货犯罪线索主要来源于行政机关移交，较少有受侵害人的主动报案。相关部门对证券期货的交易有专业的监管系统，非业内人士或非专业人员都难以获得相关信息，难以及时有效地发现违法行为。只有违规违法程度较重的案件才会

受到银保监会、证监会的行政处罚，涉嫌严重刑事犯罪的才会被移交给公安机关进行刑事立案侦查，很多涉嫌刑事犯罪的案件因影响不够重大而未被移送，导致相当一部分刑事犯罪行为未受到有效打击。二是技术性门槛很高。金融职务犯罪、内部人技术漏洞犯罪较多，且短期内极难被发现和惩处。而且新型金融犯罪大部分是高知和专业人士犯罪，他们精通行业规则和法律漏洞，作案手法隐蔽，遗留痕迹较少，难以侦查。此外，金融科技发展日新月异，一些信息技术公司打着金融科技公司的旗号，为非法金融活动提供专业性技术支持，更加提高了犯罪的侦查和打击难度。三是新型金融犯罪的追赃挽损十分困难。近年来，涉众型、平台型新型金融犯罪数量快速提升，涉案金额巨大。据统计，上海市检察院在2018年初至2019年7月，仅在批准逮捕和审查起诉环节就追缴违法所得约20亿元。[①] 尤其是新型的重大非法集资系列案件，案件被发现时相关资金已经被转移或挥霍，正是由于资金链断裂、现金流无法维持，相关公司才被发现是非法公司，涉嫌犯罪。如"e租宝"案件，短短一年半时间非法吸收资金超500亿，受害投资人遍布全国31个省市区。

三 完善新型金融犯罪惩治体系的法治路径

惩办新型金融犯罪的司法工作具有高度的专业性、特殊性和现实紧迫性，必须充分发挥公安机关、检察院、法院等司法机关的作用，找准发挥职能打击惩治金融犯罪和防范化解金融风险的结合点和着力点，发挥金融犯罪典型案例的示范与引领作用，引导教育公众树立正确的投资理财观念，实现政治效果、法律效果和社会效果的有机统一。

（一）积极完善金融法律体系建设，为打击新型金融犯罪提供法律制度保障

我国现行金融刑事法律规范的重点在于传统金融领域，未能有效覆

---

① 林中明、潘志凡：《为防控金融风险提供检察保障》，（2019-07-04）[2020-08-20]. https://www.spp.gov.cn/spp/zhuanlan/201907/t20190704_423870.shtml。

盖新型金融领域犯罪。打击和惩治期货、证券、信托、金融衍生品、互联网金融等新型金融违法犯罪手段方式的法律规范尚比较缺乏，效果也不够明显。现有法条基本为传统金融犯罪，且很多金融犯罪定罪标准专业门槛高、技术难度大，被有意规避，且专业化办案力量不足，打击力度较弱，罚金较为普遍，刑罚严重缺乏，震慑力严重不足。完善与成熟的法律制度和安排是有效惩治犯罪的前提和基础。

一是要根据金融市场发展形势，适时通过刑法修正案、出台相应司法解释等法律程序和手段对严重的新型金融犯罪行为加以刑法规制。同时最高法、最高检应根据司法需要及时发布金融市场典型犯罪案例以指导相关的具体司法实践。二是在新证券法实施的背景下，推动加快期货法和其他重要金融法律的立法进程，并联动修改刑法相关条款，使不同法律之间更加统一协调，为打击金融领域犯罪提供有力保障。三是扩大新型金融领域违法犯罪线索来源渠道，并积极建立公益诉讼制度。建议采取有效措施增加会计师事务所、律师事务所、金融服务组织举报金融犯罪的线索，推进社会各层面的监督、举报、投诉制度建设，加强行政和刑事执法队伍建设，强化金融市场违法违规行为的监督和处罚①，切实维护金融市场秩序的正常运行和保护金融市场参与者的合法权益，有效预防因金融犯罪衍生出新的其他违法犯罪行为。

金融犯罪主要是法定犯，与自然犯存在显著不同，在刑罚配置上理应体现其特殊性。② 要体现出刑罚手段和非刑罚手段并重，刑事与行政、民事兼顾。在民事赔偿方面，探索尝试惩罚性赔偿制度，一方面补偿被害人，更有效地保护金融市场参与者的经济利益；另一方面，能够对金融犯罪分子进行财产性惩罚，大幅降低其预期犯罪收益，提升犯罪资金门槛。

---

① 上海金融检察研究中心：《警惕非法金融借创新概念迷惑投资人》，《检察日报》2020年8月12日第3版。

② 彭少辉：《我国金融犯罪刑罚配置的调整与完善——兼论金融犯罪法律责任体系的构建》，《上海商学院学报》2012年第1期。

（二）强化新型金融领域的行政监管，做好行刑衔接，双管齐下加大处罚力度

一方面，加强新型金融领域的行政监管。通过行政执法净化市场风气、熄灭触犯刑法的苗头。2018年7月2日，国务院新一届金融稳定发展委员会成立。建议在金融委的统一领导下，加强新型金融领域的行政监管，监管部门要更加注重功能性监管，实行穿透性动态监管，细化落实新型金融违法犯罪的行政监管和责任追究机制，切实防范新型金融领域的不法行为。

另一方面，切实做好行政执法和刑事司法的衔接工作。一是新型金融犯罪行为的处置所涉及的刑事司法不应以行政性质认定为前置程序。① 二是建立统一格式电子数据的平台信息共享。检察院、法院、公安机关以及金融监管部门要在违法犯罪资金查控平台、电信诈骗案件侦办平台、涉案账户资金网络查控系统等信息上实现有效的信息共享，通过相关电子数据格式的有效转换和统一，提高有效信息的规范化、标准化，提高共享共用的效率和效益，更有效地服务于打击新型金融犯罪。三是司法部门和金融集团、高科技公司展开深入合作。完善行政执法和刑事司法衔接渠道和工作机制，通过开发金融犯罪办案智能辅助系统，利用大数据、云计算和人工智能等现代信息技术手段，构建经济活动违法犯罪分析模型，建立自动分析系统，以客观全面地掌握资金的流向、性质和账户特征，实现自动识别，有效预警，快速查控等功能，帮助办案机关提高办案效率和打击犯罪效果。

（三）重点惩治典型的金融犯罪行为，展示国家惩治的决心和力度，以利于迅速扭转新型金融犯罪高发的态势

一是重点严厉惩治金融机构的违法和腐败行为。不法金融集团和非法金融活动对金融市场秩序和投资者利益产生了极其恶劣的侵害，给金融市场和经济发展带来了巨大的风险。例如，安邦集团、华信集团、包商银行等严重违法违规企业，若非政府及时进行重组、重整，有效避免

---

① 王华伟：《我国网络犯罪立法的体系性评价与反思》，《法学杂志》2019年第10期。

风险的产生和传染，后果可能难以设想。因此，对于持牌金融机构的非法行为，必须保持零容忍的态度，深入调查，严厉惩处。

二是重点打击金融管理部门工作人员和金融业从业人员的监守自盗行为。以互联网金融为代表的新型金融领域，由于金融创新和金融监管的不同步，一度导致该领域迅速无序发展，滋生了很多非法行为。全国实际运营的P2P网贷机构在高峰时期约有5000家①，借贷规模巨大，参与人数众多，其中不乏大量的违法违规行为。这些都是行业内部人员在行业无序发展的混乱时期成立的非法金融平台，严重破坏了行业的发展环境，严重侵犯了广大投资者的切身利益。

四　全方位构建新型金融犯罪的预防体系

维护金融安全是保护国家安全的重要内容之一。以互联网为基础的第三方支付、互联网理财、众筹融资、P2P网络借贷等新型金融模式在体现金融创新的同时，也积累了新的金融风险。防范化解重大风险攻坚战重点是防范金融风险，金融犯罪又是金融风险中的极端表现形式，严厉打击和有效防范金融犯罪必然是防范化解重大风险攻坚战的题中之义。在加强新型金融犯罪打击力度的同时，也必须构建起新型金融犯罪的预防体系，这需要方方面面的共同努力。

（一）强化宣传教育，提高投资者的风险意识和从业者的守法自觉性

一方面，要加强金融市场投资者的宣传教育，大力普及金融知识和法律知识。提高金融市场投资者的防范意识和辨别能力，从源头上减少新型金融犯罪行为侵害的人员数量。通过加强法治宣传，引导金融消费者理性投资，避免盲目投资带来的风险及可能的损失，也能有效地防范非法行为的侵害。另一方面，要加强金融业从业人员的职业道德约束和行业自律意

---

① 郭树清：《坚定不移打好防范化解金融风险攻坚战》，《中国银行保险报》2020年8月17日第1版。

识，通过相关行业协会的培训教育和职业资格考试，提高从业人员遵纪守法和严守职业道德的自觉性，降低业内人士监守自盗的概率。

（二）加强各监管部门的协调配合，做好专业预警和联合防范

监管部门要立足于保护投资者合法权益和维护金融市场管理秩序，进一步强化监管定位，提高监管效能。在市场监管上，从预防违法犯罪来说，优化投资者保护机制和维护投资者合法权益要求政府必须增强监管部门间的协调配合。要加强金融机构的监管，提高对其履行职责和义务的要求，要强制其严格履行审核义务、风险告知义务和信息披露义务，加强投资者适当性制度的落实，防止不具有相应风险承受能力的公众盲目投资，也避免公众被非法金融从业者所欺骗。从这个意义上讲，我国中央银行、证监会、银保监会等机构加强对金融市场的监管力度和监管效度是遏制金融违法犯罪行为高发的重要途径和手段，其联合防范效果能够有效维护投资者权益，避免金融市场风险的产生。

（三）注重司法的教育和引导作用，防止金融违法行为的产生

一是发挥刑法的一般预防作用，通过准确及时惩罚新型金融领域的犯罪分子，能够有效改变潜在犯罪分子的心理预期，降低其犯罪动机的生成。二是更加注重投资者权益的保护，建立金融公益诉讼和代表诉讼制度，有效保护投资者的同时就是有效打击违法犯罪者，起到以打击促防范、以防范助打击的良好效果。三是司法机关的严格执法和司法，保障法律条文的有效实施。给投资者以更多的信心，也让犯罪分子有更多的担心，更能起到金融犯罪的预防作用。

"校园贷"诈骗犯罪中侦查取证工作难点

宋 蕾*

摘 要：近年来，各类"校园贷"犯罪日益猖獗，严重危害着我国经济社会健康发展和在校学生的生命财产安全。"校园贷"犯罪发端于发达省份并迅速向内地蔓延，被害人为自控力不强、法律意识淡薄的学生群体，犯罪设计环环相扣的套路使被害人越陷越深，犯罪呈现企业化甚至演变成有组织犯罪。但是在"校园贷"犯罪侦查过程中，取证存在的诸多难点制约了对"校园贷"犯罪的依法打击。为此需要修订相关规范性文件，确定相关证据证明推定标准，构建互联网商业经营型犯罪的犯罪现场勘查规范，多渠道收集各类实物证据，提升电子数据的取证运用能力等，以实现对"校园贷"犯罪的依法严惩。

关键词："校园贷"；侦查取证；电子数据

随着我国经济社会的发展，物质生活的丰富和网络社会的兴起，人民对于美好生活的追求日益强烈。近年来，严重暴力型犯罪日趋减少，然而侵财型犯罪高发。据统计，2018年全国刑事案件立案数同比下降7.7%，尤其是严重暴力犯罪案件下降幅度较大，故意杀人、爆炸、抢劫等八类严重暴力案件同比下降13.8%。[①] 从全国检察机关2013年至2017年起诉的刑事案件的犯罪嫌疑人数来看，侵犯财产犯罪、妨害社

---

* 作者简介：宋蕾，北京警察学院网络安全保卫系副教授。

① 靳高风、守佳丽、林晞楠：《中国犯罪形势分析与预测（2018—2019）》，《中国人民公安大学学报》（社会科学版）2019年第3期。

会管理秩序犯罪……破坏社会主义市场经济秩序犯罪等是当前主要的犯罪类型。其中，针对大学生的"校园贷"为祸尤烈。不法人员以无抵押快速放贷为诱饵，以民间借贷为幌子，诱骗或强迫社会经验不足的大学生陷入借贷圈套，这种新型犯罪不仅给大学生及其家庭造成了经济损失和精神损害，而且暴力催收引发其他犯罪，甚至酿成大学生自杀、报复的悲剧。[1]为保护人民群众的财产安全，维护经济社会秩序，从中央到各级公安司法机关采取强力措施依法严厉打击"校园贷"犯罪。2018年3月4日最高人民法院、最高人民检察院、司法部出台了《关于办理黑恶势力犯罪案件若干问题的指导意见》（下文称《指导意见》），其中第20条对"套路贷"犯罪的认定和处理做出规定，为依法打击"套路贷"违法犯罪活动提供了支持。2018年全国检察机关坚决从严惩治社会关注度高、群众反响强烈、涉及面广的"套路贷"等突出犯罪行为，有效地减少了人民群众的财产损失。[2]为贯彻落实全国扫黑除恶专项斗争推进会的有关部署要求，进一步统一执法办案思想，提高专项斗争的法治化水平，2019年4月9日最高人民法院会同最高人民检察院、公安部、司法部联合发布实施了《关于办理"套路贷"刑事案件若干问题的意见》（下文简称《办理套路贷案件意见》），对"套路贷"案件的认定和办理做了详细规定。

总体来看，虽然"校园贷"犯罪打击取得了较大成果，但是"校园贷"犯罪侦查依然面临严峻挑战，尤其取证问题是关涉构建严密的证据体系进而认定犯罪，从而实现对犯罪者的刑事惩罚的核心，但具体案件侦查中取证还存在很多难以克服的瓶颈，制约着对"校园贷"犯罪的侦查打击。一些学者也指出此类案件"组织严密，计划周详，涉案人员反侦查意识强，有的案件甚至有律师的参与，涉案环节众多，证据少、埋藏深、证据分散，给调查取证工作带来很大的挑战"[3]。随着

---

[1] 靳高风、朱双洋、林晞楠：《中国犯罪形势分析与预测（2017—2018）》，《中国人民公安大学学报》（社会科学版）2018年第2期。

[2] 靳高风、朱双洋、林晞楠：《中国犯罪形势分析与预测（2017—2018）》，《中国人民公安大学学报》（社会科学版）2018年第2期。

[3] 赵卿、韩荣、张宪：《"套路贷"案件的办理经验与问题归纳》，《中国检察官》2019年第3期。

以审判为中心司法改革的推进，司法机关认定犯罪的证明标准日益严格，对证据收集提出更高要求。

一 "校园贷"犯罪的内涵

(一)"校园贷"犯罪的含义

"校园贷"，其并非法律意义上的概念，而是公安司法机关为了工作需要对假借借贷之名实施的这一类侵财犯罪的统称，其本质上是严重社会危害性的新型金融犯罪，具有一定涉黑性质的有组织犯罪。就其概念来看存在不同的观点。

"校园贷"的内涵主要是指放贷公司及员工假借民间借贷之名，通过"签订虚假借款协议""恶意制造违约""制造银行流水痕迹""转单平账""虚增债务""伪造证据""收取高额服务费用"等方式，采用欺骗、胁迫、滋扰、纠缠、非法拘禁、虚假诉讼、敲诈勒索等手段，非法侵占受害人财物的行为，有的伴随受害人辍学、卖房、卖车、自杀等后果，严重侵害人民群众的合法权益，扰乱金融市场秩序，影响社会和谐稳定。[①]

《办理套路贷案件意见》认为"套路贷"是对以非法占有为目的，假借民间借贷之名诱使或迫使被害人签订"借贷"或变相"借贷""抵押""担保"等相关协议，通过虚增借贷金额、恶意制造违约、肆意认定违约、毁匿还款证据等方式形成虚假债权债务，并借助诉讼、仲裁、公证或者采用暴力、威胁以及其他手段非法占有被害人财物的相关违法犯罪活动的概括性称谓。

基于上述分析，在此认为，所谓"校园贷"犯罪是指犯罪主体以非法占有被害人的财产为目的，以借贷或变相借贷等外衣为掩盖，以欺骗的方式套路被害人以便造成不断垒高债务的假象，进而施以法律威胁、暴力或软暴力逼迫等一系列犯罪行为。

---

① 罗斌飞：《"套路贷"犯罪手段及侦查对策》，《武汉公安干部学院学报》2018年第4期。

(二)"校园贷"犯罪的特点

"校园贷"违法犯罪活动隐蔽性强、获利快、收益高且易于复制传播,危害极大。"校园贷"的危害主要表现为,侵害人民群众的合法权益,扰乱正常金融秩序,衍生出多种刑事犯罪,影响社会稳定等。[1] 结合侦查实践来看,"校园贷"犯罪具有以下特点。

1. 发端于发达省份并迅速向内地蔓延

从侦查实践来看,"校园贷"犯罪最先在浙江、上海被披露。自2016年9月以来,上海市公安局部署开展了"严厉打击以借贷为名的非法牟利违法犯罪活动"专项行动。在此次行动中先后打掉30余个"套路贷"犯罪团伙,逮捕170余人。[2] 随后案件向江苏、上海、山东等沿海发达省份蔓延,"安徽、河南、吉林、江西、内蒙古也相继出现'套路贷'第一案,犯罪有向内陆地区蔓延的趋势"[3]。

2. 被害人多为自控力不强法律意识淡薄的群体

从相关案例来看,受害者集中在老年人、在校大学生或者一些未成年人等群体。其共同特点是存在非常规消费或者应急资金需求,但是由于风险意识不强,受到外界诱惑或蛊惑后自控力较弱,对社会风险认识不足,一旦受害后由于缺乏法律意识,不会或者羞于运用法律来保护自己的权益。

3. 犯罪"套路"设计环环相扣使被害人越陷越深

犯罪行为人充分运用各种手段设计"套路",再采用拒绝接受还款或者制造意外等方式刻意造成被害人违约,或诱使被害人旋转借贷以便不断垒高债务,使得被害人陷入永远还不清的"套路"之中,无法自拔,甚至被逼自杀或者远逃。

---

[1] 汪杨:《警惕"套路贷"之一:套路很深,极具欺骗性》,《金融经济》2019年第2期。

[2] 《上海二中院发布2018系列审判白皮书》,[2020-03-07]. http://www.hshfy.sh.cn/shfy/gweb2017/xxnr.jsp?pa=aa WQ9MjAwOTQ4NTMme Gg9MSZsb WRtPWxtMTcxz&zd=xwzx。

[3] 倪铁、董磊:《"套路贷"案件侦查困境的破解机制——基于100份判决书的实证研究》,《山东警察学院学报》2019年第3期。

4. 犯罪呈现企业化甚至演变成有组织犯罪

当今的"校园贷"案件不仅有幕后负责人指挥全局，形成固定的放贷模式，更有不同的职能部门专门负责整理放贷账目，收集客户信息，拓展客户源，并进行专门化培训，达到根据个性化剧本实施诈骗的地步。后续还有专门从事讨债业务的人员进行债务催收。有的甚至会聘请律师为其签订的合同做风险评估，严密设计"陷阱条款"，后续还提供诉讼服务。根据此类案件的发展变化特征，司法机关将"校园贷"归为新型黑恶犯罪之一。

二 "校园贷"犯罪侦查取证存在的难点及原因分析

面对"校园贷"犯罪的猖獗，公安机关部署采取了一系列措施，严打"校园贷"违法犯罪活动，截至2019年2月26日，全国公安机关共打掉"套路贷"团伙1664个，共破获诈骗、敲诈勒索、虚假诉讼等案件21624起，抓获犯罪嫌疑人16349名，查获涉案资产35.3亿余元，有力震慑了此类恶势力犯罪的嚣张气焰。[1]"2018年全国检察机关坚决从严惩治社会关注度高、群众反响强烈、涉及面广的'套路贷'等突出犯罪行为，有效地减少了人民群众的财产损失。"[2] 但是从侦查实践来看，依法侦查打击"校园贷"犯罪还存在诸多挑战，既有"校园贷"犯罪立法、司法规制的不足，也有犯罪隐蔽性强难以发现的制约，还有案件因太过复杂而管辖、立案、侦查难度大等问题。但总体上来看，侦查取证问题成为制约案件侦查乃至顺利诉讼进而实现对犯罪行为人惩罚的顽疾。具体有以下几个方面。

（一）证明犯罪行为人主观故意的直接证据难收集

从"校园贷"犯罪来看，主观故意主要体现在两个方面，即非法

---

[1] 全国公安机关：《打掉"套路贷"团伙1664个破获各类案件21624起》，(2019-02-26)[2020-03-07]. http://legal.people.com.cn/n1/2019/0226/c42510-30903232.html。

[2] 张玉镶：《场论与侦查简论》，《铁路警官高等专科学校学报》2008年第1期。

占有他人财物之故意和设置"陷阱"之故意。"校园贷"与民间借贷和非法讨债等违法犯罪的区别之一就是犯罪行为人的目的是非法占有被害人财物。而其非法占有之目的则是犯罪行为人主观故意在此类案件上的反映,一般是反映在犯罪行为人讯问结果即讯问笔录上。但实际案件侦查中,犯罪行为人一般不会承认自己非法占有被害人财物的主观故意,反而会想方设法把"校园贷"与民间借贷混同,以达到脱罪目的。因此通过对犯罪行为人讯问后多无法获取直接证据,即在讯问笔录中明确记录反映其主观故意。"校园贷"犯罪核心在于"套路",但从侦查实践来看,犯罪行为人一般不会痛快地交代各种"套路"的设置与实施,这都需要通过收集证据来证明。但这些"套路"又被犯罪行为人通过各种貌似合法的外衣所掩盖,从收集提取到的各类合同、交易记录很难证明"套路"的存在。从《办理套路贷案件意见》来看,也没对如何证明并确定犯罪行为人主观上非法占有的故意和设置"陷阱"之故意做出规定。

(二) 互联网商业经营型犯罪现场勘查难度高

对于普通刑事案件,犯罪现场的勘查是侦查取证的重要环节和案情分析的基础,无论是实体空间的犯罪现场勘查,或虚拟网络空间的犯罪现场的勘查都对案件侦查具有重要的价值,为此公安部提出了"有案必勘"的要求。而以审判为中心的司法改革对证据体系的构建和证明标准提出更高的要求,也更凸显了证据收集系统性的重要性。但是对于通过互联网商业经营等方式实施的经济类犯罪,由于犯罪行为实施的复杂性和持续性,其犯罪现场太过宽泛和抽象,勘查工作一直是薄弱环节,甚至可以说"无现场"可勘。"校园贷"类犯罪作为"互联网+商业经营型犯罪",其犯罪过程呈现的是持续状态,其实体犯罪现场具有不确定性,即使是有固定的商业活动场所,因为犯罪行为的隐蔽性,也无法如普通刑事案件一样按照《公安部刑事案件现场勘查规则》对其现场进行常规勘查;而《计算机犯罪现场勘验与电子证据检查规则》勘验的重点是传统计算机犯罪的现场;《公安机关办理刑事案件电子数据取证规则》则是从具体操作层面来规范电子数据取证。也就是说目前缺乏对高发的互联网商业经营型犯罪现场进行系统性勘验的法律规范。"目前，我国侦查水平依然处于技术侦查阶段，侦查理论仍处于由技术侦查到系统侦查的探索时期。"[1] 这就使得即使此类现场潜藏着大量的记录犯罪的痕迹物证和信息数据也得不到提取，没能发挥现场勘查在证明案件中的重要作用。换言之，"校园贷"犯罪现场由于缺乏系统理论指导下的综合性勘验，以至于无法借助各类电子数据再现网络"校园贷"的犯罪现场，从而减损了信息数据的证据价值。

（三）财务账册、合同、档案等书证获取困难

从"校园贷"犯罪侦查的视角来看，财务账册、合同、档案等书证，无疑是承载非法商业交易活动，联结交易双方，记载资金流动、收支、分配的重要证据，也是对"校园贷"经营性场所的犯罪现场勘查的关键。但从侦查实践来看，犯罪行为人在与被害人进行"借贷"过程中，普遍存在不向被害人提供合同，被害人还款后单方面销毁合同等证据的情况；被害人则处于缺乏法律意识，或者害怕被亲朋好友发现其陷入"民间借贷"的情形而主动销毁一些合同等书证。此外一些地下或网络"校园贷"公司本身就没有正规的公司经营资质，一直游走在法律监管的边缘，日常经营中不保存财务账册、合同等纸质档案，以至于相关书证无法收集提取。

（四）电子数据取证技术含量高难度大

随着司法机关对"校园贷"犯罪的持续高压打击，"校园贷"犯罪团伙反侦查意识不断增强，转向网络空间实施犯罪活动。"校园贷"犯罪利用网络的虚拟性、隐蔽性、便捷性进行资金转移，进一步提升了获取财务资料等实物证据的难度；以网络形式存在的"校园贷"犯罪也在不断蔓延，而且其危害更大。但犯罪必留痕，网络空间同样如此，无论是以网络为"校园贷"犯罪的辅助工具，还是直接实施网络"校园贷"必然在网络空间留下其信息之痕，即电子数据。

---

[1] 张玉镶：《场论与侦查简论》，《铁路警官高等专科学校学报》2008年第1期。

从被害人来看，其受犯罪行为所迫胁，害怕自己的借贷行为被亲朋好友所知悉。尤其是一些被害人在签订借贷合同时，受犯罪行为人所蛊惑拍摄自己的隐私视频图片或将重要个人信息发给他们，既使自己受制于人，又担心自己的隐私被周围熟人所散播，不懂得保存电子数据，甚至故意删除损毁犯罪行为人发送来的视频图片等，人为增加电子数据收集提取难度。从犯罪行为人来看，其为了逃避惩罚，在日常实时注意随时删除销毁各类电子数据，一旦发现可能被调查，则采取销毁电脑、手机上的数据甚至直接销毁所使用过的电脑、手机，并对被害人的微信、支付宝交易记录等进行删除，导致部分电子数据因被销毁、篡改、隐藏而难以固定提取。

由于计算机网络空间和电子数据本身的特性，收集提取电子数据既需要较高的计算机技术，也要具有相当高的侦查能力，但是侦查实践中具有这两方面能力的侦查员是稀缺的，涉及电子数据的收集提取时只好委托聘请专门技术人员，甚至委托社会上的网络公司来进行，其收集提取运用电子数据的成效可想而知，以致侦查实践中很多电子数据无法作为证据使用而导致最后无法认定其罪行。尤其是电子数据的种类复杂，数量庞大，格式多样，关系烦琐，分析运用难度大，很难被全部收集运用，导致大量的电子数据因主客观因素制约而得不到有效收集利用。

三 依法规范取证，提升"校园贷"犯罪侦查能效

（一）修订《办理套路贷案件意见》，确定相关证据推定标准

随着《刑事诉讼法》的完善和以审判为中心司法改革的推进，在侦查中越来越注重犯罪嫌疑人权利的保障，非法证据排除规则得到普遍性遵守，为此想要通过讯问来证明犯罪嫌疑人的主观故意和"陷阱"的设置无疑缘木求鱼。但认定犯罪又必须有能证实其主观故意和设置"陷阱"之事实。

为解决无法收集直接证据证明犯罪行为人主观上非法占有目的的故意和证明犯罪行为人的想方设法设置"陷阱"的情形，进而化解"套

路贷"犯罪的认定难题,有必要尽快修订《办理套路贷案件意见》,增加关于推定犯罪行为人主观上故意实施犯罪和设置"陷阱"的证据要求,并明确通过间接证据推定犯罪行为人主观上具有非法占有之故意和设置"陷阱"的证明标准和具体要求,以实现对犯罪行为人的刑事惩罚,防止其因直接证据无法收集而逃脱法律的惩罚。

(二) 构建系统论指导下互联网商业经营型犯罪现场勘查规范

犯罪现场是犯罪行为实施所必需的空间,有犯罪行为必然存在犯罪现场,无论是发生在实体空间还是虚拟网络空间的犯罪行为;犯罪场则是"存在于潜在犯罪人的体验中,促成犯罪原因实现为犯罪行为的特定背景"[1],任何犯罪也都必然有其特定的"犯罪场"。互联网商业经营型犯罪也必须发生在特定的犯罪空间与特定的社会背景中,即犯罪场中。从前文可以看出此类犯罪独特的实施方式决定了不可能按照传统刑事案件现场勘查规范仅对犯罪现场进行勘验。忽视对"犯罪场"的勘验往往使得虚拟空间的信息与实体空间的信息失去了整个案件系统之间的联结,也是很多案件在证明上难以达到认定犯罪标准的原因。[2] 这就需要在传统现场勘查规范的基础上构建符合现代互联网商业经营型犯罪现场勘验所必需的犯罪现场+"犯罪场"勘验规范,以系统理论来指导此类现场勘验规范的制定,尤其注重"犯罪场"在整体现场勘验中的作用,围绕犯罪现场和"犯罪场"所承载的犯罪行为人、犯罪时间、犯罪行为、被侵害人信息、犯罪信息等要素及其关系进行系统勘验。

(三) 多渠道收集提取各类书证资料

一是利用好被害人来拓展书证收集渠道。做好被害人的思想工作,放下思想包袱,主动配合侦查人员全面收集其可能保存的各类书证,必要时在案件经营侦查过程中可以通过被害人的配合从犯罪嫌疑人那里获

---

[1] 转引自张玉镶《场论与侦查简论》,载《铁路警官高等专科学校学报》2008年第1期。
[2] 就新型敏感犯罪的"犯罪场"及"犯罪场"的勘验有必要深入研究,笔者将在其他文章中做专门研究。

取书证。二是借助行政执法部门日常检查获取财务资料。在尚未惊动犯罪嫌疑人的前提下，可以商请市场监管、金融机构监管部门以日常执法检查等形式收集所需要的各类书证。三是通过现场勘查收集书证。现场勘查是提取各类书证物证最直接最有效的侦查措施。但是此类案件又多不重视现场的专业勘查工作，甚至认为现场勘验没有必要。为此应该加强此类案件现场勘查重要性的认识，努力通过现场勘查从废弃物品或相关痕迹物证中深入发掘有价值的各类书证。四是借助秘密技术侦查手段获取书证。在对案件经过一定侦查后，认为达到可以实施技术侦查的程度时，提请有权限的领导批准借助技术侦查手段收集获取各类书证。

（四）全面提升电子数据的取证运用能力

随着计算机网络技术的飞速发展，充斥在各类案件中的电子数据越来越多，并且在不远的将来电子数据必然会成为数量最多的证据种类形式，其潜藏的证明力也不断被发掘。随着刑事诉讼关于证据和证明标准要求越来越严格，必须要拓展提升电子数据的取证和运用能力，以填补其他实体证据取证运用之缺憾。为此需要：一是从国家层面尽快对电子数据的取证进行专门立法，解决其法律地位问题。二是高度重视电子数据取证运用工作。各级公安机关刑侦部门的主要领导要高度重视电子数据取证运用工作，应该将电子数据取证运用工作与命案侦查工作一样同等程度重视，并应将电子数据取证能力纳入侦查人员能力考核范畴。三是对一线侦查办案人员进行全员电子数据取证培训，全面提升侦查人员电子数据取证、运用能力和意识。四是加强电子数据取证技术力量建设。从科技和人力资源上加大投入，争取每个办案部门都有专门的电子数据取证、分析和运用的部门，每个具体的侦查组织，如刑侦中队至少配备一名具有相当水平的专业电子数据取证技术人员。要像培养现场勘验技术人员一样建设专业取证技术队伍，强化常规培训机制。

信息型操纵证券市场犯罪行为的防范与治理

方 燕[*]

摘 要：资本市场的信息与价格具有密切关系，信息型市场操纵行为借用优势信息传播，其影响证券市场的范围更广程度更深，破坏力也更大。为制止该类扰乱证券市场的行为及重构市场信心，有必要加大刑事制裁力度，首先需要在立法层面明确其行为要件。其次借用大数据等信息技术高效分析可能存在的操纵市场行为，让操纵市场行为无处遁形。最后，要努力构建行政违法查处与刑事犯罪侦查的衔接制度，同案同判，消除权利寻租空间。

关键词：信息型操纵市场；犯罪构成；行政与司法衔接

市场操纵行为一直是严重威胁证券市场安全的违法行为，随着市场操纵行为更新换代，信息型操纵市场行为逐渐走入人们的视野。与传统的操纵市场行为不同，信息型操纵行为甄别难度大，与正常的市场风向判断存在模糊的边界，但这丝毫不影响信息型操纵市场行为对证券市场的破坏力。目前我国尚未就信息型操纵市场犯罪行为做出清晰的界定，行政执法与刑事司法工作的衔接也成为维护证券市场稳定亟待解决的问题。同时，2020 年 3 月起正式施行的新《证券法》大幅度提高证券违法违规的处罚力度，优化证券民事赔偿纠纷案件的审

---

[*] 作者简介：方燕，陕西省律师协会副会长，北京金诚同达律师事务所高级合伙人兼西安分所主任。

理模式和纠纷解决机制，但民事责任部分并未展开。在民事责任无法震慑操纵市场行为者时，为了维护证券市场秩序的稳定，刑法需要承担更重的责任。

一 信息型操纵证券市场犯罪构成的具体表现形式

（一）"信息型市场操纵"的内涵

美国学者 Allen 于 1992 年最早提出"信息型市场操纵"这一概念，他将市场操纵行为根据所使用的技术方法分为三种：信息型操纵（information-based manipulation）、行为化操纵（action-based manipulation）、交易化操纵（trade-based manipulation）。其中信息型操纵是指通过媒体或其他方式，释放金融谣言或误导性信息来影响股票价格。我国也有学者认为，信息型操纵是指操纵者通过制造虚假信息，导致股价信号失真，诱导投资者或潜在投资者进行交易的行为。[1]

（二）信息型操纵证券市场行为的违法性分析

1. 主观上具有操纵证券市场的故意

在实施操纵行为之时，行为人在主观上具有为利用信息配合交易行为获取非法利益的意图，即行为人明知发布利好信息或其本身的投资示范行为将会引发市场主体追随，影响市场正常交易秩序，却故意或放任这种危害结果的发生。在判断行为人主观状态时，由于外界无法洞悉其内心真实状态，所以需要结合操纵者在整个市场操纵活动中的行为来进行。如在发布信息前的合谋行为，若行为人在利用优势信息影响市场之前就与上市公司实际控制人或其他具有影响力的人达成操纵市场的计划，那么其操纵的故意就十分明确。证券市场变幻莫测，从审慎推定的角度出发，笔者认为从行为推定主观状态时，还应许可行为人列举证据

---

[1] 赖英照：《股市游戏规则——最新证券交易解析》，中国政法大学出版社 2017 年版，第 540 页。

或特殊原因进行反驳。

2. 操纵证券市场的主观目的是获取不正当利益或转嫁风险

《中华人民共和国刑法》第182条规定："操纵证券、期货市场罪，以获取不正当利益或转嫁风险为目的。"获取不正当利益与转嫁风险，从本质上说都是操纵者利用证券交易规则谋求自身利益最大化。证券市场波云诡谲，存在投机的可能性，操纵者为达到获利目的，利用信息优势扰乱证券市场交易秩序。在信息型操纵证券市场案件中，操纵者的主观目的与其他操纵证券市场类型别无二致，均为谋求暴利。

3. 利用信息优势

证监会《证券市场操纵行为认定指引（试行）》中对信息优势的定义是指"行为人相对于市场上一般投资者对标的证券及其相关事项的重大信息具有获取或者了解更易、更早、更准确、更完整的优势"①。但这一表述并不能完全涵盖目前操纵者使用信息优势的行为，该定义还应包括操纵者主动制造、拆分、加工、发布、传播这类信息的优势。②同时优势信息的真伪，并不妨碍操纵者行为的非法性认定。徐翔案中，徐翔曾抗辩称"高转送"等信息是真实的，但信息本身只是市场操纵者手中的工具，刑法所惩治的是操纵行为，信息真伪不影响操纵行为及结果的达成。只要操纵者利用了吸引投资者投资的信息，无论真伪，信息就可以成为信息型操纵市场犯罪中认定的"信息"。

信息型操纵证券市场行为的核心是利用"信息"，控制信息发布的内容和节奏，以达到控制市场的目的。中小股东在判断信息真实性及有用性时能力不足，往往容易受到操纵行为人精心炮制的"信息"蛊惑，进而做出与行为人预期相同的市场行为。这类信息范围较广，凡是能够影响证券市场行为的信息均可纳入其中。宽广的信息范围为监管机构的监督管理带来很大的难度。

国内第一起典型信息型操纵证券市场刑事案件是2017年青岛中院

---

① 《证券市场操纵行为认定指引（试行）》第19条。
② 徐瑶：《信息型市场操纵的内涵与外延——基于行政和刑事案件的实证研究》，《证券法苑》2017年第3期。

审理的徐翔等操纵市场案。① 本案中,徐翔使用大量热点题材制造噱头,以吸引投资者的注意力。就这些信息的真假属性而言,对于普通投资者而言判断难度大。在互联网时代下,碎片化阅读也限制了普通网络读者对消息的深入分析,这就为不法分子利用信息优势操控投资者提供机会。这些信息从营销效果上是利好,同时紧跟社会热点抓人眼球。不同的时代追逐不同的热点,信息的类型与内容会推陈出新,但是其根本出发点在于吸引投资者目光,进而引导其进行投资。我国证券市场中小投资者数量众多,对市场信息缺乏独立的判断能力,容易发生"羊群效应"。再加上证券市场参与主体逐利与投机的本能,在操纵者的"花言巧语"下中小投资者容易成为待宰的羔羊。

4. 有节奏地投放信息

在信息型操纵市场案件中,操纵者在释放信息时通常会采取一定的策略,根据合谋安排有节奏有规律地释放信息。在徐翔案中,徐翔与上市公司达成合谋后,徐翔通过其名下的泽熙系公司先行买入,给市场投资者释放信息。在其建仓后,发布利好信息,进一步刺激市场追随者。2014年9月29日,泽熙6期举牌美邦服饰5%股份后,美邦服饰按照徐翔要求发布10送5派1元的"高转送"等利好信息。此举一方面刺激市场,增加市场追随者,另一方面也在强化徐翔的个人形象,为下一步拉升股价做准备。

5. 信息配合交易进行

从徐翔上述行为可以看出,徐翔的所有利好信息均是与交易行为相配合,两者相辅相成。在利好信息发布之前建仓买入,在利好信息发布之后连续交易操纵拉抬股价。信息优势与交易配合进行也是判断操纵者具有主观故意的重要依据之一,在释放利好信息的过程中,若行为人没有任何的交易行为,则只能认定为是吸引投资者投资的"广告行为"。

6. 社会危害性结果

信息型操纵证券市场行为作为新型的扰乱证券市场正常交易的行为,要用刑法加以规制,必须具有相当的社会危害性。操纵市场的人俗

---

① 目前在公开渠道无法获得徐翔案的判决书,只能通过公开案件报道分析案件。

称庄家，其最终目的是获得不正当利益，结果是普通投资者利益受损，同时也破坏了证券市场交易秩序，危害经济安全和社会稳定。

此外，信息型操纵证券市场行为还存在内外勾结的情况，多市场主体共同参与，市场秩序受损的程度更深。徐翔案中，已经查明的资料显示徐翔涉及11起上市公司股票交易，涉及23名上市公司高管，操纵135个证券账户，涉案资金400多亿。① 基于此种严重的危害后果，刑法有必要对此类行为加以规制。徐翔一案中，在完成价格拉抬后，徐翔与上市公司工作人员反向高价抛出股票，获利后双方按照约定分成。但不明真相的中小股民则成为高价的接盘人，之后股价暴跌承受巨大损失。中小股民的经济承受能力弱，发生股灾时容易成为操纵者转嫁风险的承担者。一旦发生大额损失，众多中小股民容易成为社会不稳定因素。

二 信息型操纵证券市场行为与内幕交易行为、虚假陈述行为的区别

（一）与内幕交易行为的区别

内幕交易是指内幕信息的知情人利用信息优势进行信息不对称的交易。知情人利用自己对价格敏感信息提前知悉，在利好信息公布前买入股票，在利空信息公布前卖出股票。在诸多信息型操纵案件中，都有公司内部人员参与，比如徐翔案件中，徐翔与多家上市公司控制人形成共谋。在低买高卖的行为表现上，内幕交易与信息型市场操纵行为具有一致性，因此在实践中两者经常发生混淆。在徐翔案最初立案侦查时，公安机关就以涉嫌内幕交易罪对徐翔等人进行刑事拘留。但是内幕交易与信息型市场操纵行为还是具有显著的区别的，不应在立法及执法层面混淆。

一是行为主体不同。内幕交易的行为主体是上市公司的董事、监

---

① 《徐翔操纵市场案共涉及400亿资金23名上市公司高管》，载新浪财经，http://finance.sina.com.cn/stock/y/2016-12-02/doc-ifxyiayr8854279.shtml。

事、高级管理人员、实际控制人等;信息型操纵市场行为的主体是掌握一定信息发布、传播能力的上市公司董事、监事、高级管理人员、实际控制人以及具有市场影响力的其他人。二是信息的本质不同。内幕交易涉及的信息是未公开且重大的即需要披露的信息;信息型操纵市场行为利用的信息不一定是重大且需要披露的,比如迎合市场炒作概念等,此类概念本质上在于引发关注,并非法律规定的必须向公众披露的信息。三是行为方式不同。内幕交易实质是行为人利用内幕消息在其他市场主体参与之前交易,获取更具有优势的价格;利用信息优势操纵市场的本质是操纵者具有信息优势,加上二级市场的配合,影响投资者的正常投资决策,从而牟取不正当利益。

(二)与虚假陈述行为的区别

虚假陈述是一种典型的证券欺诈行为,指的是信息披露义务人在证券发行和交易过程中,违反相关法律法规,在披露信息时发生重大遗漏、不当披露、误导陈述或虚假记载。在实践过程中,行为人可能同时做出虚假陈述与信息型操纵市场行为,但两者的深层机理不同。虚假陈述没有扭曲市场供求机制,它是在利用市场机制的基础上,违反信息披露的真实、准确、完整原则,通过发布虚假记载、误导性陈述或有重大遗漏的信息,对投资者实施"欺诈",违背了证券市场的基本原则。信息型操纵则是控制和影响信息披露的时间和内容,不当影响市场供求关系,扭曲市场价格形成机制。[1]

其次两者的行为模式不同。信息型操纵行为的核心是信息,利用信息来影响投资者决策。其行为模式包括引入各种热点题材、控制信息发布的内容和时间节点,以达到间接影响证券市场价格、交易数量的目的。[2] 最后,两类行为实施的主体身份不同。虚假陈述的主体必须是信息披露义务人,上市公司或证券发行人、董事、监事、高级管理人员和证券服务机构等。而信息型操纵行为则无此要求,任何主体均可实施操

---

[1] 姜沅伯:《信息型操纵与虚假陈述异同》,《中国金融》2020年第15期。
[2] 商浩文、郭冬冬:《利用信息优势操纵证券市场犯罪的刑法规制——以全国首例刑事案件为切入》,《法律适用》2018年第20期。

纵行为。

在实践过程中，信息型市场操纵和虚假陈述会发生竞合，但竞合的前提是信息型操纵行为的实施者满足虚假陈述行为的主体要件，同时信息为虚假或误导性的。如果市场操纵者同时满足信息型市场操纵和虚假陈述，如何定罪处罚也成为一个值得讨论的问题。一种观点认为，两行为应当数罪并罚。另外一种观点则认为是牵连犯，应当择一重罪处断。笔者赞同第二种观点，信息型操纵行为本质上是在利用信息以达到操纵的目的，其中涉及的虚假陈述只是手段，应当认为是牵连犯，择一重罪处罚。

三 对操纵证券市场违法犯罪行为的行政执法与刑事司法的衔接

2010年1月1日至2019年12月31日十年间，证监会及其派出机构共对135件操纵市场案件做出行政处罚，操纵市场成为在数量上仅次于内幕交易、违法披露信息的第三大资本市场违法行为，持续受到监管部门的重点关注。而对于操纵市场的刑事追责，十年间全国各级人民法院仅对13起操纵市场案件做出刑事判决。

回顾过去十年，对证券市场违法犯罪案件的刑事追责极为有限，绝大部分案件止步于行政监管部门的行政处罚，但是这并不说明这些案件没有达到刑事入罪标准。

早在2011年，最高人民法院、最高人民检察院、公安部、证监会颁布《关于办理证券期货违法犯罪案件工作若干问题的意见》，其中规定，证券监管机构办理证券期货违法案件，案情重大、复杂、疑难的，可商请公安机关就案件性质、证据等问题提出参考意见……涉嫌犯罪的，公安机关应当及时立案侦查。《中华人民共和国行政处罚法》第7条第2款也规定，违法行为构成犯罪，应当依法追究刑事责任，不得以行政处罚代替刑事处罚。

既然早有明确规定，为何在处理证券违法案件中仍然出现该移送司法而未移送的情形，笔者认为有以下原因。

第一，不同于其他类型犯罪，证券犯罪具有更高的专业性和复杂性，诸多构成要件指标需要专业知识和设备才能监控、发现和判断，比如对于累计成交量占同期该证券总成交量比例的计算、对交易是否异常的判断、对价格走势是否明显偏离基本面的判断等。司法办案机关并不具备对大数据的监控能力和方法，缺乏主动发现证券犯罪的方式和手段，在路径上不得不依赖证券监管部门的报告和移送，不可避免形成案件移送的盲区。

第二，相较于司法办案机关，证券监管部门对于证券市场行为的监管具有先天便利，这种比较优势客观上赋之以自由裁量的空间，在某种程度上侵蚀了刑事司法领域。在证券监管部门看来，刑法、相关司法解释及追诉标准将操纵市场等证券犯罪的构成条件主要集中在数额标准上是片面的，不同的证券违法案件因事实、情节、发案背景不同，造成的社会危害性也不同，刑法视域内的判断标准不够灵活，"一刀切"适用显失公平，于是出现了选择性移送的情形。

这种模糊状态一方面会滋长权力寻租的可能，另一方面也会导致同案不同处理的不公平现象。但是相信随着我国不断加强对证券市场的严格监管，随着司法办案机关办案专业能力的提高，以及与证券监管部门会商协作的不断加强，这一状况会得到改善。

本次《证券法》修订对证券、期货违法行为的处罚力度做了大幅提升，对于各类违法行为的处罚金额基数和处罚幅度各提高了几倍甚至几十倍不等。从法条衔接角度来看，刑罚作为最为严苛的处罚，需要与其他法律的惩罚幅度形成一定的幅度阶梯，才能达到较好的法律效果，而目前刑法各个罪名的罚金刑标准仍停留在若干年前的标准，确实可能在个案中形成刑罚力度不够的情况。

和其他部门法不同的是，《证券法》是一部专业性极强的法律，证券犯罪相关概念和性质的认定必须以《证券法》为依据。它们之间的关联不仅限于条文之间的联系，在实际的案件办理中也常常需要跨部门协作、沟通。所以，关于证券法与刑法相关条文之间衔接适用问题的修订和解释亟待补充，以满足法律适用的需求，充分发挥出此次修法的作用和价值。

四 对信息型操纵证券市场犯罪行为防范与治理的建议

上市公司真实、准确、完整、及时地披露信息是证券市场健康有序运行的重要基础。随着民法典的颁布实施、刑法修正案（十一）正在立法进行中，我国证券市场逐步形成行政责任、民事责任、刑事责任的全覆盖，使得证券违法违规成本显著提升。信息型操纵作为国内目前相对更新、更复杂的一种操纵行为，其概念、方式等均需要加以明确，其与其他合法行为的边界区别更要清晰。笔者认为应从以下几个方面对信息型操纵证券市场犯罪行为进行防范。

（一）运用金融监管科技防范信息型操纵市场行为

当前，大数据、区块链、云计算、人工智能等新兴技术的兴起对金融证券市场以及相关业务产生了深刻的影响。随着金融科技的快速发展，金融证券市场中收集和分析数据将更加容易，并能更快地减少信息不对称，基于人工智能与大数据的交易和投资策略可以重新定义金融证券市场的价格发现机制，提升交易速度，促进金融市场的流动性，提升金融证券市场的效率和稳定性，监管机构可以更高效地分析、预警和防范金融证券市场的系统性风险。

金融监管科技为监管机构查处信息型操纵新型行为提供了有力的技术条件。金融监管科技旨在通过利用新技术提高监管机构的监管效率，降低监管成本，是监管与大数据、人工智能等现代科技相结合的产物。监管者可以将大数据、人工智能等"升级换代"的新型技术作为监管工具，利用这些工具识别信息，观察交易数量、金额的波动等，可以帮助监管机构及时发现风险并采取有效行动。新型金融监管科技可以感知信息型操纵新型行为模式、技术手段、风险态势，能够追溯到信息型操纵的完整信息链和行为链，及时发现违规操纵行为、高风险交易等潜在问题，提升风险识别的准确性和风险防范的有效性。这也与党的十九大报告把"创新监管方式"作为防范金融风险的目标之一、中国人民银行通过成立金融科技委员会来强化监管科技的初衷不谋而合。①

(二) 加大证券犯罪刑事处罚力度

作为规定犯罪与刑罚的刑法未与证券法进行联动修订，使现行刑法与新证券法的相关规定存在脱节现象，应尽快修订刑法进行有效的匹配和衔接。

1. 充分发挥刑罚的震慑功能

刑罚是最严厉的法律制裁手段，对比证券违法行为更严重的证券犯罪行为，原本应当给予更重的处罚，但现有的刑法规定却无法实现这样的效果。② 我国《刑法》第160条规定的欺诈发行股票、债券罪仅处5年以下有期徒刑或者拘役，刑罚的震慑力明显不足。

在《刑法》中，操纵证券、期货市场罪情节特别严重的，处5年以上10年以下有期徒刑，并处罚金。根据青岛市中级人民法院的判决，法院认定徐翔等人犯证券市场操纵罪，并构成情节特别严重的情形。徐翔作为主犯，判处有期徒刑5年6个月；王巍也作为主犯，判处有期徒刑3年；而竺勇则是从犯，判处有期徒刑2年，缓刑3年，同时并处罚金。在全国有着重要影响的徐翔案，主犯徐翔5年6个月的刑期，110亿的罚款又再度成为了市场的话题。有评论认为刑期轻，罚款重，刑罚的震慑功能未能得到有效发挥。

2. 重新梳理结构证券犯罪刑法规范

证券犯罪作为特殊的金融犯罪，其犯罪构成要件不完全由刑事法律加以规定，有些内容还需要依据证券法的相关规定予以明确。在新证券法正式颁布施行后，有必要根据新证券法的相关规定对刑法中关于证券犯罪的规范进行重新解读，秉持前瞻性与现实性、稳定性兼顾的刑法理念。

修订后的《证券法》第55条规定的操纵证券市场的方式共有八

---

① 郭艳芳：《监管科技的运用与制度完善——基于信息型操纵视角》，《西南金融》2020年第3期。
② 娄秋琴：《尽快修订刑法加大证券犯罪刑事处罚力度》，《中国证券报》2020年5月18日第A03版。

种，与《刑法》第182条规定的操纵证券、期货市场的方式有四种重合。那么尚未重合的四种操纵证券市场的方式是否能够入罪，是否适用"以其他方法操纵"的兜底条款加以规制，尚待法律或司法解释予以明确。

笔者建议加强证券监督管理机关与公安机关、检察机关等司法机关的联动和协调，必要时设置联席会议制度，或规定检察机关对证券监督管理机关查处的案件进行法律监督，特别是对于涉案金额超过刑事立案标准的案件是否移送刑事立案加强监督，防止有案不移、有罪不究、以罚代刑、降格处理、选择性移送等现象的再次发生。

（三）建立并完善行政执法与刑事司法衔接制度

2020年7月，证监会就《证券期货违法行为行政处罚办法》（以下简称《处罚办法》）公开征求意见。《处罚办法》明确行刑衔接程序。结合执法实际，明确"直接刑事移送""先处罚后刑事移送""处罚、刑事移送并行"等三种模式，加强证券行政执法与刑事司法的有机衔接。上述动作已表明我国证券监管部门已经开始探索建立健全证券领域行政执法与刑事司法衔接工作机制。

不断深化证券期货领域行政执法与刑事司法的衔接，是全面落实国务院金融稳定发展委员会对资本市场违法犯罪行为"零容忍"要求的关键一招。笔者认为证券监管部门可商请公安机关提前介入案件的查处，这既有利于证据的专业收集和固化，也能有效解决"两法衔接"中证据方面的行刑转化问题。同时，进一步完善行刑衔接信息共享平台，加强行政执法与刑事司法机关的网上衔接、信息共享、动态跟踪、联动执法，提高证券市场的监管效率。

"一带一路"倡议背景下区块链金融犯罪治理的区域警务合作研究[*]

赵长明[**]

摘　要： 自我国提出"一带一路"倡议以来，沿线国家的经贸往来日益频繁。然而，也必须看到丝路沿线国家的区块链金融犯罪频率也在逐年升高。由于国家间经济金融政策的差异、政治文化制度的差别以及刑事司法制度的不同，区域警务执法合作受到限制，打击跨国区块链金融犯罪效果不佳。因此提出加强政治互信，统一沿线国家间警务合作的思想；完善我国的金融法规，积极参与国际金融规则的制定；加强情报信息交流、完善区域侦查协作法律体系；建立以亚投行作为支点的警务合作联合指挥机构的策略，从而为构建"一带一路"安全框架，严厉打击跨国区块链金融犯罪提供更加坚实的理论基础。

关键词： "一带一路"；区块链金融犯罪；区域警务合作；亚投行

一　问题的提出

随着经济的快速发展，我国对世界经济的贡献越来越大，"一带一路"倡议作为我国连接亚欧的一项重大举措，实际上已成为沿线国家的经贸往来和共同发展的一大平台。自2013年"一带一路"倡议提出以来，历经8年多的发展，"一带一路"倡议这颗种子不但落地生根，

---

[*] 已发表于《江西警察学院学报》2021年第1期。
[**] 作者简介：赵长明，陕西警官职业学院侦查系副教授。

而且已慢慢长成为一棵大树为全球经济发展注入了新的活力，沿线国家人民之间的交往愈加繁密，政治沟通更加顺畅，经济贸易和交通设施建设更是得到了快速发展。然而随着经济的繁荣发展，各类金融风险逐渐浮出水面，其中区块链金融犯罪已经对"一带一路"倡议的深入推进形成了严重阻碍。

"国家互联网应急中心相关数据表明，自2018年以来区块链金融领域的跨国犯罪数量逐年增多"[①]，加密数字货币方面的黑市交易、洗钱和恐怖融资等犯罪行为与日俱增，不法分子利用区块链技术的去中心化、隐蔽性和匿名性等特征，通过监管漏洞从事违法犯罪活动，这已然成为各国司法部门的重点监管和打击对象。此外，区块链技术作为一项计算机网络高新技术，其复杂性和神秘性也被犯罪分子所看中，随着比特币等数字货币交易价格的迅速暴涨，一些不法分子更是利用社交媒体展开（ICO）非法集资、网络诈骗等，此类犯罪行为导致"一带一路"沿线国家的金融市场秩序受到了极大破坏，对正常的金融交易和金融监管造成了严重威胁。

综上可见，为了更好地维护"一带一路"沿线国家的金融秩序，严厉打击跨国区块链金融犯罪，必须深入分析区块链金融犯罪的发展历程，积极构建跨国区块链金融犯罪情报信息交流合作平台，拓宽国际警务合作渠道，为更好地打击区块链金融犯罪、开展国际警务合作提供理论支持。

二　区块链金融犯罪的概念解读及类型分析

所谓区块链金融，简单来说就是将区块链技术应用于金融领域。美国著名学者梅兰妮·斯万在《区块链——新经济的蓝图》一书中，率先提出了区块链金融的概念。在此之后，有学者认为，区块链金融的发展经历了三个阶段：（1）区块链1.0时代，这一阶段的主要特征是数

---

① 网信江苏：《2018年我国互联网网络安全态势综述》报告发布，（2019-04-19）[2020-04-20]．https：//baijiahao．baidu．com/s？id=1631178818547903732．

字加密货币的出现；（2）区块链2.0时代，这个阶段的标志是基于区块链技术的金融系统诞生，并正式投入实际应用；（3）区块链3.0时代，此阶段的主要特征是基于区块链技术的可编程社会特性广为人们所接受。

纵观当下金融市场，由于区块链技术的大量应用，金融行业出现了质的飞跃，未来将步入"区块链+"时代，区块链金融已然成为金融行业未来的发展方向。在区块链技术下，通过第三方进行信用评估必然成为历史，而区块链的信用体系将成为资产全球流通的重要保障，交易成本将大大降低，这必然为全球经济的发展注入新鲜血液。

（一）区块链金融犯罪的概念

区块链技术在数据结构方面的优势，能更好地满足金融信用体系的需求，因此当前区块链技术在金融领域的应用越来越广泛，两者的融合程度越来越高。然而，尽管法学界及金融行业专家都在积极研究区块链金融监管领域的内容，但是目前并没有达成统一意见，与传统的网络金融犯罪和计算机金融犯罪相比，区块链金融犯罪在内涵、特征等方面都有很多不同点。

理清概念和研究范畴，是深入研究一个问题的基础，也是开展研究工作的最终目的。笔者认为，区块链金融犯罪是通过网络利用区块链技术在金融领域所实施的犯罪行为，其中包括利用虚拟数字货币（比特币）进行诈骗犯罪、利用ICO进行非法集资、利用智能合约在证券、股票和征信等所有金融领域所实施的犯罪行为，皆可归入区块链金融犯罪的范畴。与其他金融犯罪相比较，区块链金融犯罪既存在不同，也有一些相同之处，比如，与计算机金融犯罪比较，这二者都是以计算机技术为手段所进行的破坏金融市场正常秩序的犯罪行为。然而由于区块链技术是一种全新的技术，因此其研究范畴显然与传统的计算机金融犯罪不同。当前法律体系下，金融犯罪可以归纳为三个基本类型：第一，破坏正常金融交易秩序的行为；第二，破坏正常金融管理秩序的行为；第三，破坏正常外汇监管秩序的行为。大多数区块链金融犯罪行为都是以传统犯罪为基础的,只是犯罪方法、犯罪手段等有所变化。[1]

(二) 区块链金融犯罪的类型分析

随着时代的进步和信息技术的快速发展,传统的网络金融犯罪已经改头换面,如今的区块链技术与金融犯罪,两者已慢慢相互融合、相互借力导致区块链金融犯罪正在逐步扩张。在这种情况下,传统的立法思维已然成为刑法更新和高效打击违法行为的障碍,并且显然相悖于区块链时代网络保护的新主题,通过分析总结当前区块链金融犯罪大体有四个类型。

1. 以区块链技术作为幌子进行诈骗犯罪

"所谓诈骗,就是为了非法占有他人财物,通过虚构事实或者是隐瞒真相,骗取较大数额的公私财物的行为,此类行为统称为诈骗。"[2]一般情况下,利用区块链技术及虚拟货币进行诈骗的犯罪过程有如下表现:第一,以非法占有财物为目的进行欺诈导致被害人会产生错误的认识;第二,被害人在错误认识的基础上处置了财产包括(虚拟货币或者法定货币);第三,行为人获得了财产,被害人损失了财产。其中比较典型的诈骗方式,就是发布虚假消息,声称自己是区块链有限公司的老板,引诱他人投入资金"挖矿",借机骗取财物。[3]"挖矿"是区块链金融的新型犯罪方式,它在分布式账本中类似于"采蘑菇"游戏,一旦第一个采完蘑菇即可获得奖励,奖励是加密货币(比特币)等。"挖矿"是区块链金融中的游戏规则,是将虚拟货币当作劳动解码的收获,但是一旦有人恶意"挖矿",即恶意劫持他人计算机系统进行"挖矿",变相抢劫加密金币,则构成了犯罪。

随着区块链技术在金融领域的广泛应用,比特币等区块链金融新产

---

[1] 高媛:《互联网金融犯罪刑法治理的完善研究》,《延边大学学报》(社会科学版) 2018 年第 1 期。
[2] 孙少石:《电信网络诈骗协同治理的制度逻辑》,《治理研究》2020 年第 1 期。
[3] 中国裁判文书网:周洁涛、周云鹏诈骗罪一审刑事判决书 (2019) 川 3221 刑初 29 号,(2019 - 10 - 11) [2020 - 04 - 20] . http://wenshu.court.gov.cn/website/wenshu/181107ANFZ0BXSK4/index.html? docId = 323ef2a4aeb443ee89f5aae30026f85f。

品的投机性明显强于传统金融产品,导致诈骗案件频频发生,这是区块链金融的首要风险。比特币等虚拟货币交易的投机性极大,法律体系不健全导致监管不明确,再加上比特币交易平台上聚集了大量资金,这就为诈骗犯罪提供了充分的条件。

明确出处随着区块链技术的应用越来越广泛,以及比特币大幅上涨,以区块链为幌子的诈骗行为越来越频繁。据统计,2018年初打着区块链旗号的交易平台就超过3000家。[①] 2013年10月,红极一时的比特币交易网站GBL(Global Bond Limited)忽然关闭,网站实际控制人卷款2500万人民币跑路,给1000多名投资者造成了严重的财产损失,GBL的控制人金某、刘某和黄某于当年11月12日至19日被分别抓获,涉嫌诈骗罪。[②]

2. 利用ICO进行非法集资犯罪

此处所说的非法集资犯罪,并非严格的法律术语,而是刑法中规定的"擅自发行股票或者公司、企业债券罪""欺诈发行股票或者公司、企业债券罪""非法吸收公众存款罪""集资诈骗罪"这四种非法集资型犯罪的统称。犯罪分子利用ICO进行犯罪的途径通常是假借投资理财、金融创新等所谓高科技迷惑群众,诱使投资者投入资金。

随着互联网技术与金融市场的有机结合发展,互联网金融行业随之产生,这也给不法分子利用互联网金融进行诈骗提供了可乘之机,例如"庞氏骗局"就是近年来引起广泛关注的金融诈骗案例,近几年来"庞氏骗局"的演变作品就是以区块链金融新产品的名义开展的非法集资行为,利用区块链金融产品实施非法集资的主体通常是比特币交易平台的相关负责人,其主要通过两种途径实施犯罪:第一种是把区块链金融公司当作投资项目,设置虚假的股票、基金等,吸引手中有闲钱的投资者参与投资,最终挪用或吞并所筹集的资金;第二种主要是骗取比特

---

① 超过3000家区块链传销诈骗,新华社痛斥上亿元的"大坑"!,(2018-06-26)[2020-04-20]. https://www.sohu.com/a/237761802_468694.

② 中国裁判文书网:闫桂华、杨婷然组织、领导传销活动一审刑事判决书(2019)湘0922刑初70号,(2019-09-12)[2020-04-20]. http://wenshu.court.gov.cn/website/wenshu/181107ANFZ0BXSK4/index.html?docId=4a0486aff1534c57b039aae701841bc4.

币，比如通过代币发起融资（ICO），要求以比特币作为筹码进行投资，其最终目的是吞并比特币。此类非法集资行为的特点是：第一，所谓的风险低、回报高，这其实是典型非法集资的规律；第二，通过借新还旧的方式腾挪资金，回补空缺；第三，投资非常神秘，并且违反投资周期；第四，投资者呈金字塔型结构。

ICO 是比特币交易平台所支持的一种融资方式，是通过发行区块链项目的数字货币，而不是发行公司股权的方式来募集资金，一般收取的数字货币是通用货币，比如比特币、以太币等。简单来说，ICO 是融资主体非法发行代币向投资者募集可交易的数字货币的行为。当前，一些 ICO 项目打着区块链技术、虚拟货币的旗号，利用互联网金融创新作为噱头，吸引投资者的目光，但实质上仍改变不了非法集资的本质。但是，我国《股权众筹融资管理办法（试行）》等相关制度明确规定，众筹项目只能向注册投资者募集资金，不能向普通公众开放，同时不就回报做出承诺，且投资人数累计不得超过 200 人。[①] 但是 ICO 可以巧妙地通过"币买币"方式规避国家监管，极易被犯罪分子当作非法集资的工具。

3. 以区块链金融产品作为载体进行传销犯罪

信息技术的快速发展使得资金流的流转速度加快，但是以区块链概念为外衣，利用比特币等虚拟货币进行投资理财的行为，实际上触犯了《中华人民共和国刑法》第 224 条的相关规定。尽管国家对传销严令禁止，然而仍有受害人不断入局，其危害之大、影响之广，让人非常头疼。区块链技术的快速发展导致一种新型传销方式的出现，以区块链金融产品作为载体进行传销，这种传销的基本特点包括：发展人员，缴纳会费，然后再发展下线，如此循环往复，以其发展的下线数量以及缴纳会费的金额作为计算报酬的依据。隐蔽性、欺骗性、流动性等，是这种传销的重要特点。

打着区块链平台、虚拟货币的旗号开展传销的案件中，所谓的区块链技术平台的实际控制人为了更广泛地吸纳资金，往往在全国范围内招

[①] 《股权众筹融资管理办法（试行）》出炉，（2019-09-16）[2020-04-19]. https：//www.sohu.com/a/341193464_564752。

募代理商，进而借助平台开展推广活动，以高额回报吸引闲散资金持有者，并且租用高档场所进行宣传，借此打造光鲜的形象或者是高收入的假象。一旦投资者上钩，再通过操盘炒作虚拟币价格翻倍后，伺机出货套现，使得投资者高位套牢。尽管这种传销活动打着区块链、虚拟货币的名义，但实质公司多为皮包公司，并没有任何实体经营，就是以发展下线、拉人头、缴会费的方式，形成各种层级关系吸纳更多的资金投入。从客观方面来讲，这种金融传销在客观方面表现为：第一，以比特币、以太币等虚拟货币作为入会需缴纳的筹码并以此作为入会的资格；第二，将比特币、以太币等虚拟货币作为发展下线时的报酬。维卡币案就是一个极具代表性的金融传销案例，不法分子将维卡币作为入会筹码，会员需缴纳该币才能入会。2019年9月，江苏省连云港市海州区检察院对卢某等人提起公诉，卢某等人利用区块链、物联网、金砖货币作为传销诈骗的旗号，在6个月的时间内发展下线30层，开通会员账号1万余个，传销吸纳资金高达3.2亿元，其社会危害是非常严重的，影响范围非常广。[①]

4. 利用区块链技术进行洗钱犯罪

"根据《金融机构反洗钱规定》，洗钱是指将毒品犯罪、恐怖活动犯罪、走私犯罪等各种违法犯罪活动中的违法所得，以各种隐蔽的手段隐瞒其性质和来源，并使其合法化的行为。"[②] 通过区块链技术展开洗钱操作，是洗钱犯罪的最新方法之一。犯罪分子利用区块链技术的去中心化、匿名性以及缺乏第三方监管等特点，可以更加隐蔽地将非法所得转移并使其合法化，并且避开监管机构的监管。由于上述原因，区块链技术成为犯罪分子进行洗钱犯罪的首选。基于区块链技术的洗钱犯罪，是一种非常典型的区块链金融犯罪，移动支付的快速发展导致资金流动更加便捷，同时也为洗钱犯罪提供了便利。区块链技术去中心化、匿名性特征，导致进行区块链金融交易不实行实名登记，因此将资金放入区

---

① 搜狐：最新骗局曝光！借"区块链"吸金超3亿！，（2020-01-06）[2020-04-19]. https://www.sohu.com/a/364932973_168424。
② 中国人民银行公布《金融机构反洗钱规定》，（2003-01-13）[2020-04-19]. http://www.people.com.cn/GB/jinji/34/165/20030113/906822.html。

块链交易平台后，可随时匿名进行投资理财，或者作为借款贷出，以及通过微信等第三方支付平台将资金进行转移。

通过区块链进行洗钱的不法行为一般有两种途径：一是将比特币等虚拟货币作为资产，进行洗钱；二是通过比特币等虚拟货币交易，将违法所得转移到国外。第一种洗钱方式是通过在比特币交易平台上购买比特币，然后利用比特币进行投资、融合，最后将比特币销售套现，从而使黑钱合法化。第二种洗钱方式是犯罪分子通过在比特币交易平台上开设账户，用非法所得通过该账户购入比特币，然后利用比特币进行交易，一旦比特币交易平台确认交易成功，大量资金就被流转出去，最终比特币在境外被卖出后，完成了向境外的黑钱合法化过程。上述两种洗钱过程都是匿名交易，当前尚无法监管，更无法追踪，甚至不会留下任何交易记录，但是跨境汇款却会受到外汇管制机构的严密监控，交易也会留下痕迹。

三 当前区域警务合作开展的法律依据及基本路径

"一带一路"是我国向世界提出的一项重要合作倡议，因为沿线国家之间存在大量的经贸往来，这就使得国际环境必须确保安全、稳定。在"一带一路"沿线国家所展开的基础建设中，必会与周边国家产生经贸往来，这正是区域警务合作的基础。习近平总书记在亚信第五次峰会上曾说过："谋求共同、综合、合作、可持续安全，就是为了实现地区国家整体安全。我们要坚持对话而不对抗，要探讨建立符合亚洲特点的地区安全架构，追求普遍安全和共同安全。"[1] 因此，虽然"一带一路"沿线国家之间并未就执法安全合作进行明确规定，但是为了确保沿线各国的经贸合作的顺利开展，区域警务执法安全合作已成为未来的大势所趋。

---

[1] 习近平：《携手开创亚洲安全和发展新局面——在亚信第五次峰会上的讲话》，《中华人民共和国国务院公报》2019 年第 18 期。

(一) 法律依据

虽然各国对区块链金融的认知和态度存在不同,然而对于跨国刑事犯罪在各类国际公约都有明确规定,这就使得跨国警务合作有了法律依据。一旦出现跨国金融犯罪案件而各国相关法律又存在冲突和矛盾时,那么国际公约便成为最好的解决依据,各国警务人员在执法工作时必然底气十足。在《中华人民共和国刑法》中是这样描述国际公约与我国法律之间的关系:我国在参与打击国际公约中涉及的犯罪行为时,作为国际公约的签约国,必须积极行使权力并履行国际公约中所规定的义务,并在该义务范围内对刑事犯罪执行管辖权。其他国际公约,如《制止向恐怖主义提供资助的国际公约》《反腐败公约》《与犯罪收益有关的洗钱、没收和国际合作示范法》等,也有相应的国际协作规范要求,当然其前提条件是尊重各国的领土主权完整,这都是打击跨国区块链金融犯罪的法律依据。显而易见,这些国际公约为我国倡导下的"一带一路"区域警务合作提供了必要的执法合作依据。

(二) 基本路径

1. 强调犯罪情报与证据信息的共享

要想保证区块链金融犯罪案件的侦破工作能顺利开展,构建情报共享机构和情报资源共享机制,是一个非常重要的前提条件。大部分跨国金融犯罪案件不能及时侦破,都是因为证据不足,证据不足的根源还在于前期的情报信息交流不及时,没有进行证据信息的共享。情报资源的共享,可以使各国警务人员及时获得全面的情报信息,同时为涉案国家之间的犯罪证据移交提供便捷途径,还可减少证据搜集的成本。按照通行做法需要进行跨国调取证据时,一般会直接委托属地国警方间接取证或者派员进入属地国进行直接取证。当前各类跨国刑事犯罪案件逐年增加,数量巨大,导致各国无力直接派员进行直接取证,因此当前大部分国家都会采用委托进行间接取证的方式来搜集跨国犯罪的相关证据。所谓委托取证,就是本国警务部门或侦查机关委托它国警务部门或侦查机构,针对跨国犯罪进行证据搜集并传递的相关工作。委托取证作为间接取证为了确保其工作的公正性和真实性,往往会邀请第三方加入,监督该工作的整个流程,这种取证方法不但能降低取证成本,提高取证效率,还能增进情报信息的交流与合作,目前我国对这种间接取证方式非常认可。

2. 强调跨境追捕与侦查协作

跨境追捕逃犯是打击跨国金融犯罪环节的重要内容之一,通常情况下一旦犯罪嫌疑人为了逃避警方追捕潜逃出国,警方要么将案件移交,要么放弃抓捕,很难实现直接跨国追击抓捕逃犯。开展区域侦查协作可以较好地解决跨境追逃的问题,如果犯罪嫌疑人逃出国境警方可以根据区域侦查协作内容向逃向国警方申请跨境抓捕,这样可以实现在最短时间内追捕逃犯。科技迅速发展加快了全球经济一体化的过程,导致跨国区块链金融犯罪与日俱增,此类案件的犯罪嫌疑人一般来自多个国家,案件特点是犯罪分子身份隐蔽、活动范围广阔等,因此单靠一国的力量完成侦查、抓捕工作,其难度可想而知。因此,开展联合侦查就是解决跨国经济案件的金钥匙,多国联合侦查可在最短时间内以最快的速度搜集相关犯罪情报信息及犯罪证据并且实施抓捕行动。国家间的协同合作既有利于各国警方展现自己的特长,还可以实现对犯罪分子的全方位打击,有效抑制跨国经济犯罪案件的发生,从而确保丝路沿线国家的正常贸易秩序。

四 开展区块链金融犯罪区域警务合作的现实困境

当前,区块链金融犯罪已变成一个全球性问题,但是"一带一路"沿线国家之间的警务合作却存在很多亟待解决的问题:第一,美国、日本等国家所奉行的外交政策,导致跨国区块链金融犯罪打击工作的开展困难成倍增加;第二,"一带一路"沿线的部分国家对区块链金融缺乏监管,更甚者一些国家的腐败分子甚至成为犯罪分子保护伞,这就对打击犯罪分子形成了严重阻碍;第三,欧洲部分国家的金融政策是相对宽容,并未形成区块链金融监管法律体系。

(一) 国家主权与政治利益的冲突

任何国家开展警务合作的前提条件必须是本国的主权及政治利益不被侵犯。"一带一路"倡议对沿线国家的经济水平提升意义重大,是各国加快经济发展步伐的重要契机,因此,加强区域间警务合作、打击经济犯罪势在必行,然而基于国家主权与国家利益的冲突,部分国家并不积极参与区域警务合作。

第一,部分西方国家对我国长期处于敌视状态,不希望我国壮大经济实力,在奥巴马政府时期提出"亚太再平衡战略",而特朗普政府又提出"全政府对华战略",所以以美国为首的西方国家出于自身利益的考虑,可能会阻止"一带一路"区域警务合作的开展。同时,日本、越南等亚洲国家出于自身利益的考虑,紧盯中国的经济发展,因此也会有保留地参与区域警务合作。

第二,由于文化背景和意识形态的差异,"一带一路"沿线各国因为经济和金融政策的差异,在金融监管问题上也多有所保留。这就使得国际金融市场越来越难以协调,特别是发展中国家与发达国家之间,因为经济矛盾的扩大使得国际协调能力变弱,这必然会削弱各国之间金融监管合作的能力。

第三,区域警务合作必然需要各个国家在一定时期让渡一部分国家主权,因此个别国家是否为了参与区域警务合作而牺牲一部分国家主权,还有待商榷。[①]"一带一路"沿线国家开展区域警务合作是件合作共赢的好事,然而部分国家由于种种原因可能不会参与区域警务合作。为此,"一带一路"沿线国家间开展区域警务合作,首选必须是能建立政治互信、具有主动参与意识且金融政策相对稳定的国家。

(二) 各国金融政策差异大,情报数据交换难度大

从全世界范围看,英、美、法、俄、德、日、韩、加拿大等国对区块

[①] 陈娇、赵长明:《"一带一路"倡议背景下的区域禁毒合作研究》,《警学研究》2019年第5期。

链金融产品及虚拟货币的规定各有不同。俄罗斯是最早禁止比特币交易的国家之一，并且规定了比特币等虚拟货币的使用违反了反洗钱法；而相反德国是最早承认虚拟货币合法地位的国家之一，德国财政部于2013年就承认比特币为普通电子货币，与其他实体货币一样可以在德国进行交易；法国至今没有承认比特币等虚拟货币的合法地位，但又对比特币等虚拟货币的交易进行征税；加拿大政府证券管理局将比特币等虚拟货币认定为有价证券的一种，可以存在；美国政府没有对比特币等虚拟货币进行统一的规定，美国各州可以自行立法规定，但虚拟货币的发行需要受到美国证券交易委员会的监管；英国政府至今为止对虚拟货币的认识都比较模糊，并未设定相关虚拟货币的监管法规。国家间联合侦查打击跨国犯罪的内容之一，就是侦查情报信息和数据的交流。从以上各国的金融政策来看，目前大家对比特币等虚拟货币的认识还存在很大差异，所以要进行联合打击区块链金融犯罪各国必须进一步统一认识，加强合作。

在具体的国际警务合作中，通常情况下情报信息会随着案件一起移送，即当某国发生区块链金融犯罪案件后，需要他国提供警务合作时，案发国的侦查机关会提出警务合作请求，并向合作国提供案件基本情况、案件侦破进展、犯罪嫌疑人基本情况等相关情报信息和数据。因为各国间金融政策的差异导致开展警务合作的难度很大，国际警务合作的开展，往往是各国警察机关的内部事务，但涉及金融犯罪案件则必须与金融部门进行沟通，否则非常容易出现技术障碍，然而区块链金融犯罪情报与数据必须有赖于各国金融部门的提供才能高效地应用到案件侦破过程中，如果仅仅是警务部门单一层面的情报交流，则无法实现对区块链金融犯罪案件信息的全面把握。另外，由于政治、文化等方面的差异，导致各国警务部门的机构设置、内部职能分工等都有所不同，这些因素也会使得合作方因为主体的不一致性，交换主体不同，交换方式不统一，导致情报交换无法顺畅进行，错失最佳抓捕时机，造成财产的巨大损失。并且由于区块链金融犯罪需交换的情报信息总量较大又相对零散，加之情报内容不系统、规范性差，无法组成完整的证据链，单个情报信息的价值不高，在这种情况下，即使各国的政治制度、金融政策、法律制度相似，国际警务合作也必然受到影响。

(三) 各国刑事司法制度存在明显差异

中华人民共和国是《联合国打击跨国有组织犯罪公约》的首批缔约国，本公约的目的是通过国际警务合作，有效地打击跨国犯罪的嚣张气焰，目前由于没有一部统一的《国际刑法》，所以打击跨国金融犯罪各国的标准并不统一。由于历史背景、政治、文化的差异导致各国的司法制度不同，相同的犯罪行为，由于审判国的法律制度差异，必然导致定罪量刑的不同。就拿比特币和ICO来说，我国坚决禁止，如出现严重犯罪行为，还会处以重刑。然而像美国、德国、俄罗斯等国家，则对区块链金融犯罪的认定存在较大差异，一旦两个国家实行联合侦查，那么必然会因为本国司法制度、金融政策等方面的问题产生顾虑，并可能最终拒绝分享情报或者拒绝犯罪遣返、引渡嫌疑人。此外，"一带一路"沿线的部分国家，甚至连一条关于区块链金融犯罪的法律法规都没有，由此可见，"一带一路"沿线国家要想联合打击区块链金融犯罪，首先要解决的就是各国法律冲突的问题。

就我国立法领域来说，近些年我国积极就区域侦查协作与国际公约进行对接，比如新修订的《中华人民共和国刑法》，就对"洗钱罪"和"金融诈骗"做出了新规定。对于跨国犯罪的管辖、司法协助等问题，"我国在《中华人民共和国刑诉法》中也有原则性非常明确的规定；涉及公安机关引渡跨国罪犯嫌疑人方面的问题，《中华人民共和国引渡法》规定也非常明确"[1]。但是实事求是地说，当前我国关于区域侦查协作方面的法规仍是空白状态，《中华人民共和国刑诉法》中仅仅做出了一些原则方面的规定——"根据中国加入的国际条约，按照互惠原则，国内公安机关和外国司法部门可以相互请求刑事司法协助。"[2] 然而在具体实施过程中，有多少规定能落地开花，仍有待于进一步明确。

(四) 未建立"一带一路"警务合作协调管理机构

"一带一路"倡议对推动沿线国家经济发展有重要意义，为了使沿

---

[1] 赵俊:《中国如何与周边国家联合控制跨国犯罪》,《人民论坛》2017年第17期。
[2] 赵长明:《国际警务合作视野下的"一带一路"区域侦查协作研究》,《北京警察学院学报》2019年第4期。

线国家的经济发展安全稳定，前期沿线国家也开展了一些"点对点"安全合作计划。由于模式过于单一，涉及国家较少，并且缺乏有效监督，因此针对跨国金融犯罪并没有产生实际的效果，未来必将成为"一带一路"经济发展的隐患。尽管当前世界范围内的国际警务合作已有了一定程度上的突破，情报交换机制得到了长足发展，但是"一带一路"区域却尚未建立一个完整的区域警务合作协调管理机构及情报信息共享平台，在开展警务合作时也多为两国间的单边合作，第三国难以获得相关的情报信息，这就使得情报信息的广泛使用受到了相当大的阻碍。同时，即便有多国参与到情报信息的沟通交流中来，往往也是为了解决某一个案件，并未建立一套完整的情报交换系统。因此，区域范围内情报交换合作机制尚需尽快建立，情报信息和相关数据才能真正"物尽其用"，区块链金融犯罪活动的预防和打击才能更加高效。

为有效进行区域警务合作，"一带一路"警务合作协调管理机构必须成立，各个成员国选派专员加入，专属为丝路沿线国家警务部门提供协助服务。由于打击区块链金融犯罪需要专业的金融数据，因此寻找合适的背书机构作为支点，为各国提供情报信息也是未来需要解决的问题。但是当前由于种种原因，这种专属警务合作协调管理机构尚未建立，各国打击区块链金融犯罪侦查协作程度不高。因此，为了更好地维护"一带一路"沿线区域的安全和稳定，更好地打击跨国区块链金融犯罪，各国政府应求同存异，将矛盾搁置一边，打破国际交流壁垒，统一目标，相互合作，积极努力组建一个专属"一带一路"区域的警务协调机构，完善的区块链金融犯罪情报交流平台，从而形成对区块链金融犯罪的合力打击，使其无所遁形。

五 "一带一路"沿线国家打击区块链金融犯罪的合作畅享

在"一带一路"沿线开展区域警务合作对保障沿线国家经济安全有重要意义，"一带一路"沿线国家未来面临的重大金融风险问题包括区块链金融犯罪，因此必须进一步加强区域警务合作。

(一) 秉持"包容、共享、协作、创新"的警务合作理念，建立政治互信

对于"一带一路"沿线国家已经甚至未来可能产生的区块链金融犯罪问题，需要多国协力才能共同解决。作为一个新生事物，区块链金融犯罪的犯罪手段隐蔽，在案件侦查工作中各国警务人员应秉持"包容、共享、协作、创新"的理念，为打击区块链金融犯罪加强合作。各国政府对此应持积极态度，理性、客观地保持对话，以坦诚换来彼此的信任和合作，最终以合作促和平、以合作换安全。

"中国秉持一贯的同理心，希望与世界各国共同发展与兄弟友邦共同分享发展机遇，这是中国一直以来所奉行的互利共赢思想，也是中国所追求的世界共同发展的手段和方法。"[①] "一带一路"倡议所坚持的这种理念，必将成为沿线国家携手发展经济的指导思想，习近平总书记提出"一带一路"倡议，目标为实现拓展与其他国家的经贸往来和政策沟通，从而推动世界范围内的资金流转以及经贸交往。要想实现这个宏伟目标，就必须保持"一带一路"沿线国家的政治、经济稳定和可持续发展，也正是这个原因，才使得区域警务合作变得空前重要，因为只有政治安全稳定，丝路沿线国家的经济才能获得长足发展，也才能改变一些落后国家闭关锁国的思想。

(二) 完善我国的金融法规，积极参与国际金融规则的制定

自中国加入 WTO 以来，国际金融领域的竞争如火如荼，为了更好地应对这种竞争，我国需要进一步改善金融法律体系，增强金融监管立法的公开性和透明度，从而提升我国的金融监管水平，并最终达到国际水准。为了实现这个目标，我国的金融监管部门需加强国际合作与交流，吸纳国际先进监管理念，参考其监管制度的优势和长处积极与世界各国的监管部门开展双边、多边合作。

---

① 孙吉胜：《"一带一路"与国际合作理论创新：文化、理念与实践》，《国际问题研究》2020 年第 3 期。

第一,与其他国家的金融监管部门签订双边谅解备忘录,积极开展金融监管合作;积极参与、举办相关国际性金融监管研究高峰论坛,推动金融监管立法、执法的公开性和透明性;从创、改、废、立四个层面修订、完善现行金融监管法律法规,以法制统一和公开透明为基本原则,促进我国的金融政策与金融监管制度与国际统一。

第二,我国在制定金融监管规则时,必须同时做到两个方面,一方面要与国际标准接轨,另一方面要立足我国的实际情况,从而降低因为监管规则不合理所带来的损失。加强中国人民银行与巴塞尔委员会等国际金融监管组织的友好合作关系,提高金融监管效率;中国证监会、中国银保监会在总结发达国家先进经验的基础上,应努力通过构建高效的资本监管体系,加强对上市公司、保险公司各项业务的监管。

第三,中国作为世界第二大经济体必须积极推动经济、金融的全球化,进一步扩大开放,提高国际竞争力,积极主动参与全球金融监管工作。只有更多地加入到世界金融规则制定和国际金融政策改革的工作中来,才能从金融全球化过程中获益更多。因此,我国应提高对参与国际金融规则制定和金融改革工作的重视程度。我国经济实力的快速提升,也要求我国更多地参与到国际金融规则的制定工作中来,从而更好地维护发展中国家在国际金融事务中的话语权,我们可通过多重途径参与国际金融规则的制定工作,包括与其他国家一起推动国际金融多边体制改革,提高世界银行的预警、防范和救助金融风险的能力;积极推动国际金融监管机构与中国人民银行的合作,缩短我国金融监管机构与国际金融组织在犯罪预防标准方面的差异,降低金融风险,消除金融隐患;积极参与全球多边金融体制的改革工作,促进国际金融交易更加公平、合理,同时积极参加金融监管国际标准、新规则的制定工作,使国际金融监管的合作能更加合理、规范。

(三) 完善区域侦查协作法律体系、依法加强情报信息交流

区块链金融犯罪的一个重要环节是资金转移,控制资金转移是打击区块链金融犯罪的关键。"一带一路"区域范围大,涉及国家多,因此建立完善的侦查协作法律体系,才能使区块链金融犯罪的打击工作有法

可依。

第一,国际警务合作工作开展的依据是国际条约,没有可以遵循的条约,警务合作工作开展难度是相当大的。双边、多边国际公约的缔结,可促使缔约国的国际警务合作更加顺畅,并使得国际警务合作的广泛开展和区块链金融犯罪的打击工作有法可依。"到2019年9月为止,已有76个国家与我国缔结了司法协助条约、引渡条约、资产返还和分享协定等共159项条约,其中128项已生效。"[①] 在此基础上,我国可就打击区块链金融犯罪与沿线国家开展更深层次的国际司法协助、国际警务合作等,必将有效打击犯罪分子的嚣张气焰。

虽然各国都下定决心打击区块链金融犯罪,然而在实际案件中,罪犯的引渡问题却一直是令各国头疼的大难题。各国国家性质的不同,决定了法律所关注的重点以及针对区块链金融犯罪所制定的法规有所不同,这些差异可能会与他国法律或者国际公约产生无法平衡的矛盾,最终导致引渡工作无法完成。由此可见,为了更快速地侦破跨国区块链金融犯罪案件,"一带一路"沿线国家应在互信互利的基础上,积极缔结涉及引渡、跨国追逃等方面的国际公约,并且及时对照修订国内相关法律法规。为了有效地打击区块链金融犯罪,我国需做主动出击联合沿线其他国家警务部门,将区域侦查协作贯彻到底,主动向他国提供优质的警务合作方案,从而使区块链金融犯罪案件的情报追踪、犯罪嫌疑人的缉捕和引渡工作更加高效,这不仅能加快案件的侦破速度,还能为犯罪嫌疑人的抓捕和引渡工作提供更加充分的法律依据。

第二,依法加强情报信息交流。对于国际警务合作来说,情报信息的交流尤其重要,各国警务部门所掌握的犯罪情报信息的准确性、及时性,对于案件侦破来说至关重要,是构建国际警务合作的基础。因此,"一带一路"沿线国家应积极缔结相关情报传递的国际条约,积极依法开展情报信息交流。各成员国在开展国际警务合作时,应准

---

① 钟芸:《浅论我国跨境执法司法协助制度的新突破——以〈中华人民共和国国际刑事司法协助法〉出台为例》,《中国证券期货》2019年第2期。

确地将案件情报传递出去,这样不但可多方利用合作国所搜集的情报信息,而且还可使本国的情报网络更加完备,从而更加高效、准确地打击各类跨国犯罪,维护本国司法秩序,维护世界和平稳定。首先,加强源头情报交流,全面掌握区块链金融犯罪源头信息,包括区块链金融犯罪的人员基本情况,区块链金融犯罪服务器的基本情况和详细监控记录;其次,加强对区块链金融犯罪中间环节的情报交流,全面掌握区块链金融犯罪的所有上游犯罪信息,包括上游贩卖毒品等案件的种类,出入境详细记录和携带方式,等等;再次,严格把控区块链金融犯罪的下游情报,比如区块链金融犯罪的受害人情况、资金流向等;最后,要对各个国家的警务机构内部人员结构及合作需求全面了解,例如工作范围、抓捕方案等,做到知己知彼,了解得详细透彻才能更好地展开联合行动。

(四) 建立以亚投行为支点的警务合作联合指挥机构

亚洲占有全球约1/3的陆地面积和60%的人口,虽然经济总量数值很高,但是如果将其平摊到每个人,数值将是非常令人心酸。经济基础差、交通不便都是导致亚洲国际贸易不发达,经济发展速度慢的原因,如此循环往复,未来不堪设想。"为了改善这种状况,2014年10月24日,在中国的倡导下,新加坡、印度等首批意向创始成员国代表在北京正式签订协议,亚洲基础设施投资银行(以下简称"亚投行",AIIB)正式成立,法定资本一千亿美元。此后,"一带一路"沿线国家纷纷积极加入亚投行,充分享受亚投行的资金给本国经济发展所带来的便利。"①

第一,近年来亚投行凭借其雄厚的资金实力,不断加强金融科技及人工智能等新兴领域的投资。根据亚投行文件《亚洲基础设施投资银行反洗钱和打击恐怖主义融资指令》(下称《AIIB反洗钱指令》),亚投行应积极参与打击应对相关恐怖主义融资行为洗钱犯罪,因此可以凭

---

① 荆菊:《亚投行推动"一带一路"绿色金融建设的挑战与路径选择》,《对外经贸实务》2020年第3期。

借亚投行的金融中心地位及数据监管技术能力设立以亚投行为支点的警务合作指挥机构。这个机构负责日常情报信息的收集、刷选与传递，定期更新情报信息，确保信息共享的时效性，为各国警务机构进行服务，对待重大犯罪案件还可以进行战略性侦查指挥。警务合作指挥机构还可以依托亚投行的经济数据及中亚区域信息协调中心的信息情报制定相关五年左右的区块链金融犯罪治理方案，必将对未来打击"一带一路"沿线区块链金融犯罪起到至关重要的作用。

第二，鉴于各国政治体系、宗教信仰等方面的差异，以及由此所导致的对利益的追求不同，因此在联合指挥机构建立时，各国可将外语好、业务精的警务人员选派进入联合指挥机构担任警务联络官。联合指挥机构办公室可设在亚投行总部，负责将各个国家呈送的情报信息汇总后，进行分析研判并及时派发。该机构内部应制定严格的侦查协作规则，各成员国应以此规则为办事标准。组织内部可定期召开协调会议，分析当前区域内的金融犯罪情势，并做中长期规划。一旦有成员国发出求助信息需要侦查协作时，该指挥机构可及时与求助国沟通具体案件信息，并与其他成员国联合策划抓捕方案。

六　结论

总而言之，世界正在走向多元化，这是任何人、任何国家也无法阻挡的大趋势，经济全球化的发展导致跨国区块链金融犯罪案件频频发生，因此打击此类犯罪需要各国警务部门通力合作，我国应立足具体国情积极参与到国际警务合作中来。从目前"一带一路"区域警务合作情况来看，成绩还是相当引人注目的，但依然存在一定的问题。因此必须加强区块链金融犯罪治理的区域警务，构建"一带一路"安全框架，严厉打击跨国区块链金融犯罪。